DAS GRÜNE
NICHT NUR VEGETARISCHE
KOCH BUCH

DAS GRÜNE
NICHT NUR VEGETARISCHE
KOCHBUCH

DAGMAR VON CRAMM

FOTOS: PETER SCHULTE

Inhalt

07 | Vorwort

10 | Grün einkaufen
28 | Richtig kochen
32 | Punktgenau planen
34 | Mach was draus

36 | Frühling

Frische, leichte Frühlingsgerichte mit Kräutern und grünem Gemüse, Spargel und Erdbeeren, Hühnchen und Lamm. Mit Saisonkalender und interessanten Informationen zum Sammeln von Blüten und Wildkräutern sowie Selberziehen von Küchenkräutern.

96 | Sommer

Die ganze Palette der Sommergerichte mit sonnengereiften Tomaten, knackigen Salaten, zartem Fisch, Fleisch vom Grill und frischen Beeren. Mit Saisonkalender und Wissenswertem zum Thema Einmachen.

160 | Herbst

Eine üppige Auswahl an Herbstgerichten mit Kürbissen und Pilzen, Quitten und Pflaumen, gefüllter Ente, knusprigem Braten und Wild. Mit Saisonkalender, Tipps und Anregungen zu selbst gemachten Vorräten und alten Konservierungsmethoden.

220 | Winter

Bodenständige und feine Wintergerichte mit Rübchen und Kohl, Süßkartoffeln und Topinambur, Gänsebraten, sanft geschmortem Fleisch und süßen Hauptgerichten. Mit Saisonkalender und vielen Tipps zu Wintergemüse, Gewürzen und traditionellem Schlachtfest.

278 | Glossar
280 | Rezept- und Sachregister
286 | Register nach Menüfolge
288 | Impressum

Vorwort

Wer »grün« kochen will, der muss sich von den Jahreszeiten inspirieren und leiten lassen. Im Sommer mit Tomaten starten, den Herbst mit Kürbis einläuten, mit Kohl überwintern und mit Spargel den Frühling beginnen. Wenn man in der Jahreszeit lebt, dann hat man eben Appetit auf ganz bestimmte Dinge (ähnlich wie beim Kofferpacken: Ist es heiß, packt man nur luftige Kleidungsstücke).

Das kulinarische Jahr war mit vielen saisonalen Entdeckungen verbunden. Zarter Löwenzahn wächst nun mal im Frühjahr, Rote Bete schmeckt nur im Sommer so wunderbar fruchtig und Topinambur ist eben vor November nicht zu kriegen! Eine ganz tolle Erfahrung war die Erkenntnis, was alles beim Gemüse essbar ist. Seither gehört Radieschenblättersuppe zu meinen schnellen Lieblingsgerichten! Ich habe Karpfen für mich entdeckt – denn ökologisch korrekte Fische sind rar! Auch Kaninchenfleisch ist nicht nur von der Ökobilanz her gesehen klasse! Schmorfleisch, ich liebe dich – und Wild will zart behandelt werden.

Unversehens saß ich zwischen allen Stühlen. Ökologisch gesehen. Denn je tiefer ich in die Ökobilanz, den Wasser-Fußabdruck oder die Sozialverträglichkeit einstieg, desto unklarer wurde der Faktor »grün«. Streng genommen müsste dies Kochbuch vegetarisch sein – pflanzliche Lebensmittel haben die Nase vorne in punkto Klimabilanz. Aber wo bleibt die Landschaftspflege? Ohne Rinder keine Weiden im Mittelgebirge. Und unsere Küchentradition ist ohne Schwein, Geflügel und Fisch undenkbar. Möchte ich wirklich Veggiewürstchen – ein hoch künstliches Produkt? Die Rettung ist der Weg: Transporte haben einen großen Einfluss auf den »ökologischen Fußabdruck«. Und da stehen regionale Produkte an der Spitze. Deshalb liegt ein Schwerpunkt in diesem »Großen Grünen« auf regionalen, saisonalen Produkten – mit Seitenblick auf die Energiebilanz. Bei jedem Rezept stellte sich die Frage: Wie gare ich energiesparend? Mit Gasherd bin ich auf der sicheren Seite. Gratins gibt es nur für den großen Kreis – ohne Vorheizen und mit Umluft, was bei meinem Ofen schrecklich scheppert. Der Schnellkochtopf kommt zu neuen Ehren und zum Glück ist der Dämpfer ökologisch korrekt. Vor allem sind Reste verpönt! Das Schmalztöpfchen füllt sich, trockenes Brot wird zu Semmelbröseln und Gemüsereste landen in der Brühe. Und wissen Sie, was die größte Herausforderung war? Ohne Alufolie und Küchenpapier auszukommen! Es hat fast geklappt und so manches neue Gericht entstehen lassen. Außerdem haben wir uns mal den Schnickschnack aus Übersee geschenkt. Und staunend erkannt: Es geht auch ohne. Schlicht und einfach mit saisonalen Zutaten kochen, ist nämlich nicht nur ökologisch gut, sondern auch geschmacklich umwerfend. Also ab in den Garten, auf zum Markt und dann kochen, dass es kracht: Es lebe die »Grüne Küchenwende«!

Dagmar Frfr. v. Cramm

Grün einkaufen

Wo und wie sollte ich Lebensmittel einkaufen, wenn ich unbelastete, beste Zutaten und Umweltbewusstsein auf einen Nenner bringen will? Ist »Bio« immer die richtige Wahl? Oder spielt die Regionalität die größere Rolle? Ist klein immer fein – oder arbeiten große Supermärkte doch energieeffizienter? Diese Fragen sind nicht so einfach zu beantworten.

Nachhaltigkeit in der Ernährung ist ein relativ junges Forschungsgebiet, das noch in den Kinderschuhen steckt. Es gibt viele unterschiedliche Methoden, Nachhaltigkeit zu beschreiben und zu berechnen. Vom CO_2-Fußabdruck bis zur Ökobilanz reicht die Spanne. Und so können für ein und dasselbe Lebensmittel sehr unterschiedliche Ergebnisse vorliegen. Letzten Endes muss jeder entscheiden, was ihm wichtig ist – und den gesunden Menschenverstand benutzen. Vor allem: das Angenehme mit dem Nützlichen verbinden. Das kann Landschafts- und Tierschutz sein. Und natürlich der Genuss: Frische, Geschmack, Naturbelassenheit und innere Werte sollten auch beim »grünen« Einkauf die Richtschnur sein.

Tomaten die reif geerntet werden, haben das beste Aroma.

DER WEG IST ENTSCHEIDEND!

Den größten Anteil an der Ökobilanz unseres Essens machen die Wege aus, die Lebensmittel zurücklegen. Und die Transportmittel: Um 1000 kg eines Lebensmittels 1 km weit zu befördern, entsteht extrem unterschiedlich viel Treibhausgas (in g CO_2-Äquivalent): von 9 beim Hochseeschiff, 40 bei der Bahn, 135 beim LKW bis 2041 beim Flugzeug. Doch diesen teuren Luftweg nehmen nur schnell verderbliche Luxuslebensmittel wie Obst und Gemüse, Fisch und Meerestiere aus Übersee. Hier lohnt es sich, saisonal einzukaufen.

Noch lohnender ist es, die eigenen Einkäufe nicht per Auto zu machen: Das kann nämlich bis zu 40 Prozent der Klimarelevanz ausmachen! Mit anderen Worten: Wer zum Einkauf radelt oder gar zu Fuß geht, der rettet die Klimabilanz eines Lebensmittels. Wer das nicht kann, der sollte versuchen, nur einmal pro Woche per Auto einzukaufen, Fahrgemeinschaften zu bilden oder sich beispielsweise eine grünes Abo für Gemüse und Obst beim Bauern aus der Nachbarschaft zuzulegen.

REGIONAL ODER INTERNATIONAL? SAISONAL!

Deutschland versorgt sich bei Lebensmitteln nur zu durchschnittlich 20 Prozent selber. Produkte wie Kaffee, Tee, Schokolade oder Bananen, die hier nicht gedeihen, aber auch Getreide, Tierfutter, Obst und Gemüse, Fisch oder Fleisch werden importiert. Auch kulinarisch würden wir ungern auf Ingwer, Kokosmilch, Mango oder Avocado verzichten. Reine Eigenversorgung ist und bleibt also ein Wunschtraum. Innerhalb einer Saison regionale Produkte zu wählen, ist mit Sicherheit richtig. Kniffelig wird es, wenn im Frühsommer Äpfel aus der südlichen Halbkugel auf einheimische Ware aus dem Kühllager trifft: Da haben Äpfel aus dem Süden, die per Schiff transportiert werden, einen knappen Vorteil. Das gilt auch für Wein oder für Weiderinder aus Argentinien im Vergleich zu regionalem Mastvieh. Nicht alles, was von weither kommt, ist umweltschädlich. Den Saisonkalender der Region im Kopf zu haben, ein Gefühl dafür zu entwickeln, was in der Umgebung geerntet wird, hilft bei der Kaufentscheidung. Deshalb finden Sie vor jedem Jahreszeitenkapitel einen Erntekalender.

BIO, KONTROLLIERT ODER KONVENTIONELL?

Bei allen bisherigen Studien hat biologisch produziertes Obst und Gemüse die Nase vorne. Bei tierischen Produkten, also Fleisch, Milchprodukten oder Eiern ist das ebenfalls häufig so – aber der Unterschied ist nicht immer klar. Es hängt eben auch von der Größe eines Betriebes ab, wie effizient und damit klimaschonend er arbeiten kann. Es hängt auch von den Haltungsbedingungen ab und der Saison. Freilandanbau hat eine viel bessere Klimabilanz als Treibhausware – vor allem, wenn das Treibhaus geheizt wird. Gekühlte und erst recht tiefgekühlte Lebensmittel schlagen mit ihrer Lagerzeit enorm zu Buche. Auch viel Abfall und Verderb wirken sich negativ aus. Vor allem: Je weniger tierische Produkte verzehrt werden, desto besser ist die Klimabilanz.

Gemüse der Saison wird auf dem Markt günstig angeboten. Da lohnt sich das Einmachen auch ohne eigenen Garten.

ES LEBE DER WOCHENMARKT

Wir haben einen enorm effizienten Handel und sind dicht besiedelt. Das senkt die Umweltkosten des Transportes. Und so kann es tatsächlich sein, dass ein Bioprodukt bei einem Discounter eine bessere Ökobilanz hat als das im Bioladen oder sogar auf dem Wochenmarkt, weil es aus einem Großbetrieb stammt. Entscheidend ist aber der eigene Einkaufsweg – und da sind wohnungsnahe Einkaufsquellen einfach unschlagbar. So ist das Entstehen von kleinen Stadtteil-Wochenmärkten eine gute Möglichkeit, Frischkost per Rad oder zu Fuß einzukaufen. Ganz abgesehen davon, dass auf dem Wochenmarkt die Beratung top ist: Hier sind die Produzenten selber Ansprechpartner. Außerdem bekommt man dort das richtige Saison-Feeling. Und hat ein sinnliches Einkaufserlebnis mit viel Bewegung – ohne Einkaufswagen, Kunstlicht und Heizung. Die Ware kann zum optimalen Reifepunkt verkauft werden – das funktioniert im Supermarkt in der Regel nicht. Und noch einen Vorteil hat der Markt: Es fällt kein großer Verpackungsabfall an. Kraut und Rüben landen entweder pur im Einkaufskorb oder werden in Papier verpackt. Wer dagegen beim Discounter kauft, füllt in der Woche mehrere gelbe Säcke mit Verpackungsmüll!

WELCHE VERPACKUNG IST DIE BESTE?

Die Vielfalt auf dem Markt ist groß und nimmt weiter zu. Dabei geht der Trend der Verpackungen zu nachwachsenden, abbaubaren Rohstoffen. So wurde gerade eine Folienbeschichtung aus Molkeneiweiß entwickelt, die Ressourcen schont und die CO_2-Bilanz verbessert. Bisher gilt aber: je weniger Verpackung, desto besser. Bei Getränken haben Pfandflaschen – egal ob aus Glas oder PET (Polyethylen) eine bessere Ökobilanz als Einwegflaschen und Tetrapacks. Vor allem, wenn sie keine weiten Wege hinter sich haben – da schneidet Glas wegen seines Gewichtes schlechter ab. Und Dosen? Alu- und Weißblechdosen haben zwar eine sehr hohe Recyclingquote. Aber vor allem Aluminium hat einen ungeheuer hohen Energieverbrauch bei der Gewinnung – und das ist durch Recycling kaum aufzuholen. Weißblech geht wieder zu über 90 Prozent in die Stahlproduktion. Last but not least: Konserven kommen ohne Kühlung aus und sind deshalb ein wunderbarer Vorrat.

Absolut verzichtbar sind dagegen Plastikeinkaufstüten, auch wenn »Bio« draufsteht. Rucksack, Korb und Jutetasche sind ökologisch korrekte Alternativen. Und seit es die kleinen, auf Miniformat zusammenlegbaren Einkaufstaschen gibt, kann man ein »Notnetz« auch täglich mit dabei haben.

Gemüse, Obst und Kartoffeln

TOP

In punkto Ökobilanz sind Gemüse, Kartoffeln und Obst spitze – wenn saisonal und regional gekauft wird. Die Pestizid- und Nitratbelastung bei Gemüse und Obst ist in den letzten 10 Jahren erheblich zurückgegangen. Aktuelle Daten können bei Greenpeace und beim Bundesamt für Verbraucherschutz und Lebensmittelsicherheit eingesehen werden (s. S. 279). »Bio-Ware« ist besonders rückstandsarm!

FLOP

Meist werden viele unterschiedliche Pestizide eingesetzt, die jeweils unter der Höchstgrenze liegen. Produkte aus Nordafrika, der Türkei und Asien sind oft stark belastet. Exotische Früchte werden häufig eingeflogen. Kühlung, CA-Lagerung (s. S. 278) und beheizte Treibhäuser verschlechtern die Ökobilanz.

BASISWISSEN

- Gemüse, Obst und Kartoffeln sind als pflanzliche Lebensmittel reich an Kohlenhydraten, Wasser, Vitaminen, Mineralstoffen und sekundären Pflanzenstoffen. Diese Lebensmittel sollten die Basis der Ernährung bilden.
- Kartoffeln und Hülsenfrüchte wie Bohnen oder teilweise auch Erbsen sind roh nicht verträglich. Auch derbes Wintergemüse wird gegart besser vertragen. Alles übrige Gemüse ist roh essbar.
- 26 Prozent der Lebensmittelabfälle im Haushalt sind Gemüse, 18 Prozent Obst! Das ist fast die Hälfte aller Lebensmittelabfälle! Durch den hohen Wasseranteil werden Gemüse und Obst schnell welk und faul. Deshalb bei Bundgemüse wie Möhren, Rote Bete, Radieschen, aber auch Kohlrabi die Blätter sofort entfernen und getrennt lagern. Sie entziehen dem Gemüse Nährstoffe und Feuchtigkeit.
- Blattgemüse, Kräuter und Beeren sollten luftdicht verpackt im Kühlschrank lagern. Wurzel- und Knollengemüse kühl und feucht aufbewahren. Nachreifendes wie Tomaten, Avocado, Pfirsich, Banane oder Aprikosen bei Zimmertemperatur luftig und schattig lagern. Obst getrennt aufbewahren: Die meisten Sorten sondern Ethylen ab, das andere Früchte oder Gemüse schnell nachreifen und verderben lässt.

WIE GESUND?

Nicht nur »one apple a day«, sondern drei Portionen Gemüse und zwei Portionen Obst ersetzen den Doktor! Sie senken das Risiko für Herz-Kreislauf-Erkrankungen und Übergewicht. Obst und Gemüse haben die höchste Nährstoffdichte an Mineralstoffen und Vitaminen. Gleichzeitig sind sie extrem kalorienarm, füllen aber den Magen durch ihren hohen Ballaststoffgehalt. Diese unverdaulichen Bestandteile gehören zu den sekundären Pflanzenstoffen, die eine vielfältige gesundheitsfördernde Wirkung haben. Im Falle der Ballaststoffe ist es die Förderung der Darmflora und dadurch eine Stärkung der Abwehrkräfte. Diese bioaktiven Substanzen schützen nicht nur den Menschen, sondern auch die Pflanzen selbst und sind deshalb in der äußeren Hülle konzentriert: Außenblätter und Schale. Kleiner Wermutstropfen: Wenn ein Produkt mit Rückständen belastet ist, befinden die sich auch vor allem auf Schale und Außenblättern. Kartoffelschalen enthalten nicht nur in grünen Schalenteilen giftiges Solanin, sondern auch andere schädliche Substanzen, vor allem alte Sorten. Deshalb Kartoffeln besser pellen.

Gemüse am besten dünsten oder dämpfen. Die Kochflüssigkeit immer verwenden, weil darin Mineralstoffe und Vitamine enthalten sind.

Tiefkühlen schont die Inhaltsstoffe, beim Konservieren dagegen gehen durch die Hitze mehr Vitamine verloren. Bei Obstkonserven senkt der Zuckergehalt die Nährstoffdichte. Und Säfte sind kein Ersatz für die ganze Frucht.

WIE GRÜN?

- Als pflanzliche Lebensmittel haben Obst und Gemüse eine prima Ökobilanz: Gemüse nur 4,7 Prozent, Kartoffeln 6,2 Prozent der CO_2-Emissionen von Fleisch, Obst 14 Prozent, da deutlich größere Importmengen exotischer Früchte eingeflogen werden. Bei saisonalem, einheimischem Obst dürfte die Ökobilanz dem Gemüse gleichen.
- Durch Verarbeitung verschlechtert sich die Ökobilanz: bei Obst- und Gemüsekonserven, Trockenobst, Säften, Kartoffelerzeugnissen. Dazu kommen energieintensiv hergestellte Verpackungen, vor allem Aluminiumdosen oder Plastikverpackungen. Pommes oder getrocknete Kartoffeln in Instantprodukten erzeugen sogar mehr Emissionen als Fleisch!
- Der hohe Energieverbrauch für Tiefkühlung bei Verarbeitung und Aufrechterhaltung der Kühlkette während Transport und Lagerung macht sich bei Gemüse, Obst und Kartoffeln negativ bemerkbar.
- Bei Importprodukten (exotische Früchte, Spargel im Winter oder empfindliche Sorten wie Erdbeeren) ist die Emissionsbelastung abhängig von der Transportart: Das Flugzeug ist Spitzenreiter mit 60-mal so vielen Emissionen wie die Binnenschifffahrt, 51-mal so viel wie die Bahn und 15-mal so viel wie mit Lastkraftwagen.
- Außerhalb der Saison stammen regionale, deutsche Produkte meist aus Kühllagern oder beheizten Gewächshäusern, die unter Umständen 60-mal mehr Energie verbrauchen als Freilandanbau. Es kann daher sinnvoller sein, im Frühling Äpfel aus Neuseeland zu kaufen, statt deutsche Lageräpfel, vorausgesetzt sie wurden nicht eingeflogen.

GRÜN PUNKTEN

- Am besten Waren aus dem Freilandanbau der jeweiligen Saison verwenden. Obst und Gemüse können voll ausreifen, schmecken besser und enthalten mehr wertvolle Inhaltsstoffe und weniger Nitrat, da dies durch Sonneneinstrahlung besser von den Pflanzen abgebaut wird.
- Saisonkalender beim Einkauf berücksichtigen. Das Angebot von Wochenmarkt oder Hofladen nutzen.
- Bioprodukte sind weniger belastet, können aber je nach Herkunft eine schlechtere Ökobilanz haben.

GRÜNE TIPPS

- Ein eigener Gemüsegarten ist das Beste! Tomaten, Kürbis und Kräuter gedeihen aber auch auf dem Balkon. Frische, Geschmack und Gesundheitswert sind dann unschlagbar!
- Wer erntet, muss auch verarbeiten: Energiearm konservieren, also einwecken, mit Salz und Zucker, in Essig und Öl einlegen oder trocknen.
- Kartoffeln am besten energiesparend in einem Schnellkochtopf garen.
- So wenig Abfall wie möglich produzieren: Bei Rübchen, Rote Bete, Radieschen und Kohlrabi die Blätter mit verwenden. Das geht auch bei Kürbis. Möhrengrün allerdings nur in kleinen Mengen.

Getreide, Brot und Backwaren

TOP

Wie alle pflanzlichen Lebensmittel erzeugt Getreide nur geringe Treibgasemissionen. Das Angebot an Getreidebeilagen und an Vollkornprodukten wächst – von Pasta über Couscous bis Polenta. Beim Bio-Anbau wird auf Kunstdünger und Pestizide verzichtet.

FLOP

Die Verarbeitung zu Backwaren und Fertiggerichten verschlechtert die Ökobilanz. Frühstücksflocken sind oft Zuckerbomben. Über die Hälfte der Getreideerzeugnisse wird an Nutztiere verfüttert!

BASISWISSEN

- Die Körner der verschiedenen Getreidearten ähneln sich im Aufbau. Der große Mehlkörper enthält die Stärkekörner, der Keimling ist reich an gesundem Fett und Eiweiß und wird von den ballaststoff-, vitamin- und mineralstoffreichen Randschichten geschützt.
- Die schwer verdaulichen Rohkörner können unterschiedlich verarbeitet werden: ganz oder grob geschrotet, zu Flocken gepresst oder gemahlen.
- Bei den Mehlen spiegelt die Typenzahl den Ausmahlungsgrad und damit den Gehalt an wertvollen Nährstoffen wieder. Vollkornmehle werden nicht immer typisiert, da sie aus dem vollen Korn hergestellt werden, dessen Zusammensetzung natürlich schwankt. Bereits Weizenmehl der Type 1050 hat mehr als doppelt soviel Mineralstoffe wie das Mehl der Type 405. Aufgrund des höheren Ballaststoffgehalts brauchen dunkle Mehle jedoch mehr Flüssigkeit zum Quellen und Backen.
- Werden Getreidekörner oder Getreidegrieß industriell vorgedämpft, entstehen Instantprodukte wie Couscous, Polenta, Zartweizen, Getreidegrütze oder »parboiled« Reis. Das Verfahren verkürzt die Garzeiten auf ein Viertel – für Vollkornprodukte ist das besonders günstig.

• Der niedrige Wassergehalt macht Getreide und deren Produkte lange haltbar. Deshalb trocken und dunkel lagern und vor starken Temperaturwechseln und Fremdgerüchen schützen. Ganze oder grob zerkleinerte Körner sind länger haltbar als geschrotete oder gemahlene. Aber: Vollkorn wird durch sein Keimöl schneller ranzig als ausgemahlene Produkte.

WIE GESUND?

Getreideerzeugnisse liefern vor allem Stärke, ein komplexes Kohlenhydrat. Das pflanzliche Eiweiß ergänzt sich bestens mit anderen Eiweißquellen wie Milch, Hülsenfrüchten oder Nüssen. Gerade Vollkornprodukte liefern besonders viele Vitamine der B-Gruppe sowie die Mineralstoffe Kalzium, Eisen, Kalium und Magnesium. Im Keimling sind zudem ungesättigte Fettsäuren, in den Randschichten besonders viele Ballaststoffe enthalten. Diese machen satt, binden Schwermetalle und Cholesterin im Darm, regen Darmflora und Verdauung an. Empfohlen werden daher 30 g Ballaststoffe pro Tag. Insgesamt empfiehlt die DGE (Deutsche Gesellschaft für Ernährung) über die Hälfte der täglichen Energiemenge in Form von Kohlenhydraten, also 200–300 g, zu verzehren. Zöliakie ist eine Unverträglichkeit gegenüber dem Getreideeiweiß Gluten, das in Weizen, Roggen, Hafer, Dinkel und Gerste enthalten ist. Reis, Mais und Hirse sind glutenfrei. Die beste Vorbeugung ist es, Babys ab dem 4. Monat parallel zum Stillen mit glutenhaltigen Breien zu füttern.

In punkto Rückstände sind die Anteile an giftigem Mutterkorn und Pilzgiften zurückgegangen. Backwaren und Brot können zuviel Salz, Transfettsäuren und Zucker sowie Zusatzstoffe enthalten – ebenso Frühstückscerealien, vor allem wenn sie »crunchy« sind.

WIE GRÜN?

Der Flächenverbrauch durch den Getreideanbau beträgt nur etwa ein Zehntel im Vergleich zur Fleischerzeugung. Reis liegt sogar noch darunter. Der Verzicht auf energieintensiv hergestellten Mineraldünger und chemisch-synthetische Pflanzenschutzmittel macht sich im ökologischen Landbau verhältnismäßig stark bemerkbar. Allerdings gibt es bisher nur wenige Getreidesorten mit eindeutig günstigen Eigenschaften für das ökologische Anbausystem. In jedem Fall müssen Biobetriebe aber ökologisches, genunverändertes Saat- und Pflanzgut verwenden. Die industrielle Weiterverarbeitung zu Getreideprodukten wie Schrot, Mehl oder Müsli und zu Brot sowie Backwaren verbraucht Energie und Wasser. Tatsächlich schneiden generell große Backfabriken in der Klimabilanz besser ab als die kleinen Hersteller. Hinzu kommt, dass etwa 60 Prozent der weltweiten Getreideernte, insbesondere Gerste, Weizen und Mais, als Futtermittel vor allem für Schweine und Hühner verwendet wird.

GRÜN PUNKTEN

• Bio-Getreide, -Brot und -Backwaren bevorzugen: Bio-Bäcker legen Wert auf handwerkliche Tradition und verzichten weitgehend auf Zusatzstoffe.

• Lieber zu einfachen Getreideprodukten wie Getreideflocken, gepoppten Amaranth oder Flakes ohne Zuckerzusatz statt zu Fertigmüsli greifen. Sie sind nicht so stark verarbeitet und enthalten weniger Zusatzstoffe. Bei Brot auf die Zutatenliste achten.

• Reis aus Asien hat durch die dortige Regenzeit den kleinsten »Wasserfußabdruck« (s. S. 279).

GRÜNE TIPPS

• Brote selber backen: Die Bio-Qualität der Zutaten kann dann selbst bestimmt und auf Zusatzstoffe verzichtet werden.

• Brotbackautomaten sind im Vergleich zum Backofen deutlich energiesparender, vorausgesetzt das Gerät hat nur eine optionale Warmhaltefunktion und wird nach dem Gebrauch vom Stromnetz getrennt.

• Unverarbeitete Getreidekörner lassen sich länger lagern. Sie können zu Hause selbst geschrotet und weichere Getreidesorten wie Hafer mit einer Getreidepresse zu Flocken gepresst werden. Zum Backen können Körner auch zuvor angekeimt werden.

• Nutzen Sie die ganze Getreidepalette – jedes Korn hat andere Pluspunkte!

Fleisch

TOP

Wiederkäuer wie Rind, Lamm, Ziege und Rehwild sind als reine Weidetiere keine Nahrungskonkurrenten des Menschen. Sie liefern nicht nur Fleisch, sondern auch Milch und deren Produkte. Sie halten Wiesen frei und prägen so das Landschaftsbild.

FLOP

Intensivhaltung schafft Probleme! Schwein und Geflügel sind Nahrungskonkurrenten des Menschen – und Rinder werden es durchs Zufüttern. 1 kg Fleisch »kostet« zum Beispiel 160 kg Kartoffeln oder 200 kg Tomaten, dazu 15 m^3 Wasser! Wiederkäuer produzieren Methan, das etwa 2,5 % der deutschen Treibhausgasemissionen ausmacht. Gülle ist ein Umweltproblem. Massentierhaltung führte zu BSE, Salmonellen, Schweinepest und Vogelgrippe.

BASISWISSEN

- Fleisch sollte abhängen: Rind 14 Tage, Wild 14 Tage und Lamm 7 Tage. Geflügel und Schwein sollten frisch zubereitet werden.
- Je nach Fleischteil sind unterschiedliche Garmethoden sinnvoll: Nur Bindegewebsarme Teile eignen sich zum Kurzbraten. Am besten Rat vom Metzger holen.
- Bei großen Braten hilft ein Thermometer, die Kerntemperatur zu messen. Bei Geflügel und Wild sollte sie wegen der Gefahr von Salmonellen mindestens 72° betragen.

• Fett erst nach dem Garen nach Geschmack entfernen: So bleibt das Fleisch saftig.
• Fleisch muss vor der Zubereitung nicht gewaschen werden. Beim Braten wird die Oberfläche ohnehin keimfrei und im Innern ist es das sowieso.

WIE GESUND?

Fleisch hat eine hohe Dichte an wertvollen Nährstoffen pro Kilokalorie. Sein Hauptbestandteil ist wertvolles Eiweiß. Fette dagegen werden kritisch gesehen, denn sie enthalten viele gesättigte Fettsäuren, die ernährungsphysiologisch eher negativ bewertet werden. Ganz verteufeln sollte man das Fett allerdings nicht: Es enthält auch viele einfach ungesättigte Fettsäuren. So sind im Schmalz von Schwein oder Gans mehr ungesättigte Fette drin als in Butter – deshalb ist es bei Zimmertemperatur fast flüssig. Was wenig bekannt ist: Fleisch ist ein hervorragender Vitaminlieferant. Es enthält Vitamin B1, B12 und die Vitamine B2, Niacin, B6 und Vitamin A. Leber und Nieren sind besonders reich an diesen Vitaminen. Speziell Schweinefleisch ist top bei Vitamin B1 und B12. Fleisch liefert zudem reichlich Eisen, das sehr gut verfügbar ist. Dunkles Fleisch und Leber sind eisenreicher als helles Geflügelfleisch. Außerdem sind enthalten: Zink, Selen, Mangan, Jod, Magnesium, Kalium, Kalzium und Phosphor. Allerdings erhöht »rotes« Fleisch das Krebsrisiko. Dazu tragen vor allem gepökelte Fleischwaren wie Wurst und Schinken bei. Zuviel tierische Fette steigern das Risiko für Herz-Kreislauf-Krankheiten.

WIE GRÜN?

Um 1 kg Fleisch zu erzeugen, benötigt man 7–16 kg Getreide oder Sojabohnen. Das ist problematisch angesichts der steigenden Zahl an hungrigen Menschen weltweit. Beinahe die Hälfte der weltweiten Getreideproduktion wird inzwischen als Viehfutter verwendet. Dadurch entstehen sogenannte Veredelungsverluste: Wenn 100 Kilokalorien als Getreide verfüttert werden, bleiben nur zehn Kilokalorien als Fleisch zurück – 90 Prozent der geernteten Nahrungskalorien gehen also verloren. Bei reinem Weidevieh – besonders bei Schafen und Ziegen – gilt das nicht! Rinder, ob »Bio« oder nicht, schneiden im CO_2-Vergleich am schlechtesten ab, Hühner und Schweine dagegen deutlich besser. Noch klimaschonender geht Fleischgenuss mit Wild und Kaninchen – sie hinterlassen einen sehr kleinen CO_2-Fußabdruck (s. S. 278). Nicht ideal ist gefarmtes Wild aus Übersee.

GRÜN PUNKTEN

• Kaufen Sie möglichst biologisch produziertes Fleisch aus der näheren Umgebung. Biologisch hergestelltes Fleisch berücksichtigt neben ökologischen Aspekten auch die artgerechte Haltung der Tiere.
• Reduzieren Sie den Fleischkonsum. Die DGE (Deutsche Gesellschaft für Ernährung) empfiehlt einen Verzehr von 300 bis 600 g Fleisch pro Woche inklusive Wurstwaren.
• Kaufen Sie beim Metzger offene Ware. Das spart Verpackungsmüll, Sie bekommen eine zuverlässige Herkunftsauskunft und es werden keine haltbarmachenden Gase verwendet.
• Zur Jagdsaison einheimisches Wild vom Schlachter oder Jäger kaufen: Wild ernährt sich von dem, was wächst und hat keine langen Transportwege.

GRÜNER TIPP

Kaufen Sie Fleisch am Stück und Geflügel im Ganzen – am besten direkt beim Produzenten. Verwenden Sie alles für die Zubereitung von Gerichten. Knochen, Innereien und Haut lassen sich für Suppen und Sülzen auskochen und geben Eintöpfen Aroma. Wer etwas übrig hat, was er nicht mag, kann es an das geliebte Haustier verfüttern. Bratenfett von Schwein und Geflügel im Kühlschrank aufheben und zum Kochen verwenden.

Milch und Milchprodukte

TOP

Milch und einfache Produkte wie Quark, Naturjoghurt und traditionelle Käsesorten sind natürliche Lebensmittel ohne Zusatzstoffe. Die damit verbundene Weidehaltung prägt die Kulturlandschaft. Milch und ihre Produkte können regional produziert werden.

FLOP

Für stärker verarbeitete und fette Milchprodukte mit vielen zugesetzten Substanzen ist die Ökobilanz schlechter, vor allem wenn sie in kleinen Portionen verpackt sind. Für Milch gilt ähnliches wie für Rindfleisch: Wiederkäuer produzieren umweltschädliches Methan – und bei Intensivhaltung werden Getreide und Soja gefüttert, die auch für die menschliche Ernährung taugen.

BASISWISSEN

- Neben Kuhmilch werden zunehmend auch Milch und Milchprodukte von Schaf und Ziege angeboten.
- Milch wird durch Kurzzeiterhitzen (Pasteurisieren) keimfrei gemacht und ist bei Kühlung maximal 14 Tage haltbar. Beim ESL-Verfahren (extended shelf life) wird die Haltbarkeit durch Mikrofiltration oder Hocherhitzung (Achtung Kochgeschmack) auf etwa 24 Tage bei Kühlung verlängert. Ultrahocherhitzte H-Milch ist sogar ohne Kühlung bis zu 4 Monaten haltbar. Durch Homogenisieren wird das Fett fein verteilt – es setzt sich nicht mehr ab, der Fettgehalt wird eingestellt. Bei Rohmilch liegt er je nach Jahreszeit bei 3,8 bis 4,2 Prozent.
- Zur »weißen Produktlinie« zählen Kondensmilch und Sahneprodukte. Aus ihnen werden auch Butter und Buttermilch hergestellt. Bei Sauermilcherzeugnissen wie Dickmilch, Joghurt, Crème fraîche oder saure Sahne sorgen Milchsäurebakterien für die Gerinnung des Milcheiweißes und eine festere Konsistenz.

• Bei der Käseherstellung wird die Milch durch Lab- oder Säuregerinnung dick gelegt mit anschließender Reifung. Das Lab-Enzym stammte früher aus Kälbermägen, heutzutage wird das Lab-Enzym meist mikrobiologisch erzeugt, darum sind die meisten Käsesorten auch für Vegetarier geeignet. Informationen dazu finden Sie im Internet. Einige Käsesorten, wie Parmesan oder Pecorino, werden allerdings traditionell mit Kälberlab hergestellt.
• Die Identitätskennzeichnung verrät, wo Milch und Milchprodukte herkommen. Dem Kürzel für das EU-Land (z. B. DE für Deutschland) folgen die Abkürzungen für das Bundesland und die Produktionsstätte (z. B. DE-NW XYZ).

WIE GESUND?

Milch und ihre Produkte liefern hochwertiges Eiweiß – bei vegetarischer Ernährung besonders wichtig. Milchfett enthält viele gesättigte Fette und sollte deshalb nur in Maßen genossen werden. Weil Milch die »Alleinnahrung« für das Kalb ist, enthält es sämtliche Vitamine und Mineralstoffe. Sie liefert besonders viel Kalzium samt etwas Vitamin D, das für die Aufnahme von Kalzium in die Knochen entscheidend ist. Der Großteil unseres Vitamin-D-Bedarfs wird jedoch unter Sonneneinwirkung in unserer Haut gebildet. Für die Versorgung mit Vitamin B2 und B12 spielt Milch ebenfalls eine wichtige Rolle – B12 vor allem für Vegetarier, weil es in pflanzlichen Lebensmitteln nicht enthalten ist.
• Was hat es mit der Laktoseunverträglichkeit auf sich? Muttermilch enthält 50 Prozent mehr Milchzucker (Laktose) als Kuhmilch – jedes Neugeborene verträgt also Laktose. Wer jedoch später eine Unverträglichkeit hat, sollte zu laktosefreier Milch greifen. Länger gereifter Käse ist ebenfalls lactosearm, vor allem Hartkäse.
• Kritisch sind Rohmilchprodukte für Schwangere und Babys – sie können Listerien enthalten oder EHEC-Keime.
• Milchsaure Milchprodukte sind besonders gut verträglich und enthalten Bakterienstämme, deren probiotische Wirkung aber umstritten ist.

250 ml Milch und 100 g Käse pro Tag werden von der DGE (Deutsche Gesellschaft für Ernährung) für Erwachsene empfohlen, um den Kalzium- und Eiweißbedarf zu decken.

WIE GRÜN?

Der ökologische Fußabdruck (s. S. 278) von unverarbeiteter Milch ist unter den tierischen Lebensmitteln gut und beträgt im Vergleich nur ein Fünftel von Fleisch und ein Drittel von Eiern. Anders sieht es hingegen bei stark verarbeiteten Milchprodukten aus: Sie enthalten meist viele Zusatzstoffe und sind aufwendig in kleine Portionen verpackt. Dasselbe gilt für Produkte mit hohem Fettgehalt wie Butter und Käse – Milch in derart konzentrierter Form verursacht ähnlich hohe Treibhausgase wie Fleisch. Hier bestehen jedoch Unterschiede zwischen Grünfütterung bei der Weidehaltung und Stallhaltung, bei der wesentlich mehr oder sogar ausschließlich mit Getreide und Kraftfutter aus Soja zugefüttert wird. Bei ökologischer Milchwirtschaft sind die Zufütterungsmengen eingeschränkt. Insgesamt werden weltweit 60 Prozent der Getreide- und 80 Prozent der Sojaproduktion zu Futtermittel verarbeitet! Hinzu kommt die Energie für die Kühlung bei Produktion und Lagerung von Milch und Milchprodukten.

GRÜN PUNKTEN

• Einfache Produkte bevorzugen: statt süßer Milchprodukte und -desserts selber Fruchtjoghurts oder Quarkspeise aus frischen Früchten mixen.
• Magere Milch und Milchprodukte verwenden, Butter sparsam einsetzen.
• Bevorzugen Sie Milch und Butter aus ökologischer Weidehaltung. Diese haben zudem einen höheren Anteil an ungesättigten Fettsäuren.

GRÜNER TIPP

• Machen Sie Dickmilch selber: Einfach H-Milch mit einem Schuss Buttermilch mischen und bei Zimmertemperatur stehen lassen.
• Bevorzugen Sie Hartkäse aus Gebirgsrohmilch der wie Gruyère oder Beaufort – dafür wird nämlich nur die Milch von Weidevieh verwendet.

Eier

FLOP

Wie das Futter, so das Ei. 2011 wurde Dioxin in Hühnereiern gefunden, eine Folge von verunreinigtem Hühnerfutter. Eier aus Bodenhaltung sind äußerlich stärker verschmutzt, das hat aber keine messbare Mehrbelastung mit Keimen zur Folge.

BASISWISSEN

- Jedes Hühnerei in der EU wird mit einem Stempel gekennzeichnet. Er bezeichnet mit der ersten Ziffer die Haltungsform (0=ökologisch, 1=Freilandhaltung, 2=Bodenhaltung, 3=Kleingruppenhaltung). Dann folgt das Landeskürzel und zum Schluss die 7-stellige Betriebsnummer. Wichtig ist das Legedatum: Ein Ei entwickelt sein Aroma erst nach zwei bis drei Tagen. Bis zum neunten Tag darf es »extra« genannt werden. Ab dem 18. Tag muss es gekühlt, ab dem 22. Tag darf es nicht mehr verkauft werden. Am 28. Tag ist die Mindesthaltbarkeit (s. S. 32) abgelaufen. Grund dieser Vorsichtsmaßnahmen: Salmonellen, die sich bei Zimmertemperatur besonders schnell vermehren. Bei Temperaturen unter 7° stoppt ihr Wachstum, bei über 70° werden sie abgetötet.
- Deshalb nur extrafrische Eier weich kochen oder roh verwenden. Die Frische lässt sich auch beim aufgeschlagenen Ei beurteilen: Dotter und Eiweiß sind

TOP

Das Ei ist ein naturbelassenes Lebensmittel. Es gibt Eier aus Boden-, Freiland- und Kleingruppenhaltung sowie Bio-Eier. Der Verbraucher entscheidet letzten Endes, wie Hühner gehalten werden.

hochgewölbt und zerlaufen nicht ineinander. Sehr frische gekochte Eier lassen sich schlecht pellen. Ältere Eier haben eine größere Luftkammer, weil Flüssigkeit durch die Schale verdunstet. Das gekochte Ei ist dann nicht mehr oval, sondern der Dotter liegt abgeflacht am Rand.

- Rohe Eier enthalten in ihrer Schale keimtötende Substanzen, deshalb nicht abwaschen – höchstens unmittelbar vor der Zubereitung. Auch Temperaturschwankungen und Kühlung stören den Keimschutz. Deshalb: einmal Kühlschrank, immer Kühlschrank.
- Nach Gewicht wird ein Ei als S (< 53 g), M (53–63 g), L (63–73 g) und XL (> 73 g) bezeichnet.

WIE GESUND?

Cholesterin hat das Ei als Risikofaktor für Herzinfarkt in Verruf gebracht. Heute weiß man: Jeder Körper bildet Cholesterin und scheidet das Zuviel aus. Wichtiger sind der Fettmix und die Höhe der gesamten Fettzufuhr. Wer eine Fettstoffwechselstörung hat oder übergewichtig ist, sollte eher zum Sonntagsei tendieren. Eiweiß und Eigelb sind in ihrer Zusammensetzung sehr unterschiedlich. Während das Eiweiß fast ausschließlich aus Eiweiß besteht, enthält der Dotter reichlich Fett, die fettlöslichen Vitamine E, A und D sowie die Mineralstoffe Eisen, Phosphor und Natrium. Eiweiß aus Hühnerei hat eine »biologische Wertigkeit« von 100, das heißt, es kann zu 100 Prozent Körpereiweiß ersetzen. Kombiniert mit Kartoffeln erreicht es unschlagbare 136!

WIE GRÜN?

Es gibt heute eine Trennung von Lege- und Mastrassen. Deshalb werden alle männlichen Kücken der Legehennen vernichtet. Selbst Bio-Eier werden heute in Großbetrieben bis zu 3000 Stück produziert.

Wer einen kleinen Garten hat, kann selber Hühner halten. Am besten eine alte »Zwierasse«, die gute Eierleger sind und beste Masteigenschaften haben. Hühner sind zutraulich und unkompliziert. Allerdings sollte vorher klar sein, wer im Notfall das Schlachten übernimmt.

GRÜN PUNKTEN

- Hühner aus ökologischer Haltung leben in Bodenhaltung, haben mehr Platz und werden nur mit Öko-Futter aufgezogen, das größtenteils aus demselben Betrieb stammen muss.
- Eier von freilaufenden Hühnern, die sich neben wenigem Körnerfutter von selbst gesammelten Insekten, Würmern, Schnecken, Grünzeug und Samen ernähren, enthalten mehr Beta-Karotin, Lutein und Vitamin A sowie die Omega-3-Fettsäure Linolsäure, als die von gefütterten Hühnern. Außerdem sind diese »wilden« Hühner kein Nahrungskonkurrent des Menschen.
- Eier möglichst frisch verwenden – in den ersten 18 Tagen schützt das Eioberhäutchen unter der Schale das Innere vor Keimen. Für weich gekochtes oder pochiertes Ei sollte das Ei nicht älter als 18 Tage sein.
- Auch die Eier anderer Geflügelarten sind essbar. Enteneier sollten immer mindestens 10 Minuten kochen, um salmonellenfrei zu sein.
- Farbe und Größe der Eier sind in erster Linie von der Rasse abhängig und sagen nichts über die Qualität aus. Das Futter beeinflusst Geschmack und Farbe: Dotter von Bio-Eiern sind blasser, weil sie nicht mit dem orangefarbenen Karotin Canthaxanthin gefüttert werden dürfen.

GRÜNER TIPP

- Eierschalen enthalten Kalziumkarbonat ($CaCO_3$), also Kalk. Das ist ein guter Dünger für saure Böden! Die Schalen einfach im Mörser zerstoßen und unter die Erde arbeiten oder ins Gießwasser rieseln lassen.

Fisch

TOP

Fisch ist gesund und hat auch eine gute Ökobilanz. Der CO_2-Fußabdruck ist 50- bis 60-mal kleiner als beim Rind und entspricht etwa dem von Hühnern.

FLOP

Die Überfischung der Weltmeere und Fangmethoden sind ein Riesenproblem. Rückstände von giftigem Methylquecksilber sind bei großen Raubfischen wie Thun- und Haifisch möglich, durch Kontrollen ist solche Ware selten im Handel. Intensives Aquafarming kann die Umwelt schwer belasten und zu überhöhtem Gehalt an Antibiotika führen, vor allem bei Garnelen.

BASISWISSEN

- Frischer Fisch riecht nicht. Er hat leicht vorstehende, klare und glänzende Augen, mit schwarzer Pupille und durchsichtiger Hornhaut. Die Haut glänzt, die Schuppen haften fest an der unverletzten Haut und die Kiemen sind leuchtend rot.
- Fisch hat einen hohen Wassergehalt. Dadurch bietet er Bakterien einen guten Nährboden, sodass die Gefahr des Verderbens hoch ist. Frischen Fisch deshalb so schnell wie möglich nach dem Kauf zubereiten. Bewahren Sie ihn auch gekühlt nicht länger als einen Tag auf.
- Vor der Zubereitung den Fisch kalt abspülen und die Bauchhöhle auswaschen. Fisch keinesfalls im Wasser liegen lassen, weil das Aroma auslaugt. Die 3-S-Regel (säubern, säuern, salzen) ist bei wirklich frischem Fisch überflüssig. Würzen Sie erst nach dem Garen.
- Fisch gart schon bei etwa 70°. Das heißt: Er muss nicht kochen, sondern einfach nur ziehen. Bei Marinaden wie Ceviche gart er durch die Säure des Zitronensafts. Wenn das Fleisch nicht mehr glasig ist und sich die Gräten leicht lösen, ist der Fisch gar. Fisch wird trocken und bröselig, wenn er zu lange oder zu hoch erhitzt wird. Deshalb lieber knapp garen.

WIE GESUND?

Fische, vor allem Seefische, enthalten viele Omega-3-Fettsäuren. Diese mehrfach ungesättigten Fettsäuren erfüllen lebensnotwendige Aufgaben im Körper. Je kälter das Milieu ist, in dem der Fisch lebt, desto höher ist der Gehalt an Omega-3-Fettsäuren. Diese können vor Herz-Kreislauf-Erkrankungen und Gefäßerkrankungen schützen und senken das schlechte LDL-Cholesterin. Besonders gehaltvoll sind Hering, Makrele, Thunfisch und Lachs. Auch Jod kommt in Fischen vor. Dies steuert als Schilddrüsenhormon viele Stoffwechselvorgänge. Fische haben einen hohen Anteil an biologisch wertvollem Eiweiß mit einer ausgewogenen Aminosäurenzusammensetzung. Fischeiweiß ist leicht verdaulich, da es weniger Bindegewebe hat. Weitere Inhaltstoffe sind Zink, Selen, Magnesium, Kalium, Vitamin D, Vitamin B1, B6 und B12.

WIE GRÜN?

Pro Jahr werden rund 90 Millionen Tonnen Fisch gefangen. Die Welternährungsorganisation (FAO) schätzt, dass von den weltweit kommerziell genutzten Beständen 52 Prozent bis an ihre Grenze genutzt werden, 19 Prozent überfischt und 8 Prozent erschöpft sind.

Zusätzlich bedrohen Beifang und Grundschleppnetzfischerei die Meere. Es werden weltweit jedes Jahr bis zu 30 Millionen Tonnen Fisch und Meerestiere sinnlos getötet. Auch zerstört die Grundschleppnetzfischerei kostbare Lebensräume wie Korallenriffe und Bodenlebewesen. Tiefseefische sind besonders gefährdet, da die Tiere langsam wachsen und sich spät vermehren.

Durch den sinkenden Ertrag der Fischerei wird Aquafarming wichtiger, vergleichbar mit der Domestizierung der Haustiere. Werden die Fische zu dicht gehalten, drohen Umweltverschmutzung und Krankheiten, die mit Antibiotika behandelt werden. Auch die Fütterung kann problematisch sein, weil meist mit Fischmehl gefüttert wird.

GRÜN PUNKTEN

- Kaufen Sie Fisch & Co. aus gesunden Beständen, die mit schonenden Methoden gefangen wurden oder aus Öko-Aquakulturen stammen (aktuell: WWF Fischratgeber).
- Wechseln Sie mal von Seefisch zu Süßwasserfisch wie Forelle, Karpfen und Wels aus heimischen Gewässern.
- Friedfische, die sich pflanzlich ernähren, sind ökologisch sinnvoller.
- Achten Sie beim Kauf von Fisch auf Fangmethode, Fanggebietskennzeichnung und Zertifizierungen, z. B. MSC-Siegel (Marine-Stewardship Council, s. S. 278).
- In diesem Buch konzentrieren wir uns auf ökologisch korrekt gehaltene beziehungsweise gefischte Arten wie: Forelle, Lachsforelle, Karpfen, Wels, Hering, Zander oder Seelachs.

GRÜNE TIPPS

- Verwenden Sie möglichst ganze Fische – dann reichen die Karkassen für eine zweite Mahlzeit wie Suppe oder Eintopf.
- Schonen Sie Fische während der Laichzeit, denn mit ihrer Eiablage sichern sie den Fortbestand ihrer Rasse. Außerdem schmeckt Fisch in den Monaten des Laichens nicht so gut:

Barsch:	März–Juni
Forelle:	Dezember–Januar
Karpfen:	Mai–Juni
Hecht:	März–April
Schleie:	März–Juli
Wels:	Mai–August
Zander:	April–Mai
Heilbutt:	März–April
Hering:	November–März
Kabeljau:	Januar–März
Lachs:	November–Januar
Schellfisch:	März–Juni
Scholle:	November–April

Ölsaaten, Nüsse und pflanzliche Fette

TOP

Ölsaaten und die aus ihnen gewonnenen Fette erzeugen vergleichsweise geringe Treibhausgasemissionen und punkten mit gesunden Fetten.

FLOP

Sie sind meistens Importprodukte. Die Herstellung von Ölen, Streich- und Frittierfetten verbraucht Wasser und Energie. Zudem werden 60–70 Prozent aller Ölsaaten für Futtermittel verwendet. Das preiswerte Palmkernfett enthält viel ungesunde gesättigte Fettsäuren und wird in Monokulturen produziert.

BASISWISSEN

- Pflanzliche Fette werden aus Nüssen und Ölsaaten oder -früchten durch Pressung gewonnen. Sie sind meist flüssige Öle. Eine Ausnahme sind Kokos-, Palmkernfett und Kakaobutter.
- Die Konsistenz bei Zimmertemperatur ist ein Hinweis auf die Fettsäuren: Viele gesättigte Fettsäuren machen ein Fett fester.
- Viele Rohöle enthalten unerwünschte Schleim-, Trüb- oder Geruchsstoffe, die durch chemische oder physikalische Raffination entfernt werden. Native Speiseöle sind unraffiniert. Die Zusätze »kalt gepresst« oder »aus erster Pressung« weisen auf eine besonders schonende Herstellung hin, die gesunde Inhaltsstoffe wie bioaktive Substanzen erhält.
- Für Margarine werden flüssige Öle durch Fetthärtung streichfähig gemacht. Bei modernen Verfahren entstehen keine Transfettsäuren mehr. Margarine enthält häufig Salz, Aroma- und Farbstoffe.
- Fürs Braten bei hohen Temperaturen eignen sich raffinierte Öle mit hohem Schmelzpunkt wie Erdnuss-, Soja- oder Rapsöl.
- Für Salate sind native Öle auch mit speziellem Aroma ideal.
- Die beste Qualitätskontrolle ist die Zunge: Ein gutes Öl sollte nicht ranzig, bitter oder streng schmecken.
- Speiseöle kühl und dunkel lagern, vor allem, wenn sie nativ sind und viele mehrfach ungesättigte Fettsäuren enthalten. Margarine am besten im Kühlschrank aufbewahren.
- Nüsse und Saaten enthalten neben gesunden Fetten wertvolles Eiweiß und viele Ballaststoffe. Kohlenhydrate sind in mäßigen Mengen enthalten.
- Esskastanien fallen aus der Rolle: Sie enthalten wenig Fett und Eiweiß, aber so viel Kohlenhydrate, dass sie Getreide oder Kartoffeln ersetzen können.

WIE GESUND?

Mehrfach ungesättigte Fettsäuren, vor allem die Omega-3-Fettsäuren, beugen Herz-Kreislauf-Erkrankungen vor. Deshalb sollte ein Öl viel davon enthalten, ergänzt durch einfach ungesättigte Fettsäuren. Deshalb sind Raps-, Walnuss- und Sojaöl besonders zu empfehlen. Einsame Spitze bezüglich Omega-3-Fettsäuren sind Leinöl und das buttrige Leindotteröl. Beide werden aber schnell ranzig. Olivenöl mit vielen einfach ungesättigten Fettsäuren ist eine gute Ergänzung. Feste Fette wie Palmkernfett und Kokosfett sind weniger gesund durch viele gesättigte Fettsäuren – ähnlich wie

Butter. Gesundheitsschädlich sind Transfettsäuren, die bei großer Hitze entstehen. So enthalten Fertigprodukte wie Blätterteigbackwaren, Kekse, Riegel, Pommes oder Frittiertes allgemein viele dieser Transfettsäuren. Bei Margarine haben Diätmargarinen in der Regel die beste Zusammensetzung.

Nüsse und Ölsaaten können in der vegetarischen Küche auf gesunde Art Fleisch oder Käse ersetzen. Sie liefern – wie die Öle – die Vitamine E und Betakarotin. Außerdem Eiweiß und kleine Mengen von Kohlenhydraten. Die Rückstände von Aflatoxinen (Schimmelpilzgiften) in Pistazien, Erd- und Paranüssen ist durch verstärkte Kontrollen stark zurückgegangen.

WIE GRÜN?

Unverarbeitete Ölsaaten verursachen vergleichsweise wenig Treibhausgasemissionen. Die Ökobilanz verschlechtert sich bei der Weiterverarbeitung, liegt jedoch immer noch unter der von tierischen Lebensmitteln. Bei einem Großteil der Ölsaaten wie Raps, Sonnenblumenkernen, Kokos- oder Palmfrüchten sowie den daraus gewonnenen Fetten handelt es sich um Importprodukte aus Übersee – die meisten werden per Schiff transportiert. Das gilt auch für Nüsse und deren Öle. Für Walnuss-, Erdnuss-, Pekannuss-, Macadamianusskerne und Mandeln ist Kalifornien ein wichtiges Anbaugebiet. Weltweit werden jedoch 60–70 Prozent der Ölsaaten an Nutztiere verfüttert, allen voran Soja, Raps und Sonnenblumenkerne. Aus Palmöl wird Kraftstoff gewonnen. Den asiatischen Palmölplantagen fällt dabei artenreicher Urwald zum Opfer.

Im Lebensmittelbereich sind die Raffination von Ölen und die Herstellung von Margarine energieaufwendig. Bei Bio-Ölen ist eine Raffination hingegen nicht erlaubt. Bei ökologischen Ölbaumkulturen wird wenig Wasser und Dünger verwendet. In konventionellen Großplantagen wird bewässert, gedüngt und werden Pestizide eingesetzt.

GRÜN PUNKTEN

- Je naturbelassener ein Öl ist, desto besser für die Ökobilanz. Achten Sie auf das Bio-Siegel (s. S. 279) und die Bezeichnung »nativ«.
- Nüsse aus heimischem Anbau haben im Herbst Saison. Haselnüsse, Walnüsse und Esskastanien (Maronen) gibt es dann auch bei uns frisch – vor allem in Süddeutschland.
- Ersetzen Sie öfter mal Fleisch oder Käse durch Nüsse und Kerne.

GRÜNE TIPPS

- Kochen Sie mit Öl. Bevorzugen Sie in der kalten Küche native Öle. Sie werden mit wenig Energieeinsatz und so schonend hergestellt, dass die meisten Inhaltsstoffe erhalten bleiben.
- Hefegebäck, Rührteige und Quark-Ölteig kann auch mit Öl zubereitet werden.
- Pur sind Nüsse und Mandeln gesundes Fast Food für unterwegs.
- Mus aus Sesam (Tahin), Mandeln oder Erdnüssen geben Saucen, Suppen und Dips Sämigkeit und gesunde Kalorien. Sie sind auch als Brotaufstrich zu empfehlen. Achten Sie auf die Zutatenliste: Zusatzstoffe sind überflüssig. Das abgesetzte Fett auf der Oberfläche vor der Entnahme immer wieder unterrühren.
- Gemahlene Nüsse oder Kerne können Reibekäse als Topping für Aufläufe ersetzen.

Soja

TOP

Soja ist mit 36 Prozent Eiweiß und 18 Prozent gesundem Fett eine pflanzliche Alternative zu Fleisch und Fisch. Tofu liegt mit seiner CO_2-Bilanz unterhalb von allen vergleichbaren tierischen Eiweißprodukten.

FLOP

Etwa 80 Prozent der Sojaernte dient als Futtermittel! Dafür werden in Südamerika Flächen von der Größe Schleswig-Holsteins als Plantagen betrieben.

BASISWISSEN

Sojabohnen sind Hülsenfrüchte. Neben dem typisch hohen Gehalt an Ballaststoffen enthält Soja mehr Eiweiß als jede andere Hülsenfrucht, fast 20 Prozent wertvolles Fett und wenig Kohlenhydrate.

- Sojamilch wird leicht gesüßt oder aromatisiert. Da sie nur 3 mg, Kuhmilch dagegen 120 mg Kalzium enthält, wird sie oft angereichert.
- Tofu entsteht durch Gerinnung und ist ein schnittfester, neutraler Quark. Es gibt Räuchertofu, aromatisierte Sorten und den cremigen Seidentofu.
- Sojasauce ist eine fermentierte, salzige Würzsauce.

WIE GESUND?

In Asien zählen Sojaprodukte zu den Grundnahrungsmitteln, und scheinen zur Langlebigkeit beizutragen. Kein Wunder, denn Soja hat viele Vorzüge. Die Verteilung der einfach und mehrfach ungesättigten Fettsäuren ist im Sojaöl nahezu ideal: prima für die Prävention von Herz-Kreislauf-Erkrankungen. Das Eiweiß ist mit dem von Fleisch oder Milchprodukten vergleichbar. Es scheint den Blutdruck und den Cholesterinspiegel senken zu können. Neben Mineralstoffen wie Magnesium, etwas Kalzium und Phosphor sind auch Vitamine, vor allem E, enthalten. Viel wichtiger sind die Bioaktivstoffe. Sie haben Einfluss auf die Immunabwehr und hemmen Entzündungen. Die Wirkung der Phytoöstrogene auf Knochenstoffwechsel und Wechseljahrsbeschwerden sind umstritten.

WIE GRÜN?

Es schont Ressourcen, wenn wir direkt Soja essen, statt es Tieren zu füttern. Tofu verursacht – ähnlich wie Geflügel – nur etwa ein Achtel der Emissionen von Käse oder Wurst und ein Sechstel der von Rindfleisch. Die Ausweitung von Sojaplantagen auf Kosten von Nebelwäldern und Savannen zur Produktion von Tierfutter ist eine Umweltsünde!

GRÜN PUNKTEN

- Tierische durch pflanzliche Lebensmittel zu ersetzen gehört zu den wichtigsten Klimaschutzmaßnahmen. So haben Sojaprodukte eine positive Wirkung.
- Bevorzugen Sie natürlich hergestellte Sojaprodukte. Gerade bei Sojasauce gibt es große Unterschiede, die sich preislich und geschmacklich bemerkbar machen.

GRÜNE TIPPS

- Brotaufstriche auf Sojabasis sind ein guter Ersatz für Aufschnitt und lassen sich gut selber herstellen.

TOP

Honig ist ein Naturprodukt und enthält 200 teilweise gesundheitsfördernde Substanzen. Mithilfe von Zucker lassen sich Früchte haltbar machen.

FLOP

Zucker führt zu Karies. In süßen Getränken trägt er zu Übergewicht bei.

Süßes

BASISWISSEN

Saccharose (Zucker) setzt sich zusammen aus Glucose (= Dextrose =Traubenzucker) und Fructose (Fruchtzucker), so sind auch die Sirups aus beiden im Grunde Zucker. Dazu gehören außerdem Laktose (Milchzucker) und Maltose (Malzzucker). Invertzucker ist ein Mix aus Glucose und Fructose und kommt unter anderem im Honig vor.
Süßstoffe enthalten Null Kalorien. Trotzdem werden sie oft kritisiert. Es wird diskutiert, ob sie den Geschmack an zuviel Süße gewöhnen, appetitanregend wirken oder im Gehirn ähnliche hormonelle Signale auslösen wie Zucker. Für alle diese Mutmaßungen gibt es keine wissenschaftlichen Belege. Das Süßkraut Stevia süßt ebenfalls kalorienfrei. Zuckeraustauschstoffe erkennen Sie an der Endung »it«, wie Sorbit oder Xylit. Sie haben halb soviel Kalorien wie Zucker und verursachen keine Karies! Hauptkritikpunkt: Sie süßen mit halber Kraft – deshalb spart man keine Kalorien.

WIE GESUND?

Zucker – egal ob aus Rüben oder Zuckerrohr – ist konzentrierte Energie ohne wertvolle Nährstoffe und verursacht Karies. Brauner Farinzucker wird durch Karamellisieren gefärbt, roher Rohrzucker enthält noch Spuren von Mineralstoffen.
Honig punktet mit Bioaktivstoffen, sollte deshalb aber kalt geschleudert sein und nicht erhitzt werden. Dicksäfte enthalten kaum Vitamine, aber Mineralstoffe.
Wenn mit Fruchtsüße, Sirups oder dem Zusatz »zuckerfrei« geworben wird, ist Vorsicht angebracht. Denn in Tierversuchen wurden Mäuse gerade von Fruchtzucker fett. Der ist aber in den meisten süßen Getränken enthalten – und in pseudogesunden Joghurts und Milchprodukten.
Wer ohne Süße in Kaffee, Tee oder Limonaden nicht leben kann, der sollte sich tatsächlich an Süßstoff oder reines Stevia halten.
Zuckeraustauschstoffe können bei Verstopfung positiv wirken, sparen aber keine Kalorien.

WIE GRÜN?

Als Pflanzenprodukt liegt Zucker mit rund 1500 CO_2-Äquivalenten gar nicht so schlecht. Zuckerrohrzucker ist tendenziell besser als Rübenzucker, weil er ergiebiger ist. Allerdings wird er oft in Monokulturen angebaut – hier sind Bio- oder Fairtrade-Produkte besser. Sinnvoll ist der Einsatz von Zucker zum Konservieren, weil Säfte, Kompott oder Konfitüre ohne Kühlung haltbar gemacht werden. Zucker ist eher eine Würze als ein Grundnahrungsmittel. Bevorzugen Sie bei Honig regionale Bioprodukte.

GRÜN PUNKTEN

- Roh-Rohrzucker aus Bioproduktion, fair gehandelt ist die beste Wahl.
- Fruchtige Ernte aus dem eigenen Garten mit Zucker zu konservieren ist sinnvoll.
- Honig nicht erhitzen, weil er dabei an Wert verliert.
- Auch mal Rübensirup, Apfel- oder Birnenkraut aus regionaler Herstellung benutzen.

GRÜNE TIPPS

- Vanille- oder Zitruszucker selber machen: Reste von ausgekratzten Vanilleschoten oder Schale von Bio-Zitronen oder -Orangen in ein Schraubglas mit Zucker stecken: das Aroma geht über.
- Zum Süßen von Tee ein paar getrocknete Steviablätter mit aufbrühen.

Richtig kochen

Die gute Nachricht vorweg: selber kochen lohnt sich! Nicht nur weil es besser schmeckt und Sie wissen, was drin ist, sondern auch aus ökologischen Gesichtspunkten. Vor allem, wenn weniger tierische Produkte im Topf landen, Sie nichts verderben lassen und eine energiesparende Kochtechnik nutzen.

Raten Sie mal, wer mit seiner Ernährungsweise den kleinsten ökologischen Fußabdruck hinterlässt! Sie ahnen es: Das ist der Öko-Rohköstler. Denn er lebt von pflanzlichen Produkten und hat keinen Energieaufwand für die Nahrungszubereitung. Doch auch wer »nur« vollwertig isst, kann 37 Prozent der klimawirksamen Emissionen der Durchschnittskost einsparen – Ovo-lacto-Vegetarier sogar 52 Prozent! (I. Hoffmann; DGE Symposium S. 20) Mit anderen Worten: Salate, Obst und Knabbergemüse pur und mäßiger Fleischgenuss senken die Umweltbelastung bereits deutlich. Wer sich an die Empfehlungen der DGE (Deutsche Gesellschaft für Ernährung) hält, ist auf der ökologisch sicheren Seite und tut sich auch noch etwas Gutes. Die DGE empfiehlt rund drei Viertel der Lebensmittel aus pflanzlicher Herkunft: Getreide und Kartoffeln, Gemüse und Obst, pflanzliche Fette. Das restliche Viertel teilt sich auf in täglich Milch und Milchprodukte, in der Woche ein- bis zweimal Fisch sowie 300 bis 600 g Fleisch und Wurstwaren. Vielseitig essen ist also angesagt!

ENERGIESPARENDER HERD

Der Sieger in punkto Energieeffizienz ist der Gasherd. Eigentlich klar, denn es wird Primärenergie vor Ort verbrannt. Doch nicht jeder Haushalt hat einen Gasanschluss. In diesem Fall ist ein Induktionsherd spitze. Er erhitzt sogar schneller als Gas und verschwendet keine Resthitze wie die gute alte Elektroplatte, die energetisch gesehen das Schlusslicht ist. Das Cerankochfeld mit Infrarot- oder Halogen-Heizquelle liegt im Mittelfeld.

ABER BITTE MIT DECKEL!

Natürlich hängt es auch vom Topf ab, wie gut die Hitze genutzt wird. Auf einem Gasherd ist das nicht so wichtig. Aber auf flachen Feldern muss der Topfboden bestmöglich aufliegen, also ebenfalls ganz plan sein. Induktionsherde benötigen dazu Töpfe mit Spezialböden. In jedem Fall ist es gut, wenn ein Topf die Hitze gut leitet und hält. Doch auch das »wie« ist wichtig. Der Topf und die Flüssigkeitsmenge sollten nicht unnötig groß sein – das fällt vor allem beim Kochen von Nudeln ins Gewicht. Außerdem gilt: Deckel schließen. Denn sonst entweicht die Hitze am laufenden Band!

MACHEN SIE DAMPF!

Früher hieß er »Dampfdrucktopf«, der hermetisch abschließende Topf mit Ventil, der unter Druck gart. Dadurch entstehen Temperaturen von etwa 120° statt 100°, entsprechend kürzer ist die Garzeit. Heute heißt er »Schnellkochtopf«. Für zartes Gemüse oder Fisch ist er ungeeignet, weil Empfindliches weder dem Tempo noch der Temperatur gewachsen ist. Ideal ist er für Suppen und Fonds, für Hülsenfrüchte und derbes Ge-

Die klassischen Gusseisenpfannen eignen sich für jeden Herd – auch für Induktion.

müse oder Kartoffeln. Aber auch hier lieber erstmal kürzer garen, als verkochen! Wichtig: Auch nach dem Abschalten der Hitzequelle gart der Topfinhalt nach, weil der Druck nicht sofort abgebaut wird. Das sollten Sie einkalkulieren. Übrigens: Ein Schellkochtopf kann nicht explodieren, weil er ein Sicherheitsventil hat, das zischend Dampf abgibt!

Der »Elektrodämpfer« arbeitet nach einem anderen Prinzip: Wasserdampf wird erzeugt und zieht durch mehrere Aufsätze. Die Garzeit ist etwas länger als auf dem Herd über Dampf. Dafür gart Gemüse sehr schonend ganz ohne Fett und der Eigengeschmack bleibt wunderbar erhalten. Dank Zeitschaltuhr kocht nichts über und verkocht auch nichts – für zartes Gemüse und Fisch also ideal. Außerdem ist ein Dampfgarer als Elektrostandgerät energiegünstiger als Dampfgaren auf dem Herd oder im Backofen.

WASSERKOCHER & CO.

Wenn wir schon bei Elektrogeräten sind: Ein separater Wasserkocher ist ebenfalls energiegünstiger als auf dem Herd Wasser zu erhitzen. Das gilt auch für den Toaster oder die Kaffeemaschine. Und die Mikrowelle? Für kleine Mengen ist sie sparsamer im Verbrauch. Bei großen Mengen potenziert sich die Gardauer und es wird unwirtschaftlich. Das Haupteinsatzgebiet der Mikrowelle – Auftauen oder Erwärmen von Fertiggerichten – ist vom ökologischen Fußabdruck (s. S. 278) her gut in der Ökobilanz.

UMGANG MIT DEM BACKOFEN

Beim Backofen geht die meiste Energie ins Rohr – weniger als 10 Prozent landen im Gargut. Deshalb ist es nicht sinnvoll, im Backofen nur zu überbacken oder kleine Mengen für zwei Portionen darin zu garen. Erst für sechs Portionen lohnt der Auflauf oder Braten – und am besten, wenn gleichzeitig Beilagen mitgaren können.

Bis zu einem Drittel an Energie kann man mit Umluft sparen – bei gleicher Gardauer kann die Temperatur um 20° tiefer eingestellt werden. Außerdem lässt sich auf mehreren Etagen garen und der Ofen wird viel schneller heiß. Deshalb haben wir, wenn möglich, mit Umluft gearbeitet. Wenn Umluft ungeeignet ist, steht es beim Rezept. Gestrichen haben wir das Vorheizen – dadurch geht wertvolle Energie verloren. Vorheizen erleichtert das Standardisieren von Backrezepten: 200° sind 200°. Denn Öfen sind unterschiedlich schnell im Erreichen der Hitze. Das kann manchmal einen Unterschied ausmachen. Lernen Sie Ihren Ofen kennen, dann ist das kein Problem.

Dämpfen ist eine schonende Garmethode. Wer keinen Elektrodämpfer besitzt, nimmt den Metalleinsatz für den Kochtopf.

Übrigens, auch mit den richtigen Backformen und Backblechen lässt sich Energie sparen: dunkle, gut leitende Materialien können sogar bis zu 30 Prozent der Backzeit sparen. Fragen Sie im Fachhandel danach.

Mit der Flotten Lotte ist gegartes Obst und Gemüse schnell durchpassiert. Harte Teile oder Kerngehäuse bleiben im Sieb.

MUSKELKRAFT ODER MASCHINEN?

Es gibt für alles eine technische Lösung – aber das kostet Energie. Vorteil von mehr Handarbeit ist die Bewegung im Alltag – aber das kostet Zeit. Für kleine Mengen spielt das kaum eine Rolle. Wer aber eine große Familie bekocht, der wird die Möhrchen für die Rohkost nicht per Hand reiben – es sei, denn der Clan hilft mit. Doch wirklich gute, scharfe Messer und hochwertige Handreiben machen die Arbeit leichter. Auch eine »Flotte Lotte«, ein Sieb mit Einsatz zum Passieren von gegartem Gemüse, kommt wieder zu Ehren. Unverzichtbar finde ich einen Pürierstab mit zusätzlichem Schneebesen und Blitzhacker.

SPARSAM KÜHLEN

A+++ heißt die Devise: Das ist die höchste Effizienzklasse, die es bei Kühlschränken und Gefrierkombinationen gibt und die bis zu 50 Prozent der Energie sparen können. Trotzdem: weniger ist mehr. Der Kühlschrank sollte der Haushaltsgröße entsprechen. Für einen Ein- bis Zwei-Personen-Haushalt sind 100 bis 160 Liter ausreichend und für jede weitere Person 50 Liter mehr. Wer auf ein Tiefkühlfach verzichtet, spart noch mehr! Das ist sinnvoll, wenn Sie ohnehin einen Tiefkühlschrank haben: Getrennte Geräte sind nämlich sparsamer. Dann aber wird es schwierig mit einem »Kellerfach«. Das sind Schubladen, in denen die Temperatur unabhängig vom übrigen Gerät eingestellt wird. Wenn dann noch eine bestimmte Luftfeuchte vorgegeben werden kann, steigt die Haltbarkeit von frischem Obst und Gemüse enorm. Das kann für jeden Sinn machen, der nur einmal in der Woche Zeit hat, Frisches einzukaufen.

VORSICHT BEI VERBRAUCHSMATERIALIEN!

Wir haben Alufolie gestrichen – und gemerkt, dass das gar nicht so einfach ist. Das gilt auch für Frischhaltefolie und Grillschalen. Und erst recht für Küchenpapier! Altpapier tut's manchmal auch. Bei Backpapier waren wir großzügig: Fett vom Blech belastet schließlich das Abwasser erheblich. Überlegen Sie einfach immer wieder, ob Reste nicht in eine Plastikbox können, die Schmutzlache nicht mit Wasser und Wischtuch gereinigt werden kann und verwenden Sie Alufolie, wenn möglich, mehrmals.

Leisten Sie sich qualitativ gute Messer. Sie erleichtern die Küchenarbeit.

Punktgenau planen

KLEINE MENGENLEHRE

Ein Drittel der weltweiten Nahrungsmittelproduktion endet laut Food and Agriculture Organization (FAO) im Müll. Die Gründe dafür sind vielfältig. Es wird zuviel eingekauft, falsch gelagert und zu früh weggeworfen.

DARF ES ETWAS MEHR SEIN?

Bei dieser Frage sollten sämtliche Alarmglocken klingeln! Denn in der Regel ist der »Nachschlag« genau das, was übrig bleibt. Doch oft haben wir gar nicht mehr die Wahl: Vorverpackte Lebensmittel diktieren die Portionsgröße – und die ist eben für einen kleinen Haushalt oft zuviel. Da hilft es, nicht hungrig einkaufen zu gehen. Und vorher eine ganz realistische Einkaufsliste zu haben. Angesichts der ausgedehnten Öffnungszeiten braucht heutzutage keiner mehr hungrig zu bleiben. Doch wer nicht ständig für dieselbe Menge kocht, der schwimmt oft, was die Mengen angeht. Da hilft eine ganz einfache Mengentabelle. Rechnen Sie aus, was nötig ist und bleiben Sie eisern: Dann wird Ihr Resteberg schrumpfen.

WER ISST WIE VIEL?

Wenn weniger oder mehr als üblich am Tisch sitzen, gerät man leicht ins Schwimmen. Rechnen Sie mit der Tabelle in der rechten Spalte in Ruhe nach – so sind auch die Resteberge nach der Party kleiner! Pro etwa 10 Portionen können Sie die Menge um eine Portion reduzieren. Und wenn Kinder mitessen, brauchen Sie auch weniger. Rechnen Sie für Kleinkinder die Hälfte und für Grundschulkinder drei Viertel der Mengen. Aber Achtung: Zwischen 14 und 18 brauchen gerade männliche Jugendliche auch schon mal die 1,5-fache Portion!

WAS VOM LEBENSMITTEL ÜBRIG BLEIBT

Wie viel bleibt vom Gemüse nach dem Putzen übrig? Oder vom Hühnchen an Fleisch, wenn es entbeint ist? Die Tabellen auf den Seiten 32 und 33 geben darüber Auskunft. Und natürlich gilt: Sowohl Knochen als auch Blätter und Schalen werden für selbst gekochte Brühen weiterverwertet.

Gericht		g/ml pro Erwachsener
Suppe, als Vorspeise		250 ml
Suppe, als Hauptgericht		400 ml
Salat, als Beilage		80 g
Salat, als Hauptgericht		300 g
Dressing		2–3 EL
Gemüse, roh		120 g
Gemüse, als Beilage, roh		200 g
Gemüse, als Hauptgericht, roh		350 g
Kartoffeln, als Beilage, roh		200 g
Kartoffeln, als Hauptgericht, roh		350 g
Reis, als Beilage	roh	80 g
	gekocht	240 g
Reis, als Hauptgericht	roh	100 g
	gekocht	300 g
Nudeln, als Beilage	roh	80 g
	gekocht	160 g
Nudeln, als Hauptgericht	roh	100 g
	gekocht	200 g
Fleisch, als Stück (ohne Knochen)		200 g
Fleisch, als Ragout		80 g
Hackfleisch		150 g
Fisch, ganz		300 g
Fisch, Filet		200 g
warme Saucen		100 ml
Dessert		150 g
Süßes, als Hauptgericht		300 g
Obst		80 g
Brot (Brötchen), als Beilage		100 g (1–2 Stück)
Brot (Brötchen), als Hauptgericht		150 g (2–3 Stück)
Käse und Aufschnitt		80 g

Was vom Lebensmittel übrig bleibt

Lebensmittel	Rohgewicht (g) für 100 g verzehrbaren Anteil	Abfall (%)
Gemüse		
Artischocke	208	52
Aubergine	120	17
Blumenkohl/Brokkoli	162	38
Bohnen (grün)	106	6
Champignons	102	2
Endivien-/Eisbergsalat, Chinakohl	130	23
Erbsen (grün)	250	60
Fenchel	108	7
Grünkohl	196	49
Gurke	135	26
Kartoffeln	125	20
Kohlrabi	152	34
Kopfsalat	147	32
Kürbis	143	30
Lauch (Porree)	172	42
Mangold	123	19
Möhren	123	19
Paprikaschoten	130	23
Radieschen	159	37
Rhabarber	128	22
Rot-/Weiß-/Rosenkohl	128	22
Rote Bete	128	22
Schwarzwurzeln	179	44
Sellerie, Knollen-	137	27
Sellerie, Stauden-	159	37
Spargel	135	26
Spinat	118	15
Tomaten	104	4
Wirsing	139	28
Zucchini	115	13
Zuckermais	270	63
Zwiebeln	109	8

Lebensmittel	Rohgewicht (g) für 100 g verzehrbaren Anteil	Abfall (%)
Obst		
Ananas	185	46
Äpfel	109–133	8–25
Apfelsinen	139	28
Aprikosen	110	9
Avocados	133	25
Bananen	149	33
Birnen	108	7
Granatäpfel	286	65
Grapefruits	152	34
Honigmelonen	125	20
Kirschen	113	12
Kiwis	115	13
Mandarinen	154	35
Mangos	145	31
Pfirsiche	109	8
Pflaumen	106	6
Quitten	119	16
Wassermelonen	227	56
Weintrauben	104	4
Fleisch, mit Knochen		
Kalb, Nacken/Keule/ Kotelett	130	23
Rind, Schulter/Hüfte	117	15
Rind, Ochsenschwanz	182	45
Lamm, Keule/Kotelett	120	17
Lamm, Lende	115	13
Schwein, Vorderhaxe	154	35
Schwein, Hinterhaxe	130	23
Schwein, Kasseler	115	13
Schwein, Kotelett	125	20
Schwein, Bauch-/ Rückenspeck	111	10
Brathähnchen, ganz	130	23

Lebensmittel	Rohgewicht (g) für 100 g verzehrbaren Anteil	Abfall (%)
Fleisch, mit Knochen		
Suppenhuhn, ganz	157	43
Huhn, Keule	133	25
Truthahn, ganz	123	19
Truthahn, Keule	130	23
Ente, ganz	125	20
Gans, ganz	159	37
Reh, Keule	122	18
Reh, Rücken	143	30
Fisch		
Muscheln	200	50
Fisch, ganz	150	33

Quelle: aid infodienst e.V.: Lebensmittelverarbeitung im Haushalt

WAS BEDEUTET DAS MINDESTHALTBARKEITSDATUM?

- Viele Lebensmittel werden weggeworfen, weil die Verbraucher nicht wissen, wie sie mit dem Mindesthaltbarkeitsdatum (MHD) umgehen sollen. Ein Lebensmittel ist bis zu diesem Datum einwandfrei in Ordnung. Das heißt: Es ist nicht verdorben, sieht gut aus und hat die gewünschten geschmacklichen Eigenschaften. Nach dem MHD können bei den Lebensmitteln Einbußen eintreten. Das heißt aber nicht, dass man sie nicht mehr essen kann. Vertrauen Sie auf Ihre Sinne, schauen Sie das Produkt an, riechen Sie daran und probieren Sie davon. Sie können selbst beurteilen, ob es weggeworfen werden muss. Alles, was Pilz und Schimmel hat, sollte nicht mehr gegessen werden.
- Bei Fleisch, Wurst und Fisch sollte man nach Ablauf des MHD allerdings vorsichtig sein und es im Zweifelsfall nicht mehr verwenden. Die Keimbelastung kann dann schon recht hoch sein.
- Joghurt, Quark, Käse und saure Sahne sind meist auch nach dem MHD noch genießbar, weil die Milchsäure zusätzlich konserviert.
- Es gibt Lebensmittel, die nicht schlecht werden können, beispielsweise Zucker, Salz, getrocknete Hülsenfrüchte. Das liegt auch daran, dass Mikroorganismen zum Überleben und Vermehren ungebundenes Wasser brauchen. In den erwähnten Lebensmitteln kommt das ungebundene Wasser nicht vor, wodurch die Mikroorganismen »verdursten«. Das gilt auch für Mehl, Nudeln, Getreide und Reis. Handelt es sich jedoch um Vollkornprodukte, verkürzt sich das Haltbarkeitsdatum. Sie enthalten teilweise noch den Keimling mit natürlichem Fett, das ranzig werden kann.
- Öl, Nüsse oder Kerne können ebenfalls ranzig werden – auch das lässt sich einfach schmecken.
- Essig ist unbegrenzt haltbar, ein typisches Beispiel dafür ist Aceto balsamico, der umso besser wird, je länger er lagert.
- Getrocknete Früchte, Pilze oder Tomaten, Kräuter und Gewürze sind ebenfalls über das MDH hinaus haltbar – sie büßen nur an Aroma und Farbe ein und werden allmählich immer trockener.
- Das MHD von Vollkonserven beträgt 18 Monate. Sie sind allerdings oft länger haltbar. Vorsicht bei Konserven, die ausgebeult, angeknickt oder durchgerostet sind. Sie sollten sofort entsorgt werden, weil sie Botulismus-Bakterien enthalten können.
- Unverarbeitete Lebensmittel wie frisches Obst und Gemüse haben kein MHD.

Wichtig: Das MHD gilt nur für Produkte in ungeöffneten Packungen. Einmal geöffnet gilt es, auf die eigenen Sinne zu vertrauen.

Auf manchen Lebensmitteln steht ein Verbrauchsdatum. Es muss auf leicht verderblichen Lebensmitteln wie Rohmilch und Hackfleisch stehen. Dies sollte ernst genommen werden und nach verstrichenem Datum sollte das Produkt weggeworfen werden.

Mach was draus

Die Grenze zwischen Abfall und Essbarem ist willkürlich: einmal im Eimer, sind zuvor geschätzte Lebensmittel auf einmal Müll. Wenn sie ungenießbar sind, ist das in Ordnung. Aber wir verwerfen vieles, was uns eigentlich gut tut.

FAST ALLES IST ESSBAR!

Wir schleppen große Körbe mit frischem Gemüse vom Markt nach Hause – und dann landet die Hälfte davon im Müll: Das Grün von Kohlrabi, Blumenkohl, Radieschen, Rübchen, Möhren und Roter Bete. Die obere Hälfte von Frühlingszwiebeln und Lauch. Die derben Außenblätter von Salat und Kohl – manchmal auch die Rippen. Der Stunk von Brokkoli, Blumenkohl, Weiß- und Rotkraut. Dabei sind gerade in den Außenblättern die meisten Vitamine und Bioaktivstoffe enthalten: Sie bilden sich unter Tageslicht, schützen die Pflanze und uns. Natürlich werden diese Pflanzenteile oft anders verwertet. Man muss allerdings das Blattwerk sofort von Knolle oder Wurzel trennen, damit sie denen nicht Kraft und Saft entziehen und die Blätter welken lassen. Extra und kühl aufbewahrt, lassen sie sich wunderbar für Suppen, Saucen und Eintöpfe verwenden.

Aus dem »Abfall« beim Gemüseputzen wird eine kräftige Gemüsebrühe.

Nur bei Möhrengrün lieber zurückhaltend sein – hier ist sich die Wissenschaft über mögliche negative Inhaltsstoffe nicht sicher.

ABER BITTE MIT SCHALE!

Ebenso wie die Außenblätter bilden auch Früchte und Gemüse, die über der Erde wachsen, in ihrer Schale Schutzstoffe gegen UV-Licht. Außerdem sind die Schalen reich an Ballaststoffen und damit gut für unsere Immunabwehr. Deshalb das Obst gründlich waschen und abreiben, aber nicht schälen. Das gilt auch für Tomaten, Paprikaschoten, Zucchini und Hokkaido-Kürbis.
Unter der Erde sieht es nicht ganz so prickelnd aus: Kartoffelschalen enthalten tatsächlich negative Substanzen. Bei Wurzeln und Knollen können Sie es von der Struktur abhängig machen. Zartes darf gegessen werden. Alles andere wandert wie Spargelschalen in den Topf und wird für Gemüsebrühen und -fonds genutzt – am besten im Schnellkochtopf. Und auch, wenn das ökologisch nicht ganz korrekt ist: Gute Gemüseabfälle im Tiefkühlfach sammeln, bis eine ausreichend große Ladung für eine Brühe zusammenkommt.

EIN RIND HAT NICHT NUR STEAKS

Wer beim Biobauern ein halbes Schaf oder Kalb kauft oder selber Jäger ist, weiß das genau. Auch das Bauernhuhn vom Markt hat mehr zu bieten als Brust und Keule. Klar: Insgesamt ist es besser, weniger Fleisch zu essen. Aber wenn, dann auch mal Leiterstück, Beinscheibe, Leber und Knochen. Diese Teile werden oft verworfen, zu Tierfutter verarbeitet oder verwurstet. Dabei reicht schon wenig davon, einem ganzen Schmortopf mehr Aroma zu geben. Gerade Suppen und Fonds profitieren von Knochen und Karkassen. Deshalb haben wir uns auch um diese »unedlen« Fleischteile gekümmert. Was sie allerdings benötigen, ist Zeit. Aber für ein feines Sonntagsessen sollte man sich die ohnehin nehmen.

FISCH KOMPLETT

Auch beim Fisch liegt Aroma und Würze im großen Ganzen. Die Fischhändler werden Sie lieben, wenn

Sie um »Abfälle« bitten. Denn die wissen, dass daraus köstliche Suppen und Eintöpfe entstehen – und noch jede Menge Fisch pur dabei ist. Aber denken Sie daran im Voraus zu bestellen, sonst sind die guten Reste schon entsorgt! Und wenn Sie Filet haben wollen, lassen Sie das den Händler machen – und sich den Rest mit in die Tüte packen. Dann wissen Sie wirklich, was Sie haben. Scheuen Sie sich nicht vor ganzen Fischen – auch hier macht die Übung den Meister. Und er lässt sich auch besser tranchieren, denn einmal gegart, löst sich das Fischfleisch besser von den Gräten als beim rohen Fisch.

AUFWÄRMEN ERLAUBT

Speziell bei Fisch und Pilzen sind die Skrupel groß. Aber wie bei allen anderen Resten gilt: Wenn die Speisen zügig gekühlt werden, im Kühlschrank höchstens 1 bis 2 Tage lagern und ebenso zügig aufgewärmt werden – und zwar durch und durch – dann besteht keinerlei Risiko. Denn Keime vermehren sich vor allem bei Temperaturen über 20°. Warmhalten ist ein Risiko. Wenn der Topf mit Resten einfach auf dem Herd stehen bleibt, ist am nächsten Tag mit dem Inhalt nicht mehr viel los. Vor allem eiweißreiche Lebensmittel in feuchtem Milieu sind anfällig für Verderb. Achtsamkeit im Umgang mit Lebensmitteln ist also gefragt. Wenn Sie aber die Grundregel »kühlen« beherzigen, dann gibt es viele Möglichkeiten.

PÜRIEREN UND KOMBINIEREN

Reste sind langweilig – und meist zu wenig für eine ganze Mahlzeit. Als kreativer »Kick off« sind sie dagegen nicht zu verachten. Das Einfachste ist: Pürieren, mit Brühe, etwas Wein, Sahne oder Schmand verlängern, aufpeppen mit frischen Kräutern oder etwas rohem Gemüse, und schon ist eine köstliche Restesuppe entstanden.

BROTRESTE VERWERTEN

Die Studie »Zu gut für die Tonne« des Bundesministeriums für Ernährung, Landwirtschaft und Verbraucherschutz (BMELV) ergab: Brot wird in großen Mengen vernichtet. Dabei ist Brot schon immer verwertet worden. Es war kostbarer als Reste vom Getreidebrei – schließlich musste der Teig zubereitet und das Brot mit erheblichem Energieaufwand gebacken werden. Altbackenes Brot lässt sich toasten. Oder man kann es überbacken, Crostini damit zubereiten, Croûtons rösten oder einen Brotsalat machen. Man kann die Scheiben in Eiermilch baden und ausbacken, Gratins – nicht nur süße – damit zubereiten oder mit der Krume Saucen binden wie im Mittelalter oder Hackfleischteig strecken. Alle Rezepte, bei denen das Brot eingeweicht wird, funktionieren mit reinem Roggenbrot nicht so gut – die Masse wird schmierig. Und wenn das alles nicht passiert? Die größte Gefahr für Brot ist das Schimmeln. Trocknen schützt davor. Deshalb altbackenes Brot in Scheiben schneiden und an der Luft trocknen lassen. Und dann Semmelbrösel daraus machen. Die sind im Schraubglas lange haltbar. Sie umhüllen Fleisch und Fisch beim Schnitzel oder Backfisch durch die Panierung. Auf Gratins und Gemüse gestreut und überbacken machen sie satt. Sie können Suppenklößchen und Füllungen aus ihnen zaubern. Brot muss man wirklich nicht wegwerfen!

GUTE VORSÄTZE

Die oben genannte Studie des BMELV ergab auch: Ein Viertel aller Abfälle sind Gemüse, knapp ein Fünftel Obst – zusammen 44 Prozent! Wundert Sie das? Mich nicht. Denn beides sind die sensibelsten Lebensmittel und werden weniger wertgeschätzt als Fisch oder Fleisch. Vor allem Gemüse macht Arbeit bei der Zubereitung. Beim Einkauf dagegen sind die guten Vorsätze groß – entsprechend landet viel Gesundes im Korb. Wenn es aber in den Folgetagen schnell gehen muss, bleibt der Salat, Brokkoli oder Blumenkohl liegen und sieht dann ziemlich schnell alt aus. Auch Obst zieht gegenüber Pudding aus dem Kühlregal oder der süßen Schnitte schnell mal den Kürzeren. Deshalb keine Hamsterkäufe bei Obst und Gemüse. Lieber kleine Mengen auf dem Markt oder im Gemüseladen an der Ecke kaufen. Übrigens: Ein Kellerfach im Kühlschrank senkt den Frischkostverderb deutlich!

FRÜHLING

Frühling

Wenn die Sonnenstrahlen wieder kräftiger und die Tage länger werden, erwacht die Natur zu neuem Leben – und mit ihr unsere Sinne. Wir schmecken und riechen, hören und fühlen intensiver und beobachten, wie alles um uns herum sprießt und gedeiht. Folienanbau und die Zucht von frühen Sorten machen frühe Ernten regional möglich. Typisch für die Frühjahrssaison: Kräuter und Blüten in ihrer Vielfalt. Dazu Blattsalate und junges Gemüse wie Kohlrabi, Rübchen, Rote Bete und Möhren mit viel Grün. Rhabarber streckt seine ersten Stiele aus. Frühlings-Stars sind Spargel und Erdbeeren.

FRÜCHTE	GEMÜSE	KRÄUTER
Erdbeeren	Artischocken	Bärlauch
Rhabarber	Babylauch	Borretsch
	Bundmöhren	Brennnessel
	Champignons	Dill
	Frühlingszwiebeln	Gartenkresse
	Kohlrabi	Giersch
	Mairübchen	Kerbel
	Mangold	Koriandergrün
	Pflücksalat	Liebstöckel
	Radieschen	Lorbeer
	Romanesco	Löwenzahn
	Rübstiel (Stielmus)	Majoran
	Rucola	Melde
	Spargel, grün	Petersilie
	Spargel, weiß	Portulak
	Spinat	Rosmarin
	Spitzkohl	Salbei
	Zuckerschoten	Sauerampfer
		Schnittlauch
		Thymian
		Waldmeister
		Zitronenmelisse
		Zitronenthymian

Von oben links im Uhrzeigersinn:
Erdbeeren, Waldmeister,
Mairübchen, Bärlauch.

Frische Kräuter und essbare Blüten

Jetzt ist der richtige Zeitpunkt, das zu säen und zu pflanzen, was Sie im Laufe des Jahres ernten möchten. Beginnen Sie mit dem Säen im Blumenkasten auf der inneren Fensterbank. Wenn die Samen aufgegangen sind, die Setzlinge in den Garten pflanzen – am besten nach den Eisheiligen Mitte Mai.

KÜCHENKRÄUTER – SELBER ANPFLANZEN

Kräuter verleihen den Speisen nicht nur eine raffinierte Note und fördern die Bekömmlichkeit, sondern sie verfeinern die Gerichte auch optisch. Unschlagbar ist der eigene Kräutergarten, idealerweise an einem sonnigen und windgeschützten Platz in Küchennähe. Bei Platzmangel empfiehlt sich eine Kräuterspirale, ein »Berg« mit Steinen befestigt und spiralförmig bepflanzt. So entstehen vier unterschiedliche »Klimazonen«, von feucht bis mediterran – optimal für eine

Das »Unkraut« Giersch schmeckt wunderbar im Salat oder wie Spinat zubereitet.

Kräuter	Trocknen	Einfrieren	In Essig einlegen	In Öl einlegen	In Salz einlegen
Einjährige Kräuter					
Basilikum	–	+	+	+	+
Bohnenkraut	+/–	+	–	+	–
Borretsch	–	+/–	+	+/–	+/–
Dill	+/–	+	+	+	+
Gartenkresse	–	–	–	–	–
Kerbel	+/–	+	–	–	+
Majoran	+	+	+/–	+	–
Portulak	–	–	+/–	–	+
Mehrjährige Kräuter					
Beifuß	+	–	–	+	+
Estragon	+/–	+	+	+	–
Lavendel	+	+	–	+	–
Liebstöckel	+	+	+	+	+
Minze	+	+	+	–	–
Petersilie	+/–	+	–	–	+/–
Pimpinelle	–	+	+	+	+
Rosmarin	+	+	+	+	–
Salbei	+	+	–	+	–
Sauerampfer	–	+	–	–	+/–
Schnittlauch	–	+	–	–	+
Thymian	+	+	+	+/–	–
Waldmeister	+	–	–	–	–
Zitronenmelisse	–	+	–	+	+

\+ Kräuter lassen sich gut konservieren
+/– Kräuter können konserviert werden, verlieren aber an Aroma
– Kräuter für Konservierung nicht empfehlenswert

große Kräutervielfalt. Doch auch in Blumenkästen oder Pflanzkübeln auf Balkon und Fensterbrett gedeihen Kräuter bestens. Voraussetzung: wiederum ein Platz an der Sonne. Der Aufwand dafür ist gering, und Sie haben immer frische Würze zur Hand.

WILDKRÄUTER – GESCHMACKSVIELFALT VOR DER HAUSTÜR

Schon fast vergessen sind die essbaren Wildkräuter, die oft in die Unkrautschublade gesteckt werden. Sie finden sich an Grünstreifen abseits von Straßen, auf Wiesen und Brachflächen sowie an Uferböschungen. Aber auch im eigenen Garten machen sie sich breit. Natürlich sollte der Sammelort nicht direkt am Straßenrand sein – auch Hundewiesen sind nicht zum Ernten geeignet. Doch Brennnessel, Giersch, Löwenzahn und Melde sind weit verbreitet und besonders ergiebig. Wer sich fürs Sammeln entscheidet, der kann auf der Wildkräuterseite (Seite 61) weiterlesen.

ESSBARE BLÜTEN – EIN GENUSS FÜR AUGE UND GAUMEN

Nach den zarten Blättern kommen die prächtigen Blüten. Auch sie finden in der Küche nur noch selten Verwendung, machen aber neben dem blumigen Geschmack vor allem optisch was her. Am bekanntesten sind wohl die Holunder- und Löwenzahnblüten. Für das Pflücken und Konservieren gelten die gleichen Regeln wie bei den Wildkräutern, nur müssen Blüten behutsamer behandelt werden. Tipps und Rezepte gibt's auf den Seiten 62 – 63.

Die essbaren Blüten machen sich prima im Salat oder als Deko auf dem Teller.

Kräuter mit weichen Blättern in Öl ca. 4 Wochen an einem kühlen dunklen Platz ziehen lassen. Dann durch ein Mulltuch gießen und das Öl in eine saubere Flasche füllen.

FRÜHLINGS-AROMEN KONSERVIEREN

Die optimale Erntezeit für Kräuter und Blüten ist nur kurz. Damit man noch länger was von ihnen hat, gilt es Vorräte anzulegen. Alle Kräuter sind ideal zum Einfrieren. Doch energiebewusster ist es, sie in Essig und Öl einzulegen, mit Salz einzuschichten oder an der Luft zu trocknen. Die robusten Mittelmeerkräuter eignen sich gut zum Trocknen, während die »Grünen« ihr Aroma besser in Essig oder Öl entfalten und erhalten. Welche Kräuter wie haltbar gemacht werden können, sehen Sie in der Tabelle auf der linken Seite.

Zitroniges Spargelragout

Hier gart der Spargel gleich in seiner Sauce – das spart Zeit und Töpfe. Er wird besonders aromatisch durchs Andünsten. Dank Maismehl gibt's auch keine Klümpchen. Die zarten Spitzen kommen später dazu. Aus den Schalen wird die Brühe gekocht.

VEGETARISCH

ZUTATEN FÜR 4 PERSONEN

1,5 kg weißer Spargel
(oder Spargelbruch)
1 EL Butter
1 EL Maismehl
ca. 250 ml Spargelbrühe
(s. Mach was draus)
Salz | weißer Pfeffer
1/2 TL gemahlener Koriander
1/2 Bio-Zitrone
100 g Sahne

CA. 50 MIN. | PRO PORTION CA.

160 kcal | 6 g EW | 11 g F | 8 g KH

Den Spargel waschen, schälen und die Enden abschneiden. Schale und Enden für eine Brühe verwenden. Die Spargelstangen in 4 – 5 cm lange Stücke teilen und die Spitzen beiseitelegen.

Die Butter in einer großen beschichteten Pfanne zerlassen, die Spargelstücke ohne die Spitzen darin ca. 2 Min. andünsten. Mit Maismehl bestäuben und die Brühe angießen. Den Spargel mit Salz, Pfeffer und etwas gemahlenem Koriander würzen.

Die Zitronenhälfte heiß waschen und abtrocknen, die Schale mit einem Sparschäler dünn abschälen und zum Spargel geben. Alles aufkochen und zugedeckt ca. 10 Min. dünsten, nach ca. 3 Min. die Spargelspitzen dazugeben. Wenn nötig, noch etwas Brühe oder Wasser dazugießen. Den Saft der Zitronenhälfte auspressen. Die Sahne steif schlagen. Die Sauce mit Zitronensaft, Salz, Pfeffer und übrigem gemahlenen Koriander würzen. Die Sahne unterziehen.

VARIANTE

Das Ragout schmeckt auch mit Kohlrabi, Möhren oder Fenchel. Zusätzliche Würze geben Schnittlauch, Pimpinelle oder Petersilie.

MACH WAS DRAUS

Spargelbrühe: Schalen und Endstücke vom Spargel mit 200 ml Wasser pro 100 g Spargelreste aufkochen. Mit Salz und 1 Prise Rohrzucker würzen und zugedeckt mindestens 30 Min. kochen lassen. Brühe abgießen und auffangen, die Schale im Sieb etwas ausdrücken. Brühe einfrieren und für Suppen oder Saucen verwenden.

GUT ZU WISSEN

Weißen Spargel unterhalb der Spitze bis zum Ende mit dem Kippschäler schälen. Lieber üppig schälen, als zähe Fasern dran zu lassen. Grünen Spargel höchstens im unteren Drittel schälen.

Gedämpfter Spargel

VEGETARISCH

ZUTATEN FÜR 4 PERSONEN
1,5 kg weißer Spargel | 250 g grüner Spargel | 1 Bund Basilikum | 1 EL Butter | 1 TL Mehl (Type 1050) | 150 ml Spargelbrühe (s. S. 43) | 1 Prise Rohrzucker | Salz | weißer Pfeffer | 1 EL Crème fraîche

CA. 45 MIN. | PRO PORTION CA.
100 kcal | 7 g EW | 4 g F | 9 g KH

Weißen Spargel waschen, schälen und die Enden abschneiden. Spargel über Dampf in 15 – 20 Min. garen. Grünen Spargel waschen, putzen und in ca. 3 cm lange Stücke schneiden. Basilikum waschen und trocken schütteln.

Butter zerlassen, grünen Spargel darin ca. 2 Min. andünsten. Mehl darüberstäuben und Spargelbrühe dazugießen. Mit Zucker, Salz und Pfeffer würzen. Spargel zugedeckt in ca. 10 Min. weich garen. Basilikum mit Stielen zugeben und alles fein pürieren. Crème fraîche unterrühren. Creme salzen, pfeffern und mit weißem Spargel servieren. Dazu passen neue Kartoffeln.

Spargelcarpaccio

VEGETARISCH

ZUTATEN FÜR 4 PERSONEN
500 g weißer Spargel | 100 g Portulak | je 2 EL Kapern und Kapernsud (aus dem Glas) | 2 EL Olivenöl | Salz | Pfeffer | 1 Msp. getrockneter Koriander | 1 Prise Zucker | 1 TL mittelscharfer Senf | 2 – 3 EL Spargelbrühe (s. S. 43) | 2 hart gekochte Eier | 4 EL Sesamsamen

CA. 30 MIN. | PRO PORTION CA.
170 kcal | 8 g EW | 13 g F | 4 g KH

Spargel waschen, schälen und die Enden abschneiden. Portulak putzen, waschen, trocken schütteln und auf Teller geben. Kapern, Kapernsud, Öl, Salz, Pfeffer, Koriander, Zucker und Senf verrühren. Spargelbrühe oder Wasser dazugeben. Eier pellen und grob hacken.

Spargel in dünne Scheiben hobeln, auf dem Portulak verteilen, mit Dressing beträufeln. Sesamsamen rösten. Mit Eiern auf dem Spargel verteilen.

Ofenspargel mit Kruste

VEGETARISCH

ZUTATEN FÜR 4 PERSONEN
2 kg weißer Spargel | 1 rote Chilischote | 120 g Butter | 100 g Semmelbrösel | 1 1/2 TL Salz | 1 TL mildes Paprikapulver | 1 TL Rohrzucker | 150 ml Weißwein

CA. 50 MIN. | PRO PORTION CA.
420 kcal | 11 g EW | 26 g F | 10 g KH

Spargel waschen, schälen und die Enden abschneiden. Chilischote längs halbieren, entkernen, waschen und hacken. Mit Butter in einem Topf zerlassen.

Spargelstangen auf ein tiefes Backblech legen, sodass die Spitzen zur Mitte zeigen. Brösel, Salz, Paprikapulver und Zucker mischen, Spargel damit bestreuen. Mit Chilibutter gleichmäßig beträufeln. Den Wein von der Seite dazugießen. Im Ofen (Mitte) bei 180° (Umluft, ohne Vorheizen) in 20–30 Min. garen.

Spargelcremesuppe

VEGETARISCH

ZUTATEN FÜR 4 PERSONEN
500 g Spargelbruch (oder 200 – 500 g Spargelschalen und 200 g Spargel) | Salz | weißer Pfeffer | 1 Prise Rohrzucker | 1 EL Butter (oder Walnussöl) | 100 g Doppelrahmfrischkäse

CA. 50 MIN. | PRO PORTION CA.
120 kcal | 4 g EW | 10 g F | 2 g KH

Spargel waschen und schälen. Schalen und eventuell weitere Schalen von einem anderen Spargelgericht mit 750 ml Wasser, Salz, Pfeffer und Zucker aufkochen und zugedeckt ca. 30 Min. köcheln lassen.

Sud abgießen und auffangen. Butter zerlassen, Spargel darin ca. 2 Min. dünsten. Spargelsud angießen, aufkochen und den Spargel in ca. 12 Min. garen. Spargel mit Sud fein pürieren. Püree mit Frischkäse verrühren und erhitzen. Suppe salzen und pfeffern.

VARIANTEN
Besonders fein schmeckt Frischkäse mit Meerrettich. Statt Frischkäse Crème fraîche oder Schmand nehmen.

Kräutersnacks: wild & zahm

Brennnessel, Löwenzahn, Giersch und Sauerampfer geben Brotaufstrichen, Dips und Saucen ihren herben Charme. Da reichen schon kleine Mengen, um jede Frühjahrsmüdigkeit sofort zu vertreiben! Auch die Küchenkräuter zeigen ihre grünen Spitzen und runden das wilde Angebot im Garten ab.

VEGETARISCH

SALSA VERDE

1/2 Bio-Zitrone heiß waschen und abtrocknen, die Schale fein abreiben und den Saft auspressen. Etwa **100 g Weizen- oder Dinkelbrot** entrinden, mit **Zitronensaft** und **100 ml Gemüsebrühe** beträufeln. **Je 3 Zweige Rosmarin und Thymian, 3 Stiele Salbei** und **je 1 Bund Majoran** und **Rucola** waschen, trocken tupfen und die Blättchen von den Stielen zupfen. **1 Knoblauchzehe** schälen und mit den Kräutern, **30 g grünen Oliven** (ohne Stein), **Zitronenschale, 3 EL Olivenöl** sowie dem Brot pürieren. Mit **Salz** und **Pfeffer** abschmecken.

ORIENTALISCHER FRÜHLINGSDIP

1 große Bio-Orange heiß waschen und abtrocknen, die Schale fein abreiben und den Saft auspressen. **1 Bund Koriandergrün** und **1 Handvoll Brennnesselspitzen** waschen und trocken schütteln, die Blätter fein hacken. **Je 2 EL Rosinen** und **ganze Mandeln** mit Schale grob hacken. **50 g Kichererbsenmehl** mit Orangensaft, **3 EL Sesamöl** und **2 EL Naturjoghurt** verrühren. Kräuter, Rosinen und Mandeln unterrühren. Den Dip mit **1/2 TL Chiliflocken** (Pul Biber), Orangenschale und **1 Prise Salz** würzen. Dann den Dip 1–2 Std. quellen lassen.

THYMIAN-TOFU-CREME

3–4 Stiele Zitronenthymian sowie **2 Handvoll junge Gierschblätter** waschen und trocken schütteln. Die Blättchen von den Stielen zupfen. **200 g Naturtofu, 1 TL Meerrettich** (aus dem Glas), **2 EL Rapsöl** und Kräuter mit dem Pürierstab pürieren. **1 Knoblauchzehe** schälen und dazupressen, **3–4 getrocknete Tomaten** in feine Streifen schneiden und unter die Creme rühren. Die Creme mit **Salz** und **Pfeffer** abschmecken.

GRÜNE ZIEGENCREME

1/2 Bio-Limette heiß waschen und abtrocknen, die Schale fein abreiben und den Saft auspressen. **Je 1 Handvoll Giersch- und Löwenzahnblätter** waschen und trocken schütteln, mit **1 Prise Salz** und **2 EL Kürbiskernöl** fein pürieren. **150 g milden Ziegenfrischkäse** mit Limettensaft und Limettenschale verrühren. Das Kräuterpüree dazugeben und untermischen. Die Creme mit **Salz** und **Pfeffer** würzen. Die Blütenblättchen von etwa 5 Löwenzahnblüten abzupfen. Den Käse in 6 Portionen teilen, zu Kugeln formen und rundherum in den Blütenblättern wälzen.

BÄRLAUCH-KARTOFFEL-AUFSTRICH

200 g mehligkochende Kartoffeln waschen, in wenig Salzwasser je nach Größe in 30–40 Min. weich garen. **50 g Walnusskerne** in einer beschichteten Pfanne ohne Fett ca. 2 Min. rösten. **1 Bund Bärlauch** waschen, trocken schütteln und zusammen mit den **Walnusskernen** im Blitzhacker grob hacken. Die Walnuss-Bärlauch-Mischung mit **1 Prise Salz, 1 EL Apfelessig** und **3 EL Rapsöl** verrühren. Die Kartoffeln abgießen, kalt abschrecken, noch warm pellen und durch eine Kartoffelpresse drücken oder mit dem Kartoffelstampfer zerdrücken. Die Kartoffeln mit der Bärlauchmischung verrühren. Den Aufstrich mit **Salz** und **Pfeffer** kräftig würzen. Statt Bärlauch können Sie auch Bitterklee, Brennnessel und Melde verwenden.

KRÄUTER-SENF-DIP

1 1/2 Bund Frühlingskräuter (z. B. Petersilie, Kerbel, Schnittlauch, Portulak und Sauerampfer) waschen und trocken schütteln, die Blätter grob hacken. **3 hart gekochte Eier** pellen, mit **4 EL Schmand, 2 EL Dijon-Senf** und den Kräutern in ein hohes Gefäß geben. Alles mit dem Pürierstab fein zermusen. Den Dip mit **Salz, Pfeffer** und **2 EL körnigem Senf** abschmecken.

Eiersalat mit Artischocken

Artischocken sind essbare Blüten und eignen sich auch roh für einen Salat. Dafür werden die Blätter entfernt und nur der Boden verwendet.

VEGETARISCH

ZUTATEN FÜR 4 PERSONEN
6 Eier (Größe M) | 1/2 kleiner Eichblattsalat | 1 Bund Schnittlauch | 1 Bio-Zitrone | 2 große Artischocken | 2 EL Olivenöl | 100 g Sahne | 1 EL milder Senf | 1 TL Currypulver | Salz | Pfeffer | 1 EL weißer Aceto balsamico | Worcestersauce

CA. 25 MIN. | PRO PORTION CA.
280 kcal | 13 g EW | 22 g F | 5 g KH

Die Eier in ca. 8 Min. hart kochen. Den Eichblattsalat putzen, waschen, grob zerpflücken und trocken schleudern. Den Schnittlauch waschen, trocken schütteln und in Röllchen schneiden. Eier pellen und grob hacken. Die Zitrone heiß waschen und abtrocknen, die Schale abreiben und den Saft auspressen.

Die Artischocken waschen. Die Stiele abschneiden, schälen beziehungsweise entfädeln und in dünne Scheiben hobeln. Sofort mit Zitronensaft beträufeln. Artischocken von der Spitze bis zum Boden halbieren und die Blätter bis nah an den Ansatz abschneiden. Das sogenannte »Heu« auf dem Boden herauskratzen. Die Bodenhälften mit etwas Zitronensaft im Blitzhacker fein raspeln.

Das Öl mit Sahne, Senf, Currypulver, Salz und Pfeffer verrühren und unter die Artischocken ziehen. Eier, Schnittlauchröllchen, gehobelte Artischockenstiele, Essig und Worcestersauce unterrühren. Eine Salatschüssel mit dem Eichblattsalat auslegen und den Eiersalat darauf anrichten.

VARIANTE
Artischocken mit Dip: Eigentlich ein ganz anderes Gericht: Artischocken im Ganzen in Salzwasser mit 1/2 Bio-Zitrone im Schnellkochtopf (Stufe 1) in ca. 20 Min. garen, sodass sich die Blätter leicht herausziehen lassen. Heiß oder kalt mit einem Dip (s. S. 46) servieren.

Kresse-Eier

Besonders knackig und fleischig ist Brunnenkresse, die an fließenden Gewässern wächst. Als Kresse-Ersatz kommen auch Portulak und Postelein in Frage.

VEGETARISCH

ZUTATEN FÜR 4 PERSONEN
4 Eier (Größe M) | 2 Kästchen Gartenkresse (oder 150 g Brunnenkresse) | 2 TL Crème fraîche | 1 TL Dijon-Senf | 1 Prise Chiliflocken | Salz | 1 Bund Radieschen | 2 EL Olivenöl | Pfeffer

CA. 25 MIN. | PRO PORTION CA.
150 kcal | 8 g EW | 12 g F | 1 g KH

Die Eier in ca. 8 Min. hart kochen. Die Eier herausnehmen, pellen und halbieren. Die Eigelbe mit einem Löffel vorsichtig herauslösen. Die Kresse waschen, trocken schütteln und vom Beet schneiden.

Eigelbe, Crème fraîche, Senf und 2 EL Kresse mit dem Pürierstab sehr fein pürieren. Das Püree mit Chiliflocken und Salz würzen. Diese Masse mit einem Teelöffel in die Eierhälften füllen.

Die übrige Kresse auf einer Platte verteilen. Die Radieschen waschen, putzen, grob hacken und zwischen der Kresse verteilen. Mit Öl beträufeln, mit Salz und Pfeffer würzen und die Eierhälften darauf anrichten.

VARIANTE
Die Kresse kann man durch andere Frühlings- oder Wildkräuter ersetzen. So schmecken die Eier auch mit Bärlauch, Basilikum, Schnittlauch, Brennnesselblättern sowie mit frischen Radieschen- oder Rettichsprossen. Wer es etwas grüner mag, rührt 1/2 TL Kürbiskernöl unter die pürierte Masse.

EINKAUFS-TIPP
Bei Kräutern und Sprossen immer auf Frische achten. In Plastik verpackte Produkte besser meiden. In der Verpackung sammelt sich oft Wasser, das für schnellen Verderb und die Vermehrung von Keimen sorgt. Am besten Sprossen selber ziehen und täglich zweimal im Sieb abspülen.

Romanesco-Eier-Flan

Die Eier geben dem Gemüsepudding Struktur und Halt: Eine tolle Alternative zu Aufschnitt, die sich gut vorbereiten lässt. Ideal für Gäste.

VEGETARISCH

ZUTATEN FÜR 4–6 PERSONEN

1 Romanesco (ca. 800 g) | je 1 Bund Petersilie und Basilikum | 1 Knoblauchzehe | 4 Eier (Größe M) | 100 g Crème fraîche | 1 TL Zitronensaft | Salz | 1 EL Rapsöl für die Terrinenform

CA. 35 MIN. ZUBEREITUNG + 40 MIN. GAREN
BEI 6 PERSONEN PRO PORTION CA.

245 kcal | 12 g EW | 19 g F | 6 g KH

Den Romanesco waschen, putzen, in kleine Röschen teilen und mit dem Strunk in einem Dämpfeinsatz über Dampf in 10–15 Min. garen. Petersilie und Basilikum waschen und trocken schütteln. Knoblauch schälen.

Etwa ein Drittel der Romanescoröschen beiseitelegen. Den Rest mit Petersilie, Basilikum, Knoblauch, Eiern und der Crème fraîche pürieren. Die Masse mit Zitronensaft und Salz würzen.

Eine hitzebeständige Terrinenform (ca. 1 l Inhalt) einfetten, die Masse in die Form geben. Übrige Röschen in die Masse drücken, bis sie knapp bedeckt sind.

Die Form mit einem Deckel, Teller oder mit Backpapier abdecken und auf ein tiefes Backblech stellen. 1,5 l heißes Wasser in das Backblech gießen. Den Flan im Backofen (Mitte) bei 180° (Umluft, ohne Vorheizen) in ca. 25 Min. stocken lassen. Dann im ausgeschalteten Backofen weitere 15 Min. ziehen lassen.

Den Flan herausnehmen, mit einem Messer vom Rand der Form lösen, auf eine Platte stürzen und in Scheiben schneiden. Schmeckt warm oder kalt mit frischem Brot oder knusprigen Brötchen.

KÜCHEN-TIPP

Zum kalten Flan passt Salsa Verde (s. S. 46) und zum warmen Flan Béchamelsauce (Garsud mit verwenden).

Nudelsalat mit Pilzen

Es muss nicht immer Rohkost sein: Zartes, klein geschnittenes Gemüse ist im Wok im Nu knackig gegart und mit Dressing ein toller lauwarmer Salat.

VEGETARISCH

ZUTATEN FÜR 4 PERSONEN
150 g Nudeln (z. B. Farfalle)
Salz
500 g Kräuterseitlinge
(oder Champignons)
300 g Zuckerschoten
1 Bund Frühlingszwiebeln
100 g Rucola
1/2 Bund Thymian
1/2 Bund Salbei
1 Knoblauchzehe
4 EL Rapsöl
4 EL weißer Aceto balsamico
Pfeffer

CA. 30 MIN. | PRO PORTION CA.
310 kcal | 13 g EW | 11 g F | 39 g KH

Die Nudeln in kochendem Salzwasser nach Packungsangabe bissfest garen. Dann in ein Sieb abgießen und abkühlen lassen.

Pilze trocken säubern, größere in mundgerechte Stücke schneiden. Zuckerschoten waschen und putzen. Frühlingszwiebeln putzen, waschen und in feine Ringe schneiden. Rucola, Thymian und Salbei waschen und trocken schütteln. Von den Kräutern die Blätter abzupfen und grob hacken. Rucolablätter in kleine Stücke schneiden. Knoblauch schälen und fein hacken.

2 EL Rapsöl in einem Wok oder einer Pfanne erhitzen, Pilze, Zuckerschoten, Zwiebeln, Thymian und Salbei darin unter Rühren ca. 3 Min. braten.

Für das Dressing das restliche Öl mit Essig, Knoblauch, Salz und Pfeffer verrühren. Wok oder Pfanne vom Herd nehmen, Rucola und Nudeln locker unter den Pilz-Kräuter-Mix mischen. Das Dressing unter den Salat ziehen. Salat anrichten und warm servieren.

VARIANTEN
- Möhrenstreifen, Frühlingszwiebelringe und schräg geschnittenen grünen Spargel braten, dann den Gemüsemix mit Bärlauchstreifen und Bulgur mischen.
- Kohlrabistreifen und -blätter mit Zwiebelwürfeln und Thymian braten, das Dressing unterziehen und mit gerösteten Kürbiskernen und Dinkelkörnern anrichten.
- Streifen von Mairübchen mit Salbei und Rübstiel oder Spinat braten und mit Reis anrichten.

DAS PRINZIP

Für das Garen im Wok zartes Gemüse klein schneiden und im Wok oder einer großen Pfanne unter Rühren kurz braten, sodass es knackig bleibt und kein Wasser zieht. Insgesamt werden ca. 800 g Gemüse und 150 g Getreide, Reis oder Nudeln verarbeitet – alles ungegart gewogen. Dann erst das Dressing unterziehen. Für eine Nudelpfanne die Nudelmenge verdoppeln. Die Nudeln nach dem Kochen abgießen und kurz im Wok in weiteren 2 EL Öl mit dem Gemüse braten. Dann entfällt das Dressing.

Fruchtiger Möhrensalat

Die Kombination aus süßen Möhren, würzigem Basilikum und fruchtigen Erdbeeren schmeckt sensationell! Außerdem haben alle zur gleichen Zeit Saison!

VEGETARISCH

ZUTATEN FÜR 4 PERSONEN
450 g junge Möhren | 1 Bund Basilikum | 1 Bio-Zitrone | 1 TL Honig | 3 EL Rapsöl | Salz | schwarzer Pfeffer aus der Mühle | 200 g Erdbeeren

CA. 20 MIN. | PRO PORTION CA.
120 kcal | 2 g EW | 8 g F | 10 g KH

Die Möhren waschen, putzen, schälen und fein raspeln. Basilikum waschen und trocken schütteln, die Blätter in feine Streifen schneiden. Zitrone heiß waschen und abtrocknen, die Schale fein abreiben und den Saft auspressen.

Für das Dressing Zitronenschale, Zitronensaft, Honig, Öl, 1 EL Wasser, Salz und Pfeffer verrühren und unter die Möhrenraspel ziehen.

Die Erdbeeren waschen, putzen, trocken tupfen und in Würfel schneiden. Erdbeerwürfel und Basilikumstreifen unter die Möhren mischen und den Salat mit Salz und Pfeffer abschmecken.

VARIANTEN
Bunter Möhrensalat: Schön bunt sieht der Salat aus, wenn Sie jeweils ein Drittel der Möhrenmenge durch gelbe und violette Möhren ersetzen.
Radieschensalat mit Rübchen: Nicht ganz so farbenfroh, dafür leicht scharf, wird der Salat statt mit Möhren mit 300 g jungen Rübchen und 150 g Radieschen in feinen Streifen. Zusätzlich etwas Radieschengrün waschen, trocken schütteln, klein hacken und unter den Salat mischen.

SAISON-TIPP
Durch ihre feine Säure passen Beeren sehr gut zu Salaten. Später im Jahr auch Himbeeren, Johannis- und Brombeeren. Wenn sie vollreif und schon etwas weich sind, eignen sie sich – außer Stachelbeeren – auch zum Aromatisieren von Essig: 1 Handvoll mit 300 – 400 ml Essig übergießen und stehen lassen.

Spinatsalat mit Croûtons

Der feine Frühlingsspinat schmeckt roh wunderbar würzig. Bei Babyspinat können die Blätter ganz bleiben. Die Croûtons sind eine gute Resteverwertung.

VEGETARISCH

ZUTATEN FÜR 4 PERSONEN
500 g junger Blattspinat | 1 Bund Frühlingszwiebeln | 200 g körniger Frischkäse | 4 EL weißer Aceto balsamico | 6 EL Olivenöl | Salz | Pfeffer | 2 Knoblauchzehen | 3 – 4 altbackene Brotscheiben

CA. 30 MIN. | PRO PORTION CA.
300 kcal | 12 g EW | 20 g F | 19 g KH

Den Spinat verlesen und die harten Stiele entfernen. Den Spinat waschen, abtropfen lassen und grob hacken. Die Frühlingszwiebeln putzen, waschen und in feine Ringe schneiden.

Den körnigen Frischkäse mit Essig, 3 EL Öl, Salz und Pfeffer verrühren. Den Knoblauch schälen und fein hacken. Die Brotscheiben in kleine Würfel schneiden. Das restliche Öl in einer Pfanne erhitzen, die Brotwürfel darin auf allen Seiten knusprig braun rösten. Dann den Knoblauch dazugeben und in der Pfanne schwenken.

Spinat und Frühlingszwiebeln mit dem Dressing mischen, anrichten und die Croûtons darüberstreuen.

VARIANTEN
Wildkräutersalat: Geschmacklich intensiver wird der Salat mit Portulak, Brunnenkresse, Rucola oder Löwenzahn. Denn zarte junge Blätter schmecken eher nussig-pfeffrig, im Sommer verstärken sich ihre Schärfe und Senfaromen.
• Statt Croûtons schmecken auch gehackte und geröstete Walnüsse oder Pinienkerne als Topping dazu.

MACH WAS DRAUS
Croûtons: Wenn Brot zu trocken wird, lässt es sich schlecht schneiden. Deshalb Croûtons auf Vorrat herstellen, solange sich altes Brot noch schneiden lässt. Als Topping immer in Öl rösten – Butter wird beim Erkalten schmierig. Thymian und Knoblauch zugeben, sie erhöhen die Haltbarkeit. Die Croûtons im Schraubglas aufbewahren.

Veggie-Ragout

Frühlingsgemüse und -kräuter haben so viel Aroma, dass Fleisch oder Brühe überflüssig sind. Sättigend und sahnig wird das Ragout durch Frischkäse.

VEGETARISCH

ZUTATEN FÜR 4 PERSONEN
300 g Möhren mit Grün
300 g Kohlrabi mit Grün
300 g Zuckerschoten
2 EL Rapsöl
20 g Maismehl
Salz | Pfeffer
1/2 TL Kurkumapulver
1 Bund Kräuter (z. B. Schnittlauch, Petersilie, Kerbel)
200 ml Milch
100 g Kräuterfrischkäse

CA. 40 MIN. | PRO PORTION CA.
180 kcal | 8 g EW | 9 g F | 16 g KH

GUT ZU WISSEN

Im Prinzip ist das Grün von Wurzelgemüse essbar. Doch bei Möhren sind sich die Fachleute über die Verträglichkeit unsicher – es gibt darüber keine klaren Untersuchungen. Deshalb Möhrengrün nur in kleinen Mengen verwenden, es ist uns so gut bekommen.

Möhren und Kohlrabi mit Grün waschen. Das Gemüse putzen, schälen und in feine Stifte schneiden. 4–5 Stiele Kohlrabi- und Möhrengrün trocken schütteln, fein hacken und beiseitelegen. Die Zuckerschoten waschen und eventuell die Fäden abziehen.

Das Öl in einem Topf erhitzen, Möhren und Kohlrabi darin ca. 2 Min. andünsten, mit 400 ml Wasser ablöschen und aufkochen. Das Maismehl dazugeben, mit Salz, Pfeffer und Kurkumapulver würzen und das Gemüse zugedeckt bei kleiner Hitze ca. 10 Min. köcheln lassen. Die Zuckerschoten hinzufügen und weitere 5 Min. köcheln lassen.

Inzwischen die Kräuter waschen, trocken schütteln und samt Stielen fein hacken. Milch, Frischkäse, Kohlrabi- und Möhrengrün sowie die Kräuter unter das Gemüse ziehen. Das Ragout mit Salz und Pfeffer abschmecken.

VARIANTEN

- Tauschen Sie Kohlrabi und Zuckerschoten gegen Mairübchen und junge Erbsen oder Spargelstücke und Bundmöhren aus.
- Statt Kräuterfrischkäse können Sie nach Belieben Frischkäse mit Meerrettich oder Ziegenfrischkäse verwenden.
- Wenn Sie kein Kohlrabi- und Möhrengrün mögen oder auf die Kräuter verzichten möchten, eignen sich als Ersatz frisch gezogene Keimlinge wie Kresse-, Brokkoli- oder Rettichkeimlinge. Sie geben dem Ragout eine Extraportion Würze und sind absolut sicher, wenn sie kurz mit erhitzt werden.

Kräuternudeln mit Ei

Frühlingsessen kann so einfach sein: Frische, aromatische Kräuter machen Pasta mit Ei, Sahne und Chili zu einem Extragenuss der Saison.

VEGETARISCH

ZUTATEN FÜR 2 PERSONEN
150 g Nudeln (z. B. Spaghetti) | Salz | 1 Bund Frühlingszwiebeln | 1 Bund Kerbel | 1 Bund Petersilie | 1 EL Olivenöl | 1 kleine getrocknete Chilischote | 100 g Sahne | 2 Eier

CA. 30 MIN. | PRO PORTION CA.
590 kcal | 20 g EW | 28 g F | 64 g KH

Die Nudeln in kochendem Salzwasser nach Packungsangabe bissfest garen. Dann in ein Sieb abgießen und abkühlen lassen.

Die Frühlingszwiebeln putzen, waschen und in feine Ringe schneiden. Kerbel und Petersilie waschen und trocken schütteln, die Blätter fein hacken.

Das Öl in einer Pfanne erhitzen, die Frühlingszwiebeln darin ca. 3 Min. dünsten. Die Chilischote im Mörser zerstoßen. Chili, Kerbel, Petersilie und Sahne dazugeben und einmal aufkochen lassen. Die Nudeln unterziehen.

Mit einem Esslöffel 2 Vertiefungen in die Nudeln drücken, in jede Vertiefung 1 Ei schlagen, salzen und so lange braten, bis das Eiweiß gestockt ist. Die Kräuternudeln mit Ei sofort servieren.

VARIANTEN
- Sie können die Kräuter nach Belieben variieren. Sehr gut passen Bärlauch, Schnittlauch, Koriandergrün, Pimpinelle, Kresse oder auch Brennnesselspitzen dazu.
- Je nach Geschmack können Sie das Gericht individuell zusammenstellen und auch mal andere Nudelsorten nehmen. Wenn Sie beispielsweise Bandnudeln nehmen, können Sie in der Pfanne Nester daraus formen und die Eier darin braten. Wer möchte, vermengt die Nudeln mit dem Ei.

Löwenzahnrisotto

Selbst gesammelt schmeckt er am besten! Der etwas bittere Löwenzahn wird durch Speck, Reis und Käse gezähmt. Und die Blüten sind ein echter Hingucker.

ZUTATEN FÜR 2 PERSONEN
100 g Löwenzahnblätter | 1 Handvoll Löwenzahnblüten | 1 Zwiebel | 30 g fetter Speck | 2 EL Rapsöl | 1 TL Rohrzucker | 150 g Risottoreis (z. B. Arborio) | 100 ml Weißwein | ca. 600 ml Gemüsebrühe | 50 g Hartkäse (z. B. Sbrinz) | Chiliflocken (Pul Biber)

CA. 45 MIN. | PRO PORTION CA.
620 kcal | 16 g EW | 28 g F | 64 g KH

Löwenzahnblätter waschen, trocken schütteln und grob hacken. Blüten waschen und die gelben Blütenblättchen abzupfen. Die Zwiebel schälen und fein würfeln. Den Speck ebenfalls fein würfeln.

Öl in einem Topf erhitzen. Zwiebel und Speck darin braten, bis das Speckfett ausgelassen ist. Reis dazugeben und kurz anschwitzen, den Wein dazugießen und offen bei mittlerer Hitze 2–3 Min. kochen lassen.

200 ml Brühe hinzufügen und offen bei kleiner Hitze unter Rühren köcheln lassen, bis die Flüssigkeit vom Reis aufgesogen ist. So fortfahren, bis die Brühe aufgebraucht und der Reis gar ist. Das dauert 20–25 Min. Zwischendurch immer wieder umrühren.

Den Käse reiben. Käse und Löwenzahnblätter unter den Risotto heben. Den Risotto mit Chiliflocken nach Geschmack abschmecken und mit den Blütenblättern bestreut servieren.

VARIANTEN
- Der Risotto schmeckt statt mit Löwenzahnblättern sowohl mit Brennnessel- als auch mit Sauerampferblättern. Wer möchte, streut noch 1 EL frische Gänseblümchen- oder Veilchenblüten darüber.
- Für die vegetarische Variante lassen Sie den fetten Speck einfach weg und verwenden einen mit mikrobiellem Lab hergestellten Hartkäse.

Rübstiel-Pfannkuchen

Der feine Rübstiel ist eine rare Spezialität des Niederrheins: Es sind Stiele mit Blättern von Rüben, die leicht säuerlich schmecken.

ZUTATEN FÜR 2 PERSONEN
120 g Dinkel-Vollkornmehl | Salz | 2 Eier | 250 ml Milch | 500 g Rübstiel (ersatzweise Mangold oder Rote-Bete-Blätter und -Stiele fein gehackt) | 1 kleine Zwiebel | 3 EL Rapsöl | frisch geriebene Muskatnuss | weißer Pfeffer | 100 g Schmand | 25 g frisch geriebener Parmesan

CA. 40 MIN. | PRO PORTION CA.
695 kcal | 27 g EW| 43 g F | 50 g KH

Das Mehl mit 1 Msp. Salz mischen, dann mit Eiern und Milch verrühren und quellen lassen. Den Rübstiel waschen, putzen und in ca. 1 cm lange Stücke schneiden. Die Zwiebel schälen und in kleine Würfel schneiden. Ein Viertel des Rübstiels unter den Teig rühren.

1 EL Öl in einer beschichteten Pfanne erhitzen, die Zwiebelwürfel darin glasig dünsten. Den restlichen Rübstiel dazugeben, mit Salz, Pfeffer und Muskat würzen. Den Rübstiel zugedeckt bei kleiner Hitze ca. 10 Min. dünsten. Den Schmand unterrühren und das Gemüse warm halten.

Aus dem Teig nacheinander 4 Pfannkuchen backen und füllen. Dafür die Pfanne reinigen, jeweils 1 TL Öl darin erhitzen und ein Viertel von dem Teig darin ca. 1–2 Min. backen. Den Pfannkuchen wenden, mit etwas Parmesan bestreuen und zugedeckt fertig backen. Den Pfannkuchen auf eine Platte geben, ein Viertel von dem Rübstielgemüse auf eine Hälfte des Pfannkuchens geben und die andere Hälfte darüberschlagen.

STAUB

Kartoffelsalat mit Mayo

VEGETARISCH

ZUTATEN FÜR 4 PERSONEN
800 g festkochende Kartoffeln | Salz | 150 g Kohlrabiblätter mit Stielen (ca. 150 g) | 1 rote Zwiebel | 1 frisches Eigelb | 1 TL Dijon-Senf | 2 EL Weißweinessig | 5 EL Rapsöl | 100 ml Gemüsebrühe | Pfeffer

CA. 35 MIN. | PRO PORTION CA.
250 kcal | 5 g EW | 14 g F | 26 g KH

Kartoffeln waschen und in wenig Salzwasser in 20–30 Min. garen. Kartoffeln kalt abschrecken, pellen und in Scheiben schneiden. Kohlrabiblätter samt Stielen waschen und in sehr feine Streifen schneiden. Zwiebel schälen und ebenfalls sehr fein würfeln.

Eigelb, Senf, Essig und Salz so lange schlagen, bis die Sauce cremig wird. Erst Öl nach und nach unterrühren, dann die Brühe. Mayonnaise mit Kartoffeln, Kohlrabigrün sowie Zwiebel mischen. Mit Salz und Pfeffer würzen.

Kartoffelsalat mit Kräutern

VEGETARISCH

ZUTATEN FÜR 4 PERSONEN
800 g festkochende Kartoffeln | Salz | 1 Salatgurke | 1 Knoblauchzehe | 1/2 Bund Petersilie | 1/2 Bund Schnittlauch | 1/2 Zitrone | 150 g Naturjoghurt (3,5 % Fett) | 3 EL Rapsöl | Zucker | Pfeffer

CA. 35 MIN. | PRO PORTION CA.
220 kcal | 5 g EW | 9 g F | 29 g KH

Kartoffeln waschen und in wenig Salzwasser oder im Dämpfer in 20–30 Min. garen. Dann die Kartoffeln kalt abschrecken, pellen und in Scheiben schneiden.

Gurke waschen und längs vierteln. Kerne entfernen, klein schneiden und beiseitelegen. Gurkenviertel hobeln. Knoblauch schälen und hacken. Kräuter waschen, trocken schütteln und hacken. Den Saft der Zitrone auspressen, mit Joghurt, Gurkenkernen und Öl verrühren. Mit Zucker, Salz und Pfeffer würzen, mit Kartoffeln und Gurkenscheiben mischen.

Kartoffel-Radieschen-Salat

VEGETARISCH

ZUTATEN FÜR 4 PERSONEN
800 g festkochende Kartoffeln | Salz | 2 Bund Radieschen (ca. 500 g) | 2 Zwiebeln | 2 Knoblauchzehen | 8 EL Rapsöl | 2 EL Weißweinessig | Pfeffer

CA. 35 MIN. | PRO PORTION CA.
310 kcal | 4 g EW | 20 g F | 27 g KH

Kartoffeln waschen und in wenig Salzwasser oder im Dämpfer in 20–30 Min. garen. Dann die Kartoffeln kalt abschrecken, pellen und in Scheiben schneiden.

Radieschen putzen, waschen und in Achtel schneiden. Radieschengrün waschen, die Stiele abknipsen und die Blätter trocken tupfen. Zwiebeln und Knoblauch schälen und halbieren. Für das Pesto Radieschenblätter, Zwiebeln und Knoblauch fein hacken, dann mit Öl, 6 EL Wasser, Essig, Salz und Pfeffer verrühren. Kartoffeln mit Radieschen und Pesto mischen und ca.15 Min. ziehen lassen.

Kartoffel-Lauch-Salat

VEGETARISCH

ZUTATEN FÜR 4 PERSONEN
800 g neue Kartoffeln | Salz | 2 Stangen Babylauch (ca. 300 g) | 5 EL Olivenöl |1 Bund Schnittlauch | 250 ml Molke | Pfeffer

CA. 35 MIN. | PRO PORTION CA.
250 kcal | 5 g EW | 13 g F | 28 g KH

Kartoffeln waschen und in wenig Salzwasser oder im Dämpfer in 20–30 Min. garen. Lauch putzen, seitlich bis zur Mitte einschneiden und gründlich waschen, zuerst längs in schmale Streifen schneiden, dann würfeln. 2 EL Öl erhitzen, den Lauch darin ca. 3 Min. andünsten. Eventuell etwas Wasser zufügen. Schnittlauch waschen, trocken schütteln und in Röllchen schneiden.

Kartoffeln kalt abschrecken, pellen und mit einer Gabel grob zerdrücken. Molke, restliches Öl, Salz und Pfeffer verrühren. Das Dressing mit Kartoffeln, Lauchwürfeln und Schnittlauchröllchen vermengen, salzen und pfeffern. Den Salat lauwarm oder kalt servieren.

Kräuter konservieren

Die zarten Frühlingskräuter sind nur kurze Zeit verfügbar. Um die Saison zu verlängern gibt es einfache Methoden der Konservierung. So können Sie natürlich auch alle anderen Kräuter haltbar machen.

VEGETARISCH

FRÜHLINGSKRÄUTER-ESSIG

Für ca, 1,5 l: 80 g Brennnesselspitzen, Sauerampfer, Huflattich und/oder Bärlauch waschen und trocken tupfen dann in eine Flasche oder ein Einmachglas geben und mit **1 l mildem Weißweinessig oder Apfelessig** aufgießen. Die Flasche gut verschließen, an einen warmen, dunklen Ort stellen und den Essig 2–3 Wochen ziehen lassen. Dann den Essig durch ein Sieb gießen, auffangen und in eine dunkle Flasche füllen. Den Essig kühl und dunkel lagern.

VARIANTE

Diese Essigveredelung funktioniert auch mit anderen Kräutern wie Waldmeister, Kerbel, Estragon, Rosmarin oder Salbei.

TIPP

Kräuter mit harten Blättern können Sie auch in der Flasche lassen, solange sie mit Essig bedeckt sind – dann wird das Aroma mit der Zeit stärker.

BÄRLAUCHÖL

Für ca. 1 l: 80 g Bärlauchblätter wenn nötig waschen und trocken tupfen. Die Blätter in ca. 3 cm große Stücke schneiden und in eine Glasflasche füllen. Mit **1 l Raps- oder Walnussöl** aufgießen. Die Flasche verschließen und mindestens 2 Wochen kühl und dunkel ziehen lassen. Dann das Öl durch ein Sieb gießen, auffangen und in eine dunkle Flaschen füllen. Das Öl kühl lagern.

KÜCHEN-TIPPS

- Die Kräuter müssen nach dem Waschen wieder völlig trocken sein, und das Öl sollte neutral schmecken.
- Trockene Kräuter mit harten Blättern wie Rosmarin, Thymian und Salbei dürfen – wie beim Essig – in der Flasche bleiben. Grüne Kräuter könnten Schleim bilden, darum besser abseihen. Das Öl möglichst in dunklen Flaschen lagern und innerhalb von ca. 6 Wochen verbrauchen.

ERNTE-TIPPS

- Pflücken Sie nicht im Morgentau, sondern vormittags, wenn die Kräuter völlig trocken sind.
- Die Würzkraft der Kräuter nimmt mit der Blüte ab – also die Kräuter am besten vor dem Blühen ernten. Ausnahmen sind: Lavendel, Beifuß und Majoran. Dort steckt das Aroma in den Blüten.

KRÄUTERSALZ

Für ca. 500 g: 300 g Sauerampfer, Brennnesselspitzen und Bärlauch waschen und gut abtrocknen lassen, die Blätter fein hacken. Ein Einmachglas (oder mehrere kleine) schichtweise mit den gehackten Kräutern und 100 g Salz füllen. Sollte das Gefäß noch nicht ganz voll sein, mit Salz auffüllen. Das Kräutersalz ist monatelang haltbar.

VARIANTE

Für diese Methode eignen sich alle Kräuter, die nur kurz Saison haben: Giersch, Melde und Sauerklee. Es ist fein als Salatwürze und ersetzt das reine Salz!

GETROCKNETE KRÄUTER

Für ca. 50 g: 1 Strauß Pfefferminze, Brombeerranken, Rosmarin, Thymian, Salbei, Lorbeer, Zitronenmelisse, Liebstöckel, Brennnessel oder Majoran am besten trocken putzen. Die Stiele mit Schnur oder Gummi zusammenbinden und an einem trockenen, aber luftigen Platz aufhängen (z. B. Speicher, Heizungskeller oder Speisekammer). Sobald sie getrocknet sind, die Blätter vorsichtig von den Stielen streifen und in luftdichten dunklen Gefäßen aufbewahren. So bleiben sie lange aromatisch.

PRODUKT-INFO

Wenn Sie Kräuter beim Trocknen vor Staub schützen möchten, stülpen Sie eine mit Luftlöchern versehene Plastik- oder Papiertüte darüber. Diese können Sie mehrfach verwenden. Kräuter besser nicht in der Mikrowelle oder im Backofen trocknen. Das verschwendet Energie und das Kräuteraroma leidet.

Gebackene Holunderblüten

Die duftigen Hollerblüten müssen nicht immer süß zubereitet sein: Rassiges Currypulver und fein gemahlene Erdnüsse ergänzen sich mit frischen Kräutern in einem würzigen Teig, der perfekt zu den Blüten schmeckt. Unbedingt mit Zitrone essen!

VEGETARISCH

ZUTATEN FÜR 4 PERSONEN
8 große Holunderblütendolden
80 g Mehl (Type 1050)
20 g gemahlene Erdnüsse
1 TL Salz
2 TL Currypulver
1/2 TL Cayennepfeffer
2 Eier
150 ml Mineralwasser mit Kohlensäure
3–4 Stiele glatte Petersilie und Koriandergrün
1 Bio-Zitrone
Rapsöl zum Ausbacken
Zitronensaft (nach Belieben)

CA. 25 MIN. | PRO PORTION CA.
250 kcal | 7 g EW | 18 g F | 14 g KH

Die Holunderblütendolden putzen, wenn nötig vorsichtig abbrausen und völlig abtrocknen lassen.

Inzwischen Mehl mit Erdnüssen, Salz, Currypulver und Cayennepfeffer mischen. Die Mischung mit Eiern und Mineralwasser zu einem dickflüssigen Teig verrühren. Den Ausbackteig ca. 10 Min. quellen lassen. Petersilie und Koriandergrün waschen und trocken schütteln, die Blätter grob hacken. Die Zitrone heiß waschen, abtrocknen und in Spalten schneiden.

Das Öl ca. 2 cm hoch in einer kleinen Pfanne erhitzen. Je eine Dolde mit den Blüten nach unten in den Ausbackteig tauchen, sodass die Blüten gut mit Teig bedeckt sind. Die Blütendolden im heißen Öl in 2–3 Min. goldbraun ausbacken. Die Dolden herausnehmen und kurz auf einem Küchentuch oder einem Kuchengitter abtropfen lassen.

Das Öl wieder erhitzen, eventuell verbliebene Teigtropfen herausfischen und die nächsten Blüten in den Teig tauchen und ausbacken. So fortfahren, bis die Blütendolden und der Ausbackteig aufgebraucht sind. Die Blüten mit Petersilie und Koriandergrün bestreuen und mit den Zitronenspalten servieren. Bei Tisch nach Belieben mit Zitronensaft beträufeln.

VARIANTEN
- Statt Holunderblütendolden krause Petersilie, Sellerie- oder Liebstöckelblätter in den Ausbackteig tauchen und wie beschrieben ausbacken.
- Süßer Klassiker: Den Teig mit weniger Salz, ohne Erdnüssen, Gewürzen und Kräutern, dafür mit Milch oder Buttermilch statt Wasser zubereiten und die ausgebackenen Blüten mit Puderzucker bestreut servieren.

Gefüllte Zucchiniblüten

Die würzige Spinat-Nuss-Käsefüllung ist Dank Blitzhacker und Semmelbrösel im Nu gemacht und ebenso fix gar – gut für die zarten Blüten. Muskat und das säuerliche Sumach sorgen für raffiniertes Aroma, Eier für den nötigen Zusammenhalt.

VEGETARISCH

ZUTATEN FÜR 4 PERSONEN
200 g junger Spinat
2 Knoblauchzehen
50 g Walnusskerne
2 EL Olivenöl
100 g Edelpilzkäse (z. B. Gorgonzola)
100 g Semmelbrösel
2 Eier
1 Msp. frisch geriebene Muskatnuss
1/2 TL Sumach (oder Zitronensaft)
Salz
ca. 12 frische Zucchiniblüten

CA. 15 MIN. + 20 MIN. GAREN
PRO PORTION CA.
350 kcal | 15 g EW | 24 g F | 2 g KH

Für die Füllung Spinat putzen, waschen und abtropfen lassen. Knoblauch schälen. Spinat und Knoblauch portionsweise im Blitzhacker mit Walnusskernen und Öl zermusen.

Den Käse zerbröckeln. Die Semmelbrösel mit den Eiern verrühren. Spinatmus und Käse dazugeben und unter die Eier-Brösel-Mischung rühren. Mit Muskat, Sumach und Salz kräftig würzen.

Zucchiniblüten vorsichtig öffnen und den Blütenstempel herauslösen. Die Masse mit einem Esslöffel in die Blüten geben, dabei den Löffel in Wasser tauchen. Die Blüten mit einer leichten Drehung der Blütenblätter verschließen und zugedeckt in einem Dämpfeinsatz über Dampf in 15–20 Min. dämpfen.

BEILAGEN-TIPP
Fein dazu ist eine Tomatensauce (s. S. 104) oder ein Dip. Für einen schnellen Dip 100 g Schmand mit 100 g Ajvar (Paprikapüree aus dem Glas) verrühren.

VARIANTE
Statt Zucchiniblüten können Sie Kürbisblüten füllen und Zucchini- oder Kürbisblätter mit der Füllung belegen und aufrollen.

ERNTE-TIPP
Nehmen Sie nur Blüten und Blätter mit, die Sie genau kennen. Verwenden Sie möglichst schmutz- und insektenfreie, ungespritzte Blüten. Die Blüten nicht waschen, wenn doch, dann nur vorsichtig kurz abbrausen. Die beste Erntezeit für essbare Blüten ist an warmen sonnigen Tagen der späte Vormittag. Sollte es draußen etwas bedeckt sein, die Blüten am frühen Nachmittag ernten. Dann möglichst luftig transportieren und nicht drücken. Im Kühlschrank können Sie frische Blüten in einer verschließbaren Box bis zu 3 Tagen aufbewahren.

ESSBARE BLÜTEN

Zu den bekanntesten essbaren Blüten gehören: Holunderblüten, Stiefmütterchen, Ringelblumen, Gänseblümchen, Duftveilchen, Rosenblüten, Kapuzinerkresse, Taubnesselblüten, Chrysanthemen und Löwenzahnblüten. Die Blüten schmecken meist wie die Kräuterblätter, nur etwas süßer. Verwendet werden entweder die einzelnen Blütenblätter oder die ganze Blüte ohne Stiel und Kelch.

Radieschengrünsuppe

Endlich eine köstliche Verwendung fürs Radieschengrün, das man nach Hause schleppt! Die Blätter gleich abtrennen und in den Kühlschrank legen.

VEGETARISCH

ZUTATEN FÜR 2 PERSONEN
2–3 Bund Radieschengrün | 1 Bund Frühlingszwiebeln | 2 EL Butter | 800 ml Gemüsebrühe | Salz | Pfeffer | 2 EL Ziegenfrischkäse

CA. 20 MIN. | PRO PORTION CA.
165 kcal | 5 g EW | 13 g F | 3 g KH

Das Radieschengrün waschen, trocken schütteln und grob hacken. 2 Radieschen beiseitelegen und den Rest anderweitig verwenden. Die Frühlingszwiebeln putzen, waschen und in feine Ringe schneiden.

Die Butter in einem Topf erhitzen, Radieschenblätter und Frühlingszwiebeln darin ca. 3 Min. andünsten, die Brühe angießen. Alles aufkochen und zugedeckt bei kleiner Hitze ca. 10 Min. köcheln lassen. Den Topf beiseitestellen. Die Suppe mit dem Pürierstab fein pürieren, mit Salz und Pfeffer abschmecken.

Die beiseitegelegten Radieschen waschen, mit dem Ziegenfrischkäse in einen Rührbecher geben und pürieren. Als Garnitur zur Suppe reichen.

KÜCHEN-TIPP
Wenn das Radieschengrün nicht reicht, mit anderem mildem Grün ergänzen: Rucola, Giersch, Spinat, Kopfsalat oder Sauerampfer sind gut geeignet.

VORRATS-TIPP
Lust auf Radieschen, aber keine Zeit zum Suppekochen? In jedem Fall sofort das Radieschengrün abschneiden, sonst wird es welk. Das Grün gründlich waschen, welke Blättchen und Stiele entfernen und die Blätter in einer dichten Plastikbox im Kühlschrank lagern. So bleiben die Blätter mindestens 4–5 Tage frisch, bis Sie Zeit für die Suppe haben.

Möhrensuppe

Süße Frühlingsmöhren machen diesen Klassiker mit Orangensaft und Ingwer zum Genuss. In kleinen Mengen das herbe Grün braten und mit verwenden!

VEGETARISCH

ZUTATEN FÜR 4 PERSONEN
500 g Möhren mit Grün | 1 Zwiebel | 1 Stück frischer Ingwer (ca. 2 cm) | 30 g Parmesan | 2 EL Butter | 600 ml Gemüsebrühe | 2 Blutorangen | 1 EL Rapsöl | Salz | Pfeffer

CA. 30 MIN. | PRO PORTION CA.
150 kcal | 4 g EW | 9 g F | 10 g KH

Die Möhren putzen, schälen und in grobe Stücke schneiden. 4–5 Stiele Möhrengrün waschen, trocken schütteln und fein hacken. Zwiebel und Ingwer schälen und ebenfalls grob zerkleinern. Den Parmesan reiben.

Die Butter in einem Topf erhitzen, Möhren, Zwiebel und Ingwer darin ca. 5 Min andünsten. Mit Brühe ablöschen, alles einmal aufkochen und zugedeckt bei kleiner Hitze ca. 15 Min. köcheln lassen.

Inzwischen den Saft der Orangen auspressen. Das Öl in einer Pfanne erhitzen, das Möhrengrün darin kurz braten. Die Pfanne beiseitestellen. Die Möhren mit dem Pürierstab pürieren. Mit Salz und Pfeffer würzen. Den Orangensaft unterrühren. Die Suppe nochmals erwärmen und mit dem gebratenen Möhrengrün und Parmesan anrichten.

AUSTAUSCH-TIPP
Statt gebratenem Möhrengrün passt auch roh gehackter Giersch dazu. Giersch ist ein zartes Unkraut, das neutral und frisch schmeckt.

SAISON-TIPP
Wenn im April die Blutorangensaison zu Ende geht, können Sie die Suppe auch mit 200 g pürierten Erdbeeren zubereiten. Dann etwas mehr Wasser zugeben. Oder Sie dünsten 2 klein geschnittene Rhabarberstangen mit den Möhren mit.

Gedämpfter Würzfisch

Säuerlich-frisch ist die Gemüseverpackung für den zarten Fisch – dabei werden nicht nur die Radieschen, sondern auch das frische Grün verwendet. Bärlauch und Zitrone sorgen für gelbgrüne Würze. Senf schützt das Fischfleisch vor dem Austrocknen.

ZUTATEN FÜR 4 PERSONEN
800 g festes Weißfischfilet
(z. B. Seelachs oder Scholle)
1 Bund Radieschen mit Grün
1 Bund Bärlauch
1 Bund Dill
1/2 Bio-Zitrone
1 EL grobes Salz | Pfeffer
3 EL körniger Senf
2 EL Olivenöl
Backpapier

CA. 40 MIN. | PRO PORTION CA.
230 kcal | 38 g EW | 8 g F | 3 g KH

Den Fisch waschen und eventuell vorhandene Gräten entfernen. Die Radieschen samt Grün waschen und putzen. Das Radieschengrün entfernen und beiseitelegen. Bärlauch und Dill waschen und trocken schütteln. Radieschengrün, Bärlauch und Dill mit den Stielen im Blitzhacker fein hacken.

Die Radieschen in dünne Scheiben schneiden oder hobeln. Die Zitrone heiß waschen und samt Schale zuerst in dünne Scheiben, dann in Würfel schneiden.

Die Hälfte der Radieschenscheiben, der Kräutermischung und der Zitronenwürfel auf einem großen Stück Backpapier verteilen, salzen und pfeffern. Den Fisch darauflegen und mit Senf bestreichen. Nochmals salzen und pfeffern und die übrigen Radieschenscheiben, Kräutermischung und Zitrone darauf verteilen.

Das Backpapier mit dem Fisch in einen Dämpfer oder einen Dämpfeinsatz legen und den Fisch ca. 15 Min. dämpfen, bis er knapp gar ist. Dann den Fisch zugedeckt bei ausgeschalteter Herdplatte ca. 5 Min. ziehen lassen.

Alles auf eine große Platte legen, mit etwas Fischsud und dem Olivenöl beträufeln. Dazu passt Reis oder auch frisches Brot.

KÜCHEN-TIPP
Dämpfen ist eine ideale Zubereitung für zarte, magere Weißfische. Am saftigsten bleiben die Fische, wenn sie im Ganzen gedämpft werden – die Haut schützt vor dem Austrocknen. Die Garzeit verdoppelt sich dann. Doch das Aroma von Kräutern und Gewürzen zieht nicht so gut ins Fischfleisch ein.

VARIANTEN
- Als Gemüsemantel eignen sich auch Mangoldblätter mit fein gehackten Stielen. Den Fisch dann mit Meerrettich (aus dem Glas) statt mit Senf bestreichen.
- Auch Spinat mit Tomatenspalten schmecken spannend – den Fisch dazu mit rotem Pesto (aus dem Glas) bestreichen.

Klare Hühnersuppe

Je mehr Knochen und Haut, desto aromatischer ist die Suppe – Hals, Flügel und Knochen sind die beste Suppengrundlage. Es lohnt sich, das magere Brustfilet und die fleischigen Keulen auszulösen und extra zu verwerten. Das Filet kurz garen, die Keulen braten oder schmoren.

ZUTATEN FÜR 4 PERSONEN
1 Suppenhuhn
(ca. 1 kg, frisch oder tiefgekühlt)
1 Bund Suppengemüse
1/2 Bund Koriandergrün
1 Lorbeerblatt
1 TL schwarze Pfefferkörner
Salz
100 g Zuckerschoten
200 g grüner Spargel
1 Bund Bärlauch
100 g Fadennudeln

CA. 1 STD. | PRO PORTION CA.
690 kcal | 40 g EW | 38 g F | 46 g KH

Aus dem frischen Suppenhuhn die Innereien, Luft-, Speiseröhre und Bürzel entfernen. Huhn innen und außen mit kaltem Wasser waschen. TK-Suppenhuhn auftauen lassen und den Beutel mit Innereien entfernen. Innereien waschen und beiseitelegen.

Suppengemüse waschen. Lauch putzen und längs aufschneiden. Möhren putzen und halbieren. Knollensellerie schälen. Petersilie vom Suppengemüse und Koriandergrün waschen, trocken schütteln und zu einem Strauß binden. Blättchen abzupfen, hacken und beiseitelegen. 3 l Wasser in einen Schnellkochtopf geben. Lauch, Möhren, Sellerie, Kräuterstiele, Lorbeerblatt, Pfefferkörner und 1 TL Salz, Huhn und Innereien zugeben und auf Stufe 2 in ca. 15 Min. garen.

Zuckerschoten, Spargel und Bärlauch waschen. Zuckerschoten entfädeln und schräg halbieren. Spargel im unteren Teil schälen. Spargel und Bärlauch in ca. 2 cm große Stücke schneiden.

Brühe durch ein Sieb in einen Topf gießen, eventuell salzen und aufkochen. Spargel, Zuckerschoten und Nudeln darin in ca. 4 Min. garen. Suppengemüse klein schneiden. Hühnerbrustfilets auslösen. Keulen am Hüftgelenk, Flügel am Schultergelenk abtrennen. Fleisch von den Knochen lösen und klein schneiden. Gehackte Petersilie, Koriandergrün, Bärlauch, Fleisch und Suppengemüse zur Brühe geben. Suppe erhitzen und servieren.

VORRATS-TIPP
Die Suppe bis zum zweiten Schritt kochen – das Frühlingsgemüse weglassen. Dann das Fleisch auslösen und beispielsweise für Geflügelsalat oder Pollo albicocca (s. S. 70 und 71) verwenden. Die Brühe portionsweise einfrieren. Das Suppengemüse pürieren und im Eiswürfelbereiter einfrieren: ist gut für Saucen.

VARIANTE
Gebundene Hühnersuppe: 40 g Butter oder abgeschöpftes Hühnerfett erhitzen, 40 g Mehl einrühren und in ca. 1 Min. hell anschwitzen. 250 ml kalte Milch unterrühren, nach und nach ca. 1 l Brühe zugießen, verrühren und mindestens 10 Min. köcheln lassen. Suppengemüse pürieren. 50 g Sahne halbsteif schlagen. Mit Gemüsepüree, 1 EL Zitronensaft und Kräutern unterrühren.

Hühner-Rübchen-Topf

Ab Mai eignen sich die gleichnamigen Rüben hervorragend für ein Frikassee. Sie können auch deren Stiele und Blätter gehackt mit verwenden.

ZUTATEN FÜR 4–6 PERSONEN
ca. 500 g Hühnerklein (ersatzweise ausgelöste Hühnerkeulen) | 2 Zwiebeln | 1 Knoblauchzehe | 1 EL Rapsöl | Salz | 1 TL 5-Gewürze-Pulver | 1 Lauch | 500 g Mairübchen | 1 Bio-Zitrone | 5 g Johannisbrotkernmehl (aus dem Reformhaus) | 1 Bund Petersilie | 100 g saure Sahne (20 % Fett) | Worcestersauce

CA. 50 MIN. | BEI 6 PERSONEN PRO PORTION CA.
240 kcal | 13 g EW | 18 g F | 5 g KH

Hühnerklein samt Knochen in mundgerechte Teile trennen. Zwiebeln und Knoblauch schälen und grob würfeln. Öl in einem Schmortopf erhitzen, Zwiebeln und Knoblauch darin glasig dünsten. Hühnerklein zugeben, mit Salz und 5-Gewürze-Pulver würzen. Alles zugedeckt bei kleiner Hitze ca. 10 Min. schmoren.

Lauch putzen, seitlich bis zur Mitte einschneiden, gründlich waschen und in ca. 2 cm breite Streifen schneiden. Rübchen waschen, schälen und ca. 2 cm groß würfeln. Zitrone heiß waschen, abtrocknen und längs halbieren. Die Hälften in Scheiben schneiden.

Rübchen und Zitrone zum Hühnerklein geben und 500 ml Wasser angießen. Johannisbrotkernmehl mit 3 EL Wasser anrühren und unter das Hühnerklein rühren, alles aufkochen und weitere 5 Min. garen. Den Lauch zufügen und ca. 5 Min. mitgaren.

Petersilie waschen, trocken schütteln und fein hacken. Petersilie und saure Sahne unter den Hühner-Rübchen-Topf mischen. Mit Worcestersauce abschmecken. Dazu passen Reis oder Kartoffeln.

SAISON-TIPPS
- Statt Rübchen und Lauch entweder Kohlrabiwürfel mit Grün, ca. 400 g Zuckerschoten, Erbsen oder Rübstiel mitkochen.
- Das Gericht statt mit 5-Gewürze-Pulver mit Chili- und Ingwerpulver würzen. Dann anstelle von Zitrone Limettenblätter verwenden.

Geflügelsalat

Hühnerfleisch ist eine ideale Salatgrundlage. Hier wird es saftig ergänzt durch zarte Erbsen, Pilze, Birnenkompott, Graupen und ein Joghurtdressing.

ZUTATEN FÜR 4–6 PERSONEN
250 g grüne Erbsen (frisch ausgepalt oder tiefgekühlt) | 100 ml Hühnerbrühe (s. S. 69) | 300 g gegartes und ausgelöstes Hühnerfleisch (z. B. Keulen oder Flügel) | 250 g Champignons | 200 g Birnen (aus der Dose) | 1 Bund Petersilie | 1 Bund Schnittlauch | 100 g griechischer Joghurt (10 % Fett) | Salz | Pfeffer | 250 g gegarte Graupen | 2 EL Zitronensaft

CA. 35 MIN. | BEI 6 PERSONEN PRO PORTION CA.
225 kcal | 15 g EW | 8 g F | 23 g KH

Erbsen und Brühe in einen Topf geben und einmal aufkochen. Die Erbsen in ein Sieb abgießen, dabei die Brühe auffangen und beides abkühlen lassen. Das Hühnerfleisch in mundgerechte Stücke schneiden.

Die Champignons trocken säubern und vierteln. Die Birnen abtropfen lassen und in kleine Würfel schneiden. Petersilie und Schnittlauch waschen und trocken schütteln. Die Petersilie fein hacken und den Schnittlauch in feine Röllchen schneiden.

Für das Dressing den Joghurt mit der abgekühlten Brühe verrühren, kräftig salzen und pfeffern. Erbsen, Champignons, Birnen, Hühnerfleisch, Petersilie, Schnittlauch und Graupen vermischen, das Dressing unterziehen. Den Salat vor dem Servieren mit Zitronensaft, Salz und Pfeffer nochmals abschmecken.

SAISON-TIPPS
Anstatt Birnen Orangenstückchen unter den Salat mischen. Sehr fein schmeckt er auch mit 1 1/2 EL gehacktem falschem Ingwer (s. S. 215).

VORRATS-TIPP
Im Frühling ist frisches Obst knapp. Das ist genau die richtige Zeit, die eingeweckten Kompottfrüchte des letzten Jahres zu verbrauchen. Sie sind jetzt schön aromatisch und gut durchgezogen und machen keine Arbeit!

Pollo albicocca

Ein aromatischer Mix aus Aprikosenkonfitüre, Tomaten, Möhren und einer Blitzmayonnaise mit viel Eigelb ergibt die saftige Sauce fürs magere Fleisch.

ZUTATEN FÜR 4 PERSONEN
400 g gegarte Hühnerbrustfilets (s. S. 69) |
2 Knoblauchzehen | 2 Zwiebeln | 1 Bio-Zitrone |
400 g Bundmöhren | 4 Zweige Rosmarin |
235 ml Rapsöl | 200 ml Tomatensaft |
200 ml Hühner- oder Gemüsebrühe (s. S. 69 oder 121) |
4 TL Aprikosenkonfitüre | Salz | Pfeffer | 4 Eigelb
(s. Tipp)

CA. 40 MIN. | PRO PORTION CA.
760 kcal | 26 g EW | 67 g F | 10 g KH

Hühnerbrustfilets längs halbieren und in ca. 1 cm breite Scheiben schneiden. Knoblauch schälen, zu den Fleischstücken pressen und untermischen. Abgedeckt im Kühlschrank ziehen lassen.

Zwiebeln schälen und fein würfeln. Zitrone heiß waschen und abtrocknen, die Schale abreiben und den Saft auspressen. Möhren putzen, schälen und in feine Juliennestreifen hobeln oder schneiden. Rosmarin waschen und trocken schütteln, die Nadeln fein hacken.

3 EL Öl in einer Pfanne erhitzen, Zwiebeln, Möhren und Rosmarin darin ca. 3 Min. dünsten. Tomatensaft, Brühe, Zitronensaft und -schale zugeben und offen ca. 5 Min. köcheln lassen, bis alles dicklich wird. Die Aprikosenkonfitüre unterziehen. Die Sauce salzen, pfeffern und abkühlen lassen.

Die Eigelbe in einer Schüssel mit dem Schneebesen aufschlagen. Übriges Öl nach und nach unter Schlagen einfließen lassen und weiterschlagen, bis eine cremige Mayonnaise entsteht. Die Mayonnaise unter die kalte Sauce ziehen. Mit Salz würzen. Dressing über die Hühnerstücke geben, mindestens 30 Min. ziehen lassen.

KÜCHEN-TIPP
Eiweiß aufbewahren: In einem fest schließenden Kunststoffbehälter hält es sich im Kühlschrank mehrere Tage. Es lässt sich auch einige Wochen einfrieren und danach noch steif schlagen. Aufgetautes Eiweiß aber nur für durchgegarte Gerichte verwenden.

Geschmortes Kaninchen

Einheimische Zutaten wie Rhabarber, Möhren, Spinat, Bärlauch und Salbei geben dem Kaninchen mit den Kichererbsen ein fast orientalisches Aroma.

ZUTATEN FÜR 6 PERSONEN
500 g Zwiebeln
2 Knoblauchzehen
500 g Rhabarber
500 g junge Möhren
1 Handvoll Salbeiblätter
1 küchenfertiges Kaninchen (zerteilt, ca. 2 kg)
5 EL Rapsöl
4 EL Tomatenmark
Salz | Pfeffer
1/2 TL Muskatblüte (Macis)
1 Dose Kichererbsen (240 g Abtropfgewicht)
1 Bund Bärlauch
500 g Blattspinat

CA. 1 STD. 20 MIN. | PRO PORTION CA.
560 kcal | 60 g EW | 30 g F | 13 g KH

GUT ZU WISSEN

Kaninchenfleisch ist zart und mager und schmeckt ähnlich wie Huhn. Außerdem ist Kaninchen von der Ökobilanz her unschlagbar: Es frisst Gras, Stroh und Gemüseabfälle, ist also kein Nahrungskonkurrent des Menschen und erreicht schon ab der 12. Woche Schlachtreife. Deshalb hat es in bäuerlichem Umfeld Tradition. Bei biologischer Haltung werden die Tierschutzbedingungen eingehalten. Sie bekommen es meist auf dem Wochenmarkt oder direkt beim Bauern.

Zwiebeln und Knoblauch schälen, halbieren und in Scheiben schneiden. Den Rhabarber waschen, putzen, eventuell entfädeln und in ca. 2 cm lange Stücke schneiden. Die Möhren waschen, putzen, längs halbieren und in ca. 4 cm lange Stücke schneiden. Den Salbei waschen und trocken schütteln, die Blätter abzupfen.

Die Kaninchenteile waschen und trocken tupfen oder in einem Sieb abtropfen lassen. Das Öl in einem großen Bräter erhitzen, die Kaninchenteile darin ca. 3 Min. auf jeder Seite kräftig anbraten. Das Fleisch herausnehmen und beiseitestellen. Zwiebeln, Knoblauch, Salbei, Möhren und Tomatenmark in den Bräter geben und alles ca. 5 Min. kräftig braten, bis die Zwiebeln bräunen.

Kaninchenteile und Kichererbsen mit Sud hinzufügen, mit Salz, Pfeffer und Muskatblüte würzen und alles zugedeckt bei mittlerer Hitze ca. 35 Min. schmoren. Wenn nötig, etwas Wasser dazugießen. Den Rhabarber dazugeben und weitere 10 Min. schmoren.

Inzwischen Bärlauch und Spinat putzen und waschen. Den Bärlauch in feine Streifen schneiden und den Spinat hacken. Beides unter das geschmorte Kaninchen rühren. Alles einmal aufkochen, salzen und pfeffern. Dazu passt frisches Brot oder Couscous.

VARIANTEN
- Wenn Sie die Kichererbsen lieber selber kochen wollen, garen Sie 100 g Kichererbsen mit 300 ml Wasser im Schnellkochtopf ca. 30 Minuten auf Stufe 2. Danach können Sie sie mit dem Sud im Schmortopf weiterverarbeiten.
- Statt Kichererbsen und Rhabarber können sie auch Rübchen, Spargel und Stachelbeeren verwenden.
- Das Gericht schmeckt auch sehr gut mit einem zerlegten Huhn, wenn Sie kein Kaninchen bekommen.

Kräuter-Knoblauch-Leber

Die süßlich-saftigen Zwiebeln und der grüne, zarte Knoblauch mit dem leicht süßlichen Aroma ergänzen die kräftigen Leberstreifen zu einem köstlichen Ganzen und sorgen für Saftigkeit. Unbedingt Kalbsleber verwenden: Sie ist besonders fein.

ZUTATEN FÜR 4 PERSONEN
500 g Kalbsleber am Stück
(oder in Scheiben)
1 EL Mehl
je 2 Zweige Rosmarin und Thymian
1 Stiel Salbei
1 Bund Petersilie
1 frische Knoblauchknolle
500 g Zwiebeln
4 EL Rapsöl
Salz | Pfeffer

CA. 30 MIN. | PRO PORTION CA.
310 kcal | 26 g EW | 16 g F | 16 g KH

Die Leber waschen und trocken tupfen. Wenn noch vorhanden, die dünne Haut vorsichtig mit einem scharfen Messer entfernen, dabei die Haut an einer Ecke lösen und vorsichtig abziehen. Die Leber zuerst in ca. 1/2 cm dicke Scheiben, dann in Streifen schneiden. Das Mehl in eine Schüssel geben, die Leberstreifen hinzufügen und vermengen. Die Kräuter waschen und trocken schütteln, Nadeln und Blätter abzupfen und grob hacken.

Die Knoblauchknolle von den Enden und der oberen feinen Haut befreien und im Ganzen in feine Scheiben schneiden. Die Zwiebeln schälen und in Viertel schneiden.

2 EL Öl in einer beschichteten Pfanne erhitzen. Knoblauchscheiben und Zwiebeln darin zugedeckt bei kleiner Hitze in ca. 10 Min. glasig dünsten. Dabei 50 – 100 ml Wasser zugießen, damit sie nicht bräunen. Übriges Wasser offen einkochen lassen.

2 EL Öl, Leberstreifen, Rosmarin, Thymian und Salbei zur Zwiebel-Knoblauch-Mischung geben und bei großer Hitze ca. 5 Min. braten. Die Leber mit Salz und Pfeffer würzen und die Petersilie unterziehen. Dazu passt Kartoffelpüree oder knuspriges Brot.

KÜCHEN-TIPP
Die Leber mit heißem Wasser überbrühen, das erleichtert das Abziehen der Haut. Oder lassen Sie sich die Leber von Ihrem Metzger gleich in Streifen vorbereiten.

PRODUKT-TIPP
Junger frischer Knoblauch hat eine saftige Schale und ist leicht grünlich. Der Stiel der Knolle ähnelt dem einer Frühlingszwiebel. Wer keinen frischen Knoblauch bekommt, kann auch 2 Knoblauchzehen mit den Zwiebeln braten. Anschließend den Knoblauch herausnehmen, häuten, mit einer Gabel zerdrücken und das Mus unter die Zwiebeln mischen.

Rosmarinspieße mit Hühnerleber

Traditionell wird die herbe Hühnerleber gerne mit Süßem kombiniert – hier mit Apfel, Pflaumen und Zwiebel. Das milde Kurkumapulver schützt die Leber vor dem Austrocknen und rundet ihre leichte Bitterkeit warmwürzig ab.

ZUTATEN FÜR 4 PERSONEN
300 g Hühnerleber
1 EL Kurkumapulver
12 dicke Zweige Rosmarin
2 säuerliche Äpfel (z. B. Topas)
3 Zwiebeln
24 Backpflaumen
Salz | Pfeffer
2 EL Rapsöl

CA. 55 MIN. | PRO PORTION CA.
290 kcal | 18 g EW | 9 g F | 31 g KH

Die Hühnerleber gründlich waschen, trocken tupfen und in mundgerechte Stücke schneiden. Die Leber in eine Schüssel geben und mit dem Kurkumapulver bestäuben.

Rosmarin waschen und trocken schütteln. Äpfel waschen, vierteln und entkernen. Viertel in dicke Scheiben schneiden. Zwiebeln schälen, halbieren und die einzelnen Schichten lösen. Die Leberstücke, Apfelscheiben, Zwiebeln und Backpflaumen auf die Rosmarinzweige stecken. Die Spieße salzen und pfeffern.

Das Öl in einer beschichteten Pfanne erhitzen, die Leberspieße darin bei kleiner Hitze in ca. 10 Min. auf allen Seiten braten. Dazu passt Kartoffelbrei (s. S. 247).

KÜCHEN-TIPPS
• Bei Spießen ist es wichtig, dass die einzelnen Zutaten nicht zu weit überstehen, sondern eine Linie bilden, sonst verbrennen die »Ausreißer«. Wer es ganz exakt mag, muss die Kanten nachschneiden, wenn alle Zutaten aufgespießt sind. Den Schnittabfall dann in der Pfanne mitschmoren.
• Wenn Sie die Spieße grillen möchten, Metallspieße verwenden. Oder Bambusspieße mindestens 1 Std. in Wasser einweichen – das verhindert das Verkokeln der Spieße. Die fertigen Spieße mit etwas Öl einpinseln.

VARIANTEN
• Zarte Schalotten schälen, im Ganzen ca. 10 Min. vordämpfen und im Wechsel mit Leber, eingeweichten getrockneten Aprikosen und Salbeiblättern aufspießen.
• Im Sommer frische Aprikosenhälften verwenden. Oder die Leberstücke mit Kirschtomaten, grünen Knoblauchzehen und Thymianzweiglein aufspießen und braten.

Pochierte Lammkeule mit Pesto

Es muss nicht immer Braten sein! Viel schneller und weniger energieaufwendig ist die zarte Lammkeule in Bouillon aus dem Schnellkochtopf. Außerdem gibt es gleich zwei Mahlzeiten: Suppe und das Lammfleisch mit köstlicher grüner Sauce.

ZUTATEN FÜR 6 PERSONEN

1 Bund Suppengrün
2 Zweige Thymian
2 Zweige Rosmarin
3 Knoblauchzehen
1 l Gemüsebrühe
1 Lorbeerblatt
1 Lammkeule
(mit Knochen, ca. 1,8 – 2 kg)
1 Bund Petersilie
1 Bund Bärlauch
6 EL Olivenöl
1 Brötchen vom Vortag
1 – 2 EL Apfelessig
2 EL Crème fraîche
Salz | Pfeffer

CA. 1 STD. 30 MIN. | PRO PORTION CA.
735 kcal | 47 g EW | 57 g F | 7 g KH

Das Suppengrün vorbreiten. Knollensellerie und Möhre putzen, schälen und in grobe Stücke schneiden. Den Lauch putzen, seitlich einschneiden und gründlich waschen. Thymian und Rosmarin waschen und trocken schütteln, je 1 Zweig Thymian und Rosmarin beiseitelegen. Den Knoblauch schälen.

Das Gemüse mit Thymian, Rosmarin, Knoblauch, Brühe, Lorbeerblatt und Lammkeule in einen Schnellkochtopf geben und auf Stufe 2 ca. 30 Min. kochen. Den Topf vom Herd nehmen und geschlossen ca. 30 Min. stehen lassen.

Inzwischen Petersilie und Bärlauch waschen und trocken schütteln, die Blätter grob hacken. Blätter und Nadeln vom übrigen Thymian und Rosmarin abstreifen. Die Kräuter mit dem Öl verrühren und beiseitestellen. Das Brötchen klein würfeln.

Die Lammkeule aus der Brühe nehmen und den Knochen auslösen. Die Keule in der Brühe warm halten. Das Fleisch erst bei Tisch in dünne Scheiben schneiden.

Das Brötchen in 150 ml Kochflüssigkeit einweichen. Dann Öl-Kräuter-Mix und Essig zugeben und mit dem Pürierstab pürieren. Crème fraîche und zusätzlich soviel Brühe unterrühren, dass eine geschmeidige Sauce entsteht. Die Sauce salzen und pfeffern.

MACH WAS DRAUS
Bereiten Sie aus der aromatischen Kochflüssigkeit ein köstliches Kräutersüppchen zu: Die Brühe mit Wasser auf 900 ml auffüllen. 1 1/2 altbackene Brötchen zerkleinern, 2 Händevoll frische Frühlingskräuter nach Belieben waschen und grob hacken, beides zugeben und mit dem Pürierstab fein pürieren. Mit Salz, Pfeffer und 100 g Sahne abschmecken.

VARIANTE
Wenn Sie keinen Schnellkochtof haben, geben Sie soviel Brühe in einen Topf, dass die Lammkeule samt Gemüse knapp bedeckt ist. Eventuell die Keule vorher entbeinen und den Knochen extra mitkochen. Das Fleisch zugedeckt in 1 Std. 30 Min. sanft kochen lassen. Dann wie im Rezept oben beschrieben verarbeiten.

Nudel-Spitzkohl-Pfanne

Der zarte Spitzkohl ist ein wahres Blitzgemüse. Mit Rührei und Nudeln zubereitet steht er im Nu auf dem Tisch! Kreuzkümmel sorgt für Raffinesse.

VEGETARISCH

ZUTATEN FÜR 4 PERSONEN
300 g Tagliatelle | Salz | 1 kleiner Spitzkohl (ca. 760 g) | 2 Knoblauchzehen | 1 Zwiebel | je 1/2 Bund Sauerampfer und Koriandergrün | 4 EL Rapsöl | gemahlener Kreuzkümmel | Pfeffer | 4 Eier | 100 g Buttermilch

CA. 35 MIN. | PRO PORTION CA.
490 kcal | 20 g EW | 17 g F | 62 g KH

Die Nudeln in kochendem Salzwasser nach Packungsangabe bissfest garen. Dann in ein Sieb abgießen und abtropfen lassen.

Den Spitzkohl vierteln, den Strunk entfernen und die Viertel quer in Streifen schneiden. Knoblauch und Zwiebel schälen. Die Zwiebel würfeln und den Knoblauch hacken. Sauerampfer und Koriandergrün waschen und trocken schütteln, die Blätter fein hacken.

3 EL Öl in einer Pfanne erhitzen, Zwiebel, Knoblauch und 1 TL gemahlener Kreuzkümmel darin ca. 3 Min. andünsten. Spitzkohl dazugeben, salzen, pfeffern und zugedeckt bei kleiner Hitze in ca. 5 Min. garen.

Inzwischen die Eier mit Buttermilch, Sauerampfer und Koriandergrün verquirlen. Die Eier mit Salz und Pfeffer würzen. Den Spitzkohl an den Rand der Pfanne schieben. Die Eiermischung dazugießen und kurz stocken lassen, dann mit dem Spitzkohl verrühren. Die Nudeln untermischen, mit Salz und Pfeffer abschmecken.

PRODUKT-INFO
Kreuzkümmel kommt vor allem in der asiatischen Küche vor und ist fester Bestandteil von Currymischungen. In klassischen Gerichten, vor allem mit Kohl, kann er anstelle von Kümmel verwendet werden. Wer den außergewöhnlichen Geschmack nicht mag, nimmt Currypulver oder frisch geriebene Muskatnuss.

Kartoffel-Lauch-Pfanne

Im Frühjahr ergeben die Zutaten ein ungewöhnlich leichtes, zartes Gericht. Der Ziegenkäse mit Bockshornklee macht's sättigend und würzig.

VEGETARISCH

ZUTATEN FÜR 4 PERSONEN
750 g neue Kartoffeln | 3–5 Stangen Babylauch (ca. 750 g) | 2 Knoblauchzehen | 1 Bund Frühlingskräuter (z. B. Schnittlauch, Kerbel, Pimpinelle) | 3 EL Rapsöl | 100 ml Weißwein | 150 g Ziegenschnittkäse mit Bockshornklee in Scheiben | Salz | Pfeffer

CA. 35 MIN. | PRO PORTION CA.
350 kcal | 14 g EW | 18 g F | 28 g KH

Die Kartoffeln waschen, dabei die Schale soweit wie möglich abrubbeln. In einem Dämpfeinsatz über Dampf in 20–30 Min. garen.

Inzwischen den Lauch putzen, seitlich bis zur Mitte einschneiden, gründlich waschen und in fingerdicke Streifen schneiden. Den Knoblauch schälen und fein hacken. Die Kräuter waschen und trocken schütteln, die Blätter ebenfalls fein hacken.

Die Kartoffeln längs in Viertel schneiden und je nach Größe quer halbieren. Das Öl in einer Pfanne erhitzen, Lauch und Knoblauch darin unter Rühren ca. 3 Min. braten, dann mit Wein ablöschen. Den Lauch kräftig mit Salz und Pfeffer würzen.

Kartoffelspalten dazugeben, die Käsescheiben auf das Gemüse legen und zugedeckt erhitzen. Den Herd ausschalten und alles ca. 1 Min. ziehen lassen, bis der Käse geschmolzen ist. Die Kartoffel-Lauch-Pfanne mit den Kräutern bestreuen und sofort servieren.

VARIANTEN
- Alternativ können Sie auch zuerst die Kräuter und dann den Käse zum Gemüse geben.
- Wer Ziegenkäse oder Bockshornklee nicht mag, probiert beispielsweise Gouda mit Kreuzkümmel oder Bärlauch aus.

Löwenzahn-Dinkel-Pfanne

Löwenzahn von der Wiese ist viel milder als der gezüchtete und erinnert an Mangold. Die Blüten setzen geschmacklich und optisch ein Glanzlicht!

VEGETARISCH

ZUTATEN FÜR 2 – 3 PERSONEN
1 Knoblauchzehe | 1 Zwiebel | 200 g Löwenzahnblätter | 1 Handvoll Löwenzahnblüten (ca. 20 g) | 2 EL Rapsöl | 30 g ungesalzene Erdnüsse | 300 g gegarter Dinkel (s. Produkt-Info) | 100 g Sojasahne (aus dem Reformhaus) | Salz | Pfeffer

CA. 35 MIN. | BEI 3 PERSONEN PRO PORTION CA.
260 kcal | 8 g EW | 13 g F | 26 g KH

Knoblauch und Zwiebel schälen und beides fein hacken. Die Löwenzahnblätter verlesen, waschen, trocken schütteln und in ca. 3 cm breite Stücke teilen. Dabei die Herzblätter ganz lassen. Löwenzahnblüten eventuell vorsichtig waschen und trocken tupfen.

Das Öl in einer beschichteten Pfanne erhitzen, Zwiebel, Knoblauch und Erdnüsse darin ca. 2 Min. dünsten. Die Löwenzahnblätter unterrühren und etwas zusammenfallen lassen. Dinkel und Sojasahne dazugeben und unterrühren. Mit Salz und Pfeffer würzen. Die Blütenblätter aus den Blütenkelchen zupfen und über die Löwenzahn-Dinkel-Pfanne streuen.

KÜCHEN-TIPP
Den Löwenzahn am besten mit dem Wurzelansatz abstechen, gründlich waschen und die äußeren unschönen Stellen abschälen. Tipps zu Kräutern s. S. 40.

VARIANTE
Pilz-Dinkel-Pfanne: Später im Jahr eignen sich auch Pilze statt Löwenzahn für das Gericht. 250 g Waldpilze säubern und in Scheiben schneiden. 1 Handvoll Salbeiblätter mit Zwiebeln, Knoblauch und Erdnüssen anbraten. Dann die Pilze unter Rühren 2 Min. mitbraten und zum Schluss Dinkel und Sojacreme zugeben.

PRODUKT-INFO
Dinkel, der als Beilage gekocht werden soll, wird auch Dinkelreis genannt und wie Reis mit knapp der doppelten Menge Wasser in ca. 30 Min. gegart. Reine, naturbelassene Dinkelkörner brauchen doppelt solange. Für 300 g gekochten Dinkel etwa 120 g rohe Körner in 220 ml Salzwasser garen.

Spargel-Brot-Auflauf

Eine andere Art der Resteverwertung: Altbackenes Brot und Spargelbruch ergeben mit Eiermilch und Schinkenwürfeln ein köstliches Ganzes.

ZUTATEN FÜR 4 PERSONEN
250 g altbackene Brötchen (oder Brot) | 300 ml Milch | frisch geriebene Muskatnuss | Salz | weißer Pfeffer | 500 g weißer Spargel (oder Spargelbruch) | 2–3 Frühlingszwiebeln | 70 g Schinkenspeck | 3 Eier | Öl für die Form

CA. 30 MIN. + 35 MIN. BACKEN | PRO PORTION CA.
325 kcal | 18 g EW | 12 g F | 36 g KH

Brötchen in feine Scheiben (Brot in schmale Streifen) schneiden und in eine Schüssel geben. Die Milch erwärmen, mit Muskat, etwas Salz und Pfeffer würzen. Die Brötchenscheiben damit beträufeln.

Spargel waschen, schälen und die Enden abschneiden. Schalen und Enden für eine Spargelbrühe (s. S. 43) verwenden. Frühlingszwiebeln putzen, waschen und in feine Ringe schneiden. Schinkenspeck in kleine Würfel schneiden.

Schinkenspeck in einer beschichteten Pfanne bei kleiner Hitze auslassen. Frühlingszwiebeln und Spargel dazugeben und zugedeckt ca. 5 Min. dünsten. Eventuell etwas Wasser oder Spargelbrühe zugießen. Die Mischung abkühlen lassen. Eine flache Auflaufform (ca. 32 x 25 cm) mit Öl einfetten.

Eier trennen. Eigelbe und Speck-Spargel-Mischung unter die eingeweichte Brotmasse ziehen. Eiweiße steif schlagen und unterheben. Masse in die Form geben und glatt streichen. Im Backofen (Mitte) bei 180° (Umluft, ohne Vorheizen) in ca. 35 Min. goldbraun backen.

VARIANTEN
Wer's vegetarisch mag, ersetzt den Schinkenspeck durch gehackte Nüsse oder Kerne oder durch 100 g zerdrückten Gorgonzola. Die Zwiebeln dann weglassen. Schmeckt auch mit einer Vinaigrette oder einem Rest Spargelsuppe als Sauce.

Gemüsegratin

Ein vegetarisches Gericht zum Sattessen. Wer nur einen kleinen Hunger hat oder noch etwas dazu essen möchte, kann es auch durch vier teilen.

VEGETARISCH

ZUTATEN FÜR 2 PERSONEN
2 Kohlrabi (à ca. 200 g) mit Blättern | 400 g Mairübchen | 400 g Möhren | 1 Bio-Zitrone | 400 g mehligkochende Kartoffeln | 400 g Magerquark | 2 Eier | Salz | weißer Pfeffer | Butter für die Form

CA. 30 MIN. + 35 MIN. BACKEN | PRO PORTION CA.
490 kcal | 43 g EW | 11 g F | 49 g KH

Das Gemüse putzen und waschen. Blätter samt Stiele von den Kohlrabi schneiden, fein hacken und beiseitelegen. Kohlrabi und Rübchen wenn nötig schälen und vierteln. Möhren wenn nötig schälen und schräg halbieren. Das Gemüse in einem Dämpfeinsatz über Dampf in ca. 12 Min. knackig vorgaren.

Die Zitrone heiß waschen und abtrocknen, die Schale fein abreiben und den Saft auspressen. Den Zitronensaft mit dem Gemüse in einer Schüssel mischen.

Die Kartoffeln waschen, schälen und fein würfeln. Oder im Blitzhacker hacken. Kartoffeln mit Quark, Eiern, Kohlrabigrün und Zitronenschale verrühren. Mit Salz und Pfeffer kräftig würzen.

Eine flache Auflaufform (ca. 30 x 20 cm) einfetten. Das Gemüse in die Form geben und verteilen, leicht salzen und mit der Kartoffel-Quark-Creme gleichmäßig bedecken. Im Backofen (Mitte) bei 180° (Umluft, ohne Vorheizen) ca. 35 Min. backen. Den Ofen ausschalten und das Gratin ca. 10 Min. ziehen lassen.

VARIANTE
Kräftiger und würziger schmeckt die Kartoffelhaube mit Ziegenfrischkäse statt mit Quark, dafür ist die Masse nicht so fluffig.

Grüne Gemüsequiche

Einfach gut: Gedämpftes zartes Frühlingsgemüse wird mit einer würzigen Kartoffel-Quark-Haube überbacken zu einem saftigen Sattmacher.

VEGETARISCH

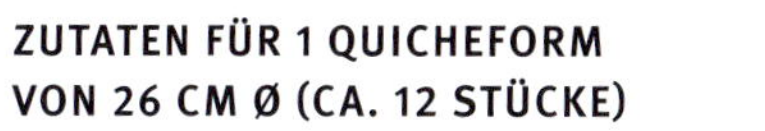

ZUTATEN FÜR 1 QUICHEFORM VON 26 CM Ø (CA. 12 STÜCKE)

200 g Dinkel-Vollkornmehl
(oder Weizen-Vollkornmehl)
5 Eier
100 ml Olivenöl
Salz
2 kleine Kohlrabi mit Blättern (Knollen ca. 450 g, Blätter 100 g)
100 g Blattspinat
1 Stück frischer Ingwer (ca. 2 cm)
frisch gemahlener Pfeffer
125 g Ziegenfrischkäse
125 g Ziegenweichkäse
(z. B. Altenburger Ziegenkäse)
125 g Ziegenhartkäse
Vollkornmehl zum Arbeiten
Butter für die Form

CA. 40 MIN. + 35 MIN. BACKEN
PRO STÜCK CA.
270 kcal | 12 g EW | 19 g F | 13 g KH

Das Mehl mit 1 Ei, Öl und 1/2 TL Salz mit den Händen zu einem formbaren Teig verkneten. 1–2 EL kaltes Wasser unterkneten, damit der Teig nicht mehr krümelt. Den Teig abgedeckt bei Zimmertemperatur ca. 30 Min. ruhen lassen.

Kohlrabi und Spinat putzen und waschen. Kohlrabi, schälen und in kleine Würfel schneiden. Die Stiele von Spinat und Kohlblättern fein hacken, die Blätter in feine Streifen schneiden. Ingwer schälen und fein hacken.

Ziegenfrischkäse mit den restlichen Eiern verrühren. Den Ziegenweichkäse in Würfel schneiden und mit dem Gemüse unter die Eier-Käse-Masse ziehen. Die Masse kräftig salzen und pfeffern. Den Ziegenhartkäse fein reiben, die Hälfte unter die Gemüsemischung ziehen, alles etwas zusammendrücken.

Den Teig auf einer bemehlten Arbeitsfläche ausrollen. Eine Quicheform mit Butter einfetten. Den Teig in die Form geben, dabei einen Rand hochziehen. Den Teigboden mit einer Gabel mehrfach einstechen.

Die Gemüsemischung gleichmäßig auf dem Boden verteilen und mit dem übrigen Ziegenhartkäse bestreuen.

Die Quiche im Backofen (unten) bei 170° (Umluft, ohne Vorheizen) ca. 35 Min. backen. Den Ofen ausschalten und die Quiche ca. 15 Min. ziehen lassen, bis der Belag fest ist. Die Quiche heiß oder kalt servieren.

KÜCHEN-TIPP
Die Kohlrabiwürfel haben noch etwas Biss. Wer es weich mag, sollte sie vorher ca. 5 Min. dämpfen.

VARIANTE
Wer im Frühling kein Kohlgemüse mehr mag, kann die Quiche auch so zubereiten: 500 g Zuckererbsen mit 100 g Sauerampferblätter oder 2 in Streifen geschnittene Fenchelknollen (das Fenchelgrün mit verwenden) mit 100 g Rucola mischen. Dann wie im Rezept beschrieben weiterverarbeiten.

Frühlingsbrot

Mais macht's gelb, Kartoffeln mit Buttermilch saftig und der Spargel sorgt für den Geschmack. Dank Backpulver ist dieses Brot im Nu auf dem Tisch.

VEGETARISCH

ZUTATEN FÜR 1 KASTENFORM VON 11 X 30 CM (CA. 20 SCHEIBEN)

200 g mehligkochende Kartoffeln
Salz
500 g weißer Spargel (oder grüner Spargel)
1 Bund gemischte Kräuter (z. B. Bärlauch, Petersilie, Brennnessel)
300 g Maismehl
100 g Weizenmehl (Type 405)
1 Päckchen Backpulver
1 EL Rapsöl
1 EL Blütenhonig
400 g Buttermilch
Backpapier für die Form

CA. 40 MIN. + 50 MIN. BACKEN
PRO SCHEIBE CA.
90 kcal | 3 g EW | 1 g F | 17 g KH

Die Kartoffeln waschen und in wenig Salzwasser in 20 – 25 Min. garen. Kartoffeln, kalt abschrecken, pellen, durch die Kartoffelpresse in eine Schüssel drücken und ausdampfen lassen. Weißen Spargel waschen, schälen und die Enden abschneiden. Die Kräuter waschen und trocken schütteln, die Blätter fein hacken.

Mais- und Weizenmehl, 1 TL Salz und Backpulver vermischen. Öl, Honig und Buttermilch mit dem Schneebesen verrühren. Die Kartoffeln und Kräuter dazugeben. Die Kartoffelmischung und den Mehlmix mit einem Löffel zu einem glatten Teig verrühren.

Eine Kastenform mit Backpapier auslegen und etwa ein Drittel Teig in die Form füllen. Dann einige unterschiedlich dicke Spargelstangen im Abstand von ca. 1 cm hineindrücken. Anschließend das zweite Drittel Teig darauf verteilen und wieder Spargelstangen daraufgeben. Den Spargel mit dem restlichen Teig bedecken.

Das Brot im Backofen (Mitte) bei 180° (Umluft, ohne Vorheizen) ca. 50 Min. backen. Das Brot herausnehmen und in der Form kurz ruhen lassen. Dann das Brot auf ein Kuchengitter stürzen und abkühlen lassen.

VARIANTEN
Wer möchte, kann auch weißen und grünen Spargel mischen. Und zusätzlich 2 ganze hart gekochte Eier ohne Schale in die Masse drücken und einfach mitbacken.

KÜCHEN-TIPP
Maismehl enthält kein Klebereiweiß (Gluten) wie Weizen, Hafer oder Gerste. Deshalb ist Hefe als Triebmittel nicht geeignet – der Teig würde einfach nicht gehen. Mit Backpulver ist das kein Problem – der Teig sollte dabei aber saftig sein, sonst wird das Brot trocken. Wer kein Gluten verträgt, kann auch die 100 g Weizenmehl durch Maismehl ersetzen.

ALSTER-
BREAD

Dinkelbiskuitrolle mit Erdbeeren

Sieht kompliziert aus, ist aber schnell und einfach gemacht und gut vorzubereiten. Dinkel gibt dem Biskuit ein nussiges Aroma. Quark, Joghurt und Sahne verbinden sich mit den Erdbeeren ganz ohne Gelatine zu einer frischen, cremigen Füllung.

VEGETARISCH

ZUTATEN FÜR 1 BISKUITROLLE (12 – 14 STÜCKE)

4 Eier
60 g Puderzucker
120 g Dinkel-Vollkornmehl
500 g Erdbeeren
250 g Quark (20 % Fett i. Tr.)
250 g griechischer Joghurt (10 % Fett)
80 g Zucker
200 g Sahne
3 EL Quittengelee
50 g Walnusskerne
Backpapier für das Backblech

CA. 1 STD. + 15 MIN. BACKEN
BEI 14 STÜCKEN PRO STÜCK CA.
220 kcal | 7 g EW | 11 g F | 22 g KH

Den Backofen auf 160° Umluft vorheizen. Ein Backblech mit Backpapier auslegen. Die Eier trennen. Puderzucker und Mehl jeweils durch ein Sieb in eine Schüssel sieben.

Die Eiweiße sehr steif schlagen, dabei nach und nach den Puderzucker einrieseln lassen. Das Mehl vorsichtig unter den Eischnee heben. Die Eigelbe unterziehen. Den Biskuitteig auf das Backblech geben und gleichmäßig verstreichen. Den Teig im Backofen (Mitte) 10–15 Min. backen. Das Backblech herausnehmen.

Die Teigplatte mit einem angefeuchteten Küchentuch belegen und von der Breitseite her sofort samt Backpapier einrollen und auskühlen lassen.

Inzwischen die Erdbeeren waschen und putzen. Etwa 200 g kleine Beeren in Scheiben schneiden und beiseitelegen. Die übrigen Erdbeeren klein würfeln. Quark, Joghurt und Zucker glatt rühren. Sahne steif schlagen und unter die Quarkmasse ziehen.

Den Biskuit wieder auseinanderrollen, das Tuch entfernen und den Biskuit mit dem Quittengelee bestreichen. Zwei Drittel von der Quarkcreme daraufgeben und gleichmäßig verteilen. Mit den Erdbeerwürfeln belegen.

Den Biskuitteig mithilfe des Backpapiers aufrollen und mit der restlichen Quarkcreme bestreichen. Die Walnusskerne hacken und in einer beschichteten Pfanne ohne Fett rösten. Biskuitrolle mit Erdbeerscheiben belegen und mit den Walnüssen bestreuen.

BLITZVARIANTE
Erdbeer-Blechkuchen: Biskuitplatte auf dem Backblech auskühlen lassen, anschließend mit der Quarkcreme bestreichen. 750 g Erdbeeren waschen, putzen und halbieren. Mit Walnüssen auf der Creme verteilen. Den Kuchen in kleine Quadrate schneiden und genießen.

Grüner Buttermilchkuchen

Eigentlich ist dieser flache Kuchen eher ein Kleingebäck – er wird in kleine Stückchen geschnitten. Sauerampfer und Portulak, Zitrone und Buttermilch, Pistazien und Blüten machen ihn zu einem feinen säuerlichen, leichten Frühlingsgenuss.

VEGETARISCH

ZUTATEN FÜR 20 STÜCKE
60 g Sauerampfer
40 g Portulak
1 Bio-Zitrone
400 g Mehl (Type 1050)
1 Päckchen Backpulver
400 g Zucker
500 g Buttermilch
2 Eier
50 g gehackte Pistazien
2 Händevoll Veilchenblüten, Schlüsselblumenblüten und/oder Rotkleeblüten
150 g Butter
Butter für das Backblech

CA. 20 MIN. + 20 MIN. BACKEN
PRO STÜCK CA.
240 kcal | 5 g EW | 9 g F | 35 g KH

Sauerampfer und Portulak waschen und trocken schütteln, die Blätter fein hacken. Die Zitrone heiß waschen und abtrocknen, die Schale abreiben und den Saft auspressen. Ein Backblech mit Butter einfetten.

Mehl, Backpulver, 300 g Zucker in einer Schüssel mischen. Buttermilch, Zitronenschale, Sauerampfer, Portulak und Eier dazugeben und alles mit den Quirlen des Handrührgeräts verrühren.

Den Teig auf das Backblech geben und gleichmäßig verstreichen. Die Pistazien darüberstreuen. Den Kuchen im Backofen (Mitte) bei 180° (Umluft, ohne Vorheizen) ca. 15 Min. backen.

Inzwischen die Blüten, wenn nötig abbrausen und abtropfen lassen. Größere Blüten zerzupfen. Den übrigen Zucker mit dem Zitronensaft verrühren und erwärmen, bis sich der Zucker gelöst hat. Die Butter darin zerlassen.

Den Kuchen herausnehmen, mit einer Gabel mehrmals einstechen und die Zitronenbutter gleichmäßig darüberträufeln, dann weitere 5 Min. backen. Herausnehmen, mit den Blüten bestreuen und abkühlen lassen. Zum Servieren den Buttermilchkuchen in etwa 3 x 3 cm kleine Stücke teilen.

VARIANTEN
Pikanter Buttermilchkuchen: Wer's lieber pikant mag, lässt den Zucker weg. Dann noch 100 g frisch geriebenen Parmesan zum Teig geben. 300 g Schmand und Salz mit 60 g Sauerampfer und 40 g Portulak pürieren, über den Kuchen gießen und ca. 5 Min. weiterbacken. Nach dem Backen mit 5–6 EL Olivenöl beträufeln.

Rhabarber Tarte Tatin

Kopfüber gebacken bildet sich in der Form köstlicher Saft aus Honigkaramell und Rhabarber, obenauf ein knuspriger Boden. Am besten warm essen.

VEGETARISCH

ZUTATEN FÜR 1 TARTEFORM VON 28 CM Ø (CA. 6 STÜCKE)

100 g Dinkel-Vollkornmehl | 20 g gemahlene Haselnüsse | 1 Prise Salz | 1 EL Zucker | 80 g Butter | 1 EL Schmand | 500 g Rhabarber | 10 EL Honig | 10 g Butter für die Form | Mehl zum Arbeiten

CA. 25 MIN. + 30 MIN. BACKEN | PRO STÜCK CA.
330 kcal | 4 g EW | 16 g F | 43 g KH

Mehl, Haselnüsse, Salz und Zucker in einer Schüssel mischen. Die Butter in kleinen Stückchen und den Schmand dazugeben. Alles mit den Händen zu einem geschmeidigen Teig verkneten. Den Teig zu einer Kugel formen und abgedeckt ca. 20 Min. ruhen lassen.

Den Rhabarber waschen, putzen, eventuell entfädeln und in ca. 3 cm lange Stücke schneiden.

Eine Tarteform dick mit Butter einfetten und den Honig in der Form verteilen. Den Honig im Backofen (Mitte) bei 180° (Umluft, ohne Vorheizen) in 8–10 Min. karamellisieren lassen.

Die Form herausnehmen, die Rhabarberstücke in die Form geben und verteilen. Den Teig auf einer bemehlten Arbeitsfläche mit einem Nudelholz dünn in der Größe der Form ausrollen.

Den Teig auf die Früchte legen, am Rand etwas andrücken und mit einer Gabel mehrmals einstechen. Die Tarte im Backofen (Mitte) bei 190° (Umluft, ohne Vorheizen) in 15–20 Min. goldbraun backen. Herausnehmen und sofort behutsam auf eine Platte mit Rand stürzen. Warm oder kalt servieren.

SERVIER-TIPP
Der Rhabarber zieht beim Backen viel Flüssigkeit. Deshalb braucht er eine Platte mit Rand. Einfacher ist es, die Tarte gleich in der Form zu servieren.

Einfacher Käsekuchen

Pumpernickel und Bitterschokolade, Rhabarber und Sahnequark – eine einfach perfekte Mischung. Johannisbrotkernmehl hält sie zusammen.

VEGETARISCH

ZUTATEN FÜR 1 SPRINGFORM VON CA. 26 CM Ø (8–12 STÜCKE)

150 g Pumpernickel (oder Roggenvollkornbrot) | 50 g Haselnusskerne | 30 g Butter | 25 g Zartbitterschokolade | 2 EL Honig | 500 g Rhabarber | 4 Eier (Größe M) | 3 Päckchen Vanillezucker | 120 g Zucker | 10 g Johannisbrotkernmehl (aus dem Reformhaus) | 1 kg Sahnequark | Butter für die Form

CA. 50 MIN. + 1 STD. BACKEN BEI 12 STÜCKEN PRO STÜCK CA.
310 kcal | 13 g EW | 18 g F | 24 g KH

Die Form einfetten. Pumpernickel fein zerbröseln. Haselnusskerne fein hacken und in einer Pfanne rösten, bis sie duften. Die Brösel kurz mitrösten und an den Pfannenrand schieben. Butter, Schokolade und Honig in die Pfannenmitte geben und schmelzen lassen, dann alles vermischen. Die Masse in die Form drücken.

Rhabarber waschen, putzen, eventuell entfädeln und in ca. 5 cm lange Stücke schneiden. Rhabarberstücke auf dem Pumpernickelboden verteilen.

Eier, Vanillezucker, Zucker und Johannisbrotkernmehl cremig schlagen. Quark unterrühren und die Masse auf dem Rhabarber verteilen, die Form fest auf eine Arbeitsfläche stoßen, damit sich keine Luftblasen bilden.

Den Kuchen im Backofen (Mitte) bei 170° (Umluft, ohne Vorheizen) ca. 45 Min. backen. Eventuell die Oberfläche mit Backpapier abdecken, damit sie nicht zu dunkel wird. Den Ofen ausschalten und den Kuchen darin ca. 15 Min. ruhen lassen. Dann herausnehmen, in der Form abkühlen lassen und aus der Form lösen.

MACH WAS DRAUS
Für den Bröselteig ist jedes altbackene Brot geeignet – nur frisches Brot muss geröstet werden, trockenes im Blitzhacker zerkleinern.

VARIANTE
Statt Rhabarber eignen sich Äpfel, Zwetschgen, Stachelbeeren, Schwarze Johannisbeeren oder Aprikosen.

Erdbeeren mit Blüten

Zuckriger Eischnee wird zum locker-weichen Kranz gebacken, mit säuerlichem Erdbeermus übergossen und mit Beeren und Blüten serviert.

VEGETARISCH

ZUTATEN FÜR 6 PERSONEN
120 g feiner Zucker | 1/2 Bio-Zitrone | 4 Eiweiß | 1 Handvoll Kräuterblüten (z. B. Veilchen, Borretsch, Gänseblümchen) | 500 g Erdbeeren | 80 g Honig | 1 TL Butter für die Form

CA. 15 MIN. + 20 MIN. BACKEN
PRO PORTION CA.
170 kcal | 3 g EW | 1 g F | 36 g KH

Eine Ring- oder Napfkuchenform (ca. 1,5 l) mit Butter einfetten und mit 2 EL Zucker ausstreuen. Den Backofen auf 160° Umluft vorheizen. Eine Form mit größerem Durchmesser mit heißem Wasser füllen und auf dem Rost in den Backofen (Mitte) schieben.

Die Zitronenhälfte heiß waschen und abtrocknen, die Schale abreiben und 1 TL Saft auspressen. Die Eiweiße mit dem Zitronensaft und der Schale sehr steif schlagen, dabei nach und nach den restlichen Zucker einrieseln lassen. Den Eischnee in die Form füllen.

Die Form ins Wasserbad stellen und den Eischnee im Backofen (Mitte) 15–20 Min. backen. Dann herausnehmen und einige Minuten ruhen lassen. Den Baiserkranz auf eine Platte stürzen und abkühlen lassen.

Inzwischen die Blüten, wenn nötig mit einem Pinsel von Erde oder Sand befreien. Erdbeeren waschen, putzen und abtropfen lassen. 250 g Beeren beiseitelegen. Übrige Beeren und Honig mit dem Pürierstab fein pürieren. Erdbeerpüree um den Baiserkranz gießen, mit beiseitegelegten Erdbeeren sowie Blüten garnieren.

MACH WAS DRAUS
Dieses Rezept ist eine ideale Eiweißverwertung. Sie können den Kranz auch einfrieren. Oder aus dem Eischnee mit einem nassen Esslöffel Nockerln abstechen und auf leicht kochendem Wasser pochieren.

Erdbeerpfannkuchen

Mehr Erdbeer geht nicht: püriert im Teig, mitgebacken als Stückchen und zum Schluss eine Portion pur obenauf. Dunkles Mehl macht's herzhaft, Eischnee locker.

VEGETARISCH

ZUTATEN FÜR 2 PERSONEN
3 Eier | 1 Prise Salz | 2 EL Rohrzucker | 1 Päckchen Vanillezucker | 150 g Mehl (Type 1050) | 220 ml Milch | 350 g Erdbeeren | Rapsöl zum Braten | Puderzucker zum Bestreuen

CA. 25 MIN. | PRO PORTION CA.
640 kcal | 24 g EW | 20 g F | 91 g KH

Die Eier trennen. Die Eiweiße mit Salz in einem hohen Rührbecher steif schlagen. Eigelbe, Zucker und Vanillezucker mit den Quirlen des Handrührgeräts verrühren. Mehl und Milch nach und nach dazugeben und unter die Eier-Zucker-Masse rühren.

Die Erdbeeren waschen und putzen. 150 g Beeren klein schneiden und mit dem Pürierstab fein pürieren. Die restlichen Erdbeeren in Scheiben schneiden. Das Erdbeerpüree und den Eischnee zum Teig geben und vorsichtig unterheben.

1 EL Öl in einer Pfanne erhitzen. Die Hälfte von dem Teig in die Pfanne geben, gleichmäßig verteilen und mit der Hälfte der Erdbeerscheiben belegen. Den Pfannkuchen zugedeckt bei mittlerer Hitze ca. 2 Min. backen, dann vorsichtig wenden und auf der zweiten Seite ca. 2 Min. backen. Den Pfannkuchen herausnehmen. Aus dem übrigen Teig und den restlichen Erdbeeren einen weiteren Pfannkuchen backen. Mit Puderzucker bestreut servieren.

GRÜNER TIPP
Erdbeeren gibt es meist in 500 g Schalen zu kaufen. Die restlichen 150 g können Sie auch klein schneiden und zum Schluss auf den fertigen Pfannkuchen streuen. So wird die süße Mahlzeit noch fruchtiger und Sie haben keine Reste.

Zabaione mit Erdbeeren

Eigelb verleiht der Creme die schaumige Bindung, Waldmeister ein feines Aroma: Schmeckt auch mit Traubensaft statt Wein.

VEGETARISCH

ZUTATEN FÜR 6–8 PERSONEN
einige Stiele Waldmeister | 200 ml milder Weißwein | 500 g Erdbeeren | 4 Eigelb (s. Tipp) | 80 g Zucker

CA. 20 MIN. | BEI 8 PERSONEN PRO PORTION CA.
110 kcal | 2 g EW | 3 g F | 14 g KH

Waldmeister waschen und im Wein mindestens 15 Min. ziehen lassen. Inzwischen die Erdbeeren waschen, putzen und abtropfen lassen. Große Beeren halbieren oder vierteln und in eine große flache Obstschale oder in Gläser geben.

Eigelbe und Zucker in eine hitzebeständige Schüssel geben und mit dem Schneebesen schaumig schlagen. Die Waldmeisterstiele entfernen und den aromatisierten Wein unter den Eier-Zucker-Schaum schlagen.

Den Schaum über dem heißen Wasserbad mit dem Schneebesen aufschlagen, bis eine schaumige Creme entsteht. Die Zabaione über die Erdbeeren geben und sofort servieren.

VARIANTEN
- Anstatt Waldmeister können Sie Rosmarin, Basilikum oder Brennnesselblätter verwenden.
- Zum Dekorieren eignen sich die leicht süßen Blüten der Taubnessel.

KÜCHEN-TIPPS
- Die Creme wird in einer Schüssel, die in einem Topf mit kochendem Wasser hängt, aufgeschlagen, damit das Eigelb nicht gerinnt – die direkte Hitze im Topf wäre zu stark. Wichtig ist es, die Creme ständig zu schlagen. Wird sie dicklich, sofort umfüllen. Steht sie länger im heißen Wasserbad gerinnt sie ebenfalls. Für eine kalte Schaumcreme die Schüssel, sobald die Flüssigkeit cremig wird, in ein kaltes Wasserbad geben und weiterschlagen. Dann erst kalt stellen. Mit etwas mehr Wein wird die Zabaione flüssiger.
- Die übrigen Eiweiße anderweitig verwenden (s. Tipp S. 71 oder Mach was draus S. 90).

Rhabarberkompott mit Joghurt

Die Säure des Rhabarbers wird kalorienfrei mit Steviablättern gesüßt, der Joghurt dagegen mit aromatischem Honig.

VEGETARISCH

ZUTATEN FÜR 4 PERSONEN
500 g Rhabarber
1 Vanilleschote
3 TL Steviablätter (s. Produkt-Tipp)
100 ml roter Traubensaft
300 g griechischer Joghurt (10 % Fett)
3 TL Honig
Rohrzucker (nach Belieben)

CA. 25 MIN. | PRO PORTION CA.
140 kcal | 3 g EW | 7 g F | 15 g KH

Den Rhabarber waschen, putzen, eventuell enfädeln und in ca. 2 cm lange Stücke schneiden. Die Vanilleschote längs aufschneiden und das Mark herauskratzen. Die Steviablätter in ein Teesieb füllen, dann mit Rhabarber, Traubensaft, Vanillemark und Vanilleschote in einen Topf geben, aufkochen und bei kleiner Hitze in ca. 10 Min. weich dünsten. Teesieb und Vanilleschote herausnehmen und das Kompott kalt stellen.

Zum Servieren Joghurt und Honig glatt rühren und die Joghurtcreme extra zum Kompott reichen. Nach Belieben mit Rohrzucker nachsüßen.

MACH WAS DRAUS
Kompott ist ideal bei einer Obstschwemme und fein als Nachtisch. Gut, wenn nicht so viel Zucker zugesetzt wird. Das Kompott schmeckt auch ausgezeichnet mit Birnen, Zwetschgen, Sauerkirschen, Stachelbeeren oder Aprikosen.

PRODUKT-TIPP
Stevia ist als Lebensmittelzusatzstoff zugelassen. Meist wird es in Form eines Granulats angeboten, das noch viele andere Substanzen enthält. Für unser Rezept brauchen Sie das getrocknete, pure Kraut. Sie finden es oft in Bioläden bei den Kosmetika. Bei Steviapulver darauf achten, wie viel Stevia wirklich drin steckt. Oft wird Stevia mit Zuckeraustauschstoffen und Fructose gemischt, aber unter der Bezeichnung Stevia verkauft.

Rhabarber-Wackelkranz

Kirschnektar ist nicht nur farblich, sondern auch geschmacklich eine tolle Ergänzung zum Rhabarber. Wird der gestürzte Wackelpeter länger aufbewahrt, dann werden Randbereiche wieder flüssig. Reste deshalb in einer Schale aufbewahren.

ZUTATEN FÜR 6–8 PERSONEN
6 Blatt weiße Gelatine
1 kg Rhabarber
500 ml Kirschnektar
100 g Zucker
3 EL Quittengelee
150 g Naturjoghurt
200 g Sahne

CA. 25 MIN. + ÜBER NACHT KÜHLEN
BEI 8 PERSONEN PRO PORTION CA.
180 kcal | 3 g EW | 9 g F | 22 g KH

Die Gelatine nach Packungsangabe in kaltem Wasser einweichen. Den Rhabarber waschen, putzen, eventuell entfädeln und in ca. 2 cm lange Stücke schneiden.

Kirschnektar und Zucker in einem Topf erhitzen und so lange rühren, bis sich der Zucker gelöst hat. Dann die Mischung ca. 2 Min. kochen lassen. Die Rhabarberstücke hinzufügen und ca. 5 Min. mitkochen. Den Topf vom Herd nehmen.

Die Gelatine etwas ausdrücken, zur Rhabarbermasse geben und unter Rühren auflösen. Die Rhabarbermischung in eine Kranzform geben oder gleich in Portionsgläser füllen und über Nacht kalt stellen.

Vor dem Servieren Quittengelee und Joghurt glatt rühren. Die Sahne steif schlagen und unter den Joghurt heben.

Den Rhabarber-Wackelkranz auf eine Platte stürzen und mit der Joghurtcreme servieren.

KÜCHEN-TIPP
Wenn Sie den Wackelkranz sofort servieren reichen 6 Blatt Gelatine aus. Soll er aber etwas länger auf dem Tisch oder einem Buffet stehen, verwenden Sie am besten 8 Blatt.

Rhabarbersaft

VEGETARISCH

ZUTATEN FÜR 1 FLASCHE (CA. 650 ML INHALT)
2 kg Rhabarber | 1 Bio- Orange | 1 l roter Traubensaft | 2 kg Zucker

CA. 35 MIN. + 12 STD. ZIEHEN | PRO 50 ML CA.
670 kcal | 0 g EW | 0 g F | 167 g KH

Rhabarber waschen, putzen, nicht entfädeln und in ca. 3 cm lange Stücke schneiden. Orange waschen und in ca. 1 cm dicke Scheiben schneiden. Alles mit Traubensaft aufkochen und 2–3 Min. köcheln lassen. Topf beiseitestellen. Rhabarber abgedeckt an einem kühlen Ort ca. 12 Std. ziehen lassen.

Die Mischung in ein Mulltuch oder ein feines Sieb gießen, 2–3 Std. abtropfen lassen, den Saft auffangen. Mit Zucker aufkochen und 5–6 Min. köcheln lassen. Eingedickten Saft in die Flasche füllen, sofort verschließen und kühl lagern. Der Saft hält sich 3–6 Monate und schmeckt mit Sekt oder Mineralwasser gemischt.

Waldmeistergelee

VEGETARISCH

ZUTATEN FÜR 6 GLÄSER À 300 ML
30 g Waldmeister | 1 Bio-Zitrone | 625 g Gelierzucker 2:1
3–4 Waldmeisterblätter für die Deko

CA. 25 MIN. + 12 STD. ZIEHEN | PRO GLAS CA.
410 kcal | 0 g EW | 0 g F | 102 g KH

Waldmeister waschen, trocken schütteln, auf einem Küchentuch mindestens 2–3 Std. anwelken lassen. Zu einem Sträußchen binden. Zitrone waschen und in Scheiben schneiden. Waldmeister in einen Krug hängen, mit 1,5 l Leitungswasser aufgießen, Zitronenscheiben zugeben und ca. 12 Std. ziehen lassen. Waldmeister und Zitrone entfernen. Wasser mit Gelierzucker mischen, einmal aufkochen und ca. 10 Min. kochen lassen, bis es geliert.

Das heiße Gelee in Gläser füllen, Waldmeisterblättchen zugeben. Glas verschließen, umdrehen und abkühlen lassen. Hält sich ca. 6 Monate.

Blütenhonig

VEGETARISCH

ZUTATEN FÜR 1 SCHRAUBGLAS (CA. 250 ML INHALT)
2 EL Veilchenblüten (oder andere aromatische Blüten wie Stiefmütterchen, Holunder, Schlüsselblume, Taubnessel, Klee, Flieder) | 200 g flüssiger Honig (z. B. Akazienhonig)

CA. 10 MIN. | PRO GLAS CA.
650 kcal | 1 g EW | 0 g F | 162 g KH

Die Blüten mit einem Pinsel säubern, in ein sauberes Glas geben. Den Honig dazugießen. Das Glas gut verschließen und an einem warmen Ort 4 Wochen durchziehen lassen, dabei das Glas immer wieder wenden.

VARIANTE
Noch aromatischer wird der Honig mit Vanilleschote. Dafür 1 Vanilleschote längs aufschneiden, das Mark herauskratzen und unter den Honig rühren.

Blütenknospenkapern

VEGETARISCH

ZUTATEN FÜR 1 SCHRAUBGLAS (CA. 300 ML INHALT)
120 g geschlossene Blütenknospen (z. B. Löwenzahn, Kapuzinerkresse, Gänseblümchen) | 1 Knoblauchzehe | 100 ml Weißweinessig | 100 ml Weißwein | 1 TL Salz | 2 Lorbeerblätter

CA. 20 MIN. | PRO GLAS CA.
90 kcal | 0 g EW | 0 g F | 4 g KH

Blütenknospen verlesen, waschen und trocken tupfen. Knoblauch samt Schale mit einem Messer andrücken.

Essig, Wein und 100 ml Wasser in einen Topf geben, mit Knoblauch, Salz und Lorbeerblättern einmal aufkochen. Knospen zugeben und ca. 2 Min. mitkochen.

Gesamten Sud in ein sauberes Glas füllen. Glas fest verschließen, umdrehen und auf dem Deckel auskühlen lassen. Die falschen Kapern mindestens 2–3 Wochen ruhen lassen, dann schmecken sie am besten.

SOMMER

Sommer

Die Sonne sorgt für üppige Süße. Jetzt ist die Zeit der Beeren und Früchte – nie ist ihre Vielfalt so groß und verlockend! Auch zartes Fruchtgemüse wie Tomaten, Auberginen und Paprika, Zucchini und frische Gurken, Erbsen und Bohnen gibt es in Hülle und Fülle. Rote Bete, Spitzkohl und Möhren sind jetzt besonders aromatisch und süß. Salate in jeder Form haben Saison – in der warmen Jahreszeit essen wir am liebsten leicht und einfach. Frischer Fisch und mageres Geflügel, aber auch Wild sind im Fokus. Natürlich wird gegrillt: Lamm, Käse und jede Menge Brotfladen.

FRÜCHTE

Aprikosen
Birnen
Brombeeren
Erdbeeren
Heidelbeeren
Himbeeren
Johannisbeeren
Kirschen
Mirabellen
Melonen
Nektarinen
Pflaumen
Pfirsiche
Renekloden
Stachelbeeren

GEMÜSE

Artischocken
Auberginen
Blumenkohl
Brokkoli
Chinakohl
Dicke Bohnen
Erbsen
Fenchel
Kartoffeln
Kohlrabi
Kopfkohlsorten (Weißkohl, Rotkohl, Spitzkohl)
Lauch
Mais
Mangold
Möhren
Paprikaschoten
Pilze
Radieschen
Rettich
Rote Bete
Salate
Salatgurken
Stangenbohnen
Staudensellerie
Tomaten
Zucchini
Zwiebeln

KRÄUTER

Basilikum
Beifuß
Bohnenkraut
Borretsch
Brunnenkresse
Dill
Estragon
Koriandergrün
Kresse
Liebstöckel
Majoran
Minze
Oregano
Petersilie
Rosmarin
Salbei
Schnittlauch
Thymian
Zitronenmelisse

Von oben links im Uhrzeigersinn: Kirschen, Erbsen in der Schote, Pfirsiche, Thymian.

Früchte und Beeren konservieren

Brombeerkonfitüre ist köstlich, doch die Beeren eignen sich auch prima als fruchtige Ergänzung pikanter Gerichte.

Reife Früchte und Beeren sind nur eine kurze, süße Freude, weil die Saison und Haltbarkeit begrenzt sind. Was liegt also näher, als sie für die kalte Jahreszeit im Glas zu horten? Klar – sie müssen mit Zucker und Hitze haltbar gemacht werden. Doch dabei entstehen kostbare »Fertigprodukte«, die ganz ohne Energieaufwand gelagert werden können. Schließlich werden Konfitüre, Gelee oder Kompott nicht in Massen gegessen. Aber wie viel und welcher Zucker ist zum Konservieren nötig? Wann geliert die Konfitüre? Und müssen es zum Verpacken immer Weckgläser sein?

MIT ZUCKER HALTBAR MACHEN

Zucker entzieht den Früchten die Flüssigkeit, die Keime zum Wachsen brauchen. Dieser Effekt wird durch das Erhitzen verstärkt, denn dabei werden Verderbniserreger abgetötet. Landen die so behandelten Produkte anschließend in ebenfalls keimfreien Gläsern, dann sind sie auch ohne Kühlung mindestens ein Jahr haltbar. Es ist also beim Einkochen sehr wichtig, sauber zu arbeiten. Aber Zucker macht noch mehr: Er verstärkt das natürliche Aroma und erhält die Farbe der Früchte. Andererseits: zu viel Zucker tut auch nicht gut. In Konfitüren und Gelees spielt das keine Rolle, weil kleine Mengen gegessen werden. Sirups dagegen sollte man zum Trinken kräftig verdünnen und Kompotte kommen mit weniger Zucker aus, wenn sie sterilisiert werden.

WIE FRUCHTMUS GELIERT

Pektin ist der entscheidende Gelierstoff für das Einmachen von Früchten. Viele Früchte enthalten diese lösliche, gummiähnliche Substanz von Natur aus in den Kernen, den Trennhäuten und dem Fruchtfleisch. Pektin geliert, wenn man es mit Fruchtsäure und Zucker erhitzt. Die Gelierfähigkeit eines Fruchtmuses hängt stark von der Ausgewogenheit dieser drei Faktoren ab. Je unreifer die Früchte sind, desto mehr Pektin und Säure enthalten sie.
Marmeladen und Gelees aus pektin- und säurereichen Früchten gelieren besonders gut. Zu diesen Früchten gehören zum Beispiel: säuerliche Äpfel, Johannis- und Stachelbeeren, Pflaumen, Quitten und Zitrusfrüchte wie Zitronen und Limetten. Diese Fruchtsorten kann man also auch mit »normalem« Haushaltszucker einkochen. Ein Zuckerthermometer erleichtert es, die richtige Temperatur abzupassen: 105° sollte das Thermometer anzeigen.

Machen Sie unbedingt eine Gelierprobe beim Einkochen von Konfitüren und Gelees. Geliert der Tropfen auf dem kalten Teller, ist die Konfitüre fertig zum Abfüllen.

Fehlende Säure lässt sich einfach durch Zitronensaft oder Zitronensäure ergänzen. Pektin ist schwieriger zu ersetzen. Meist wird deshalb fertiger Gelierzucker eingesetzt. In den Rezepten wird immer der jeweils passende Gelierzucker angegeben. Zunehmend gibt es Zucker sparende Produkte – sie enthalten allerdings Konservierungsstoffe, meist Sorbinsäure, weil der Zuckeranteil so niedrig ist, dass er nicht mehr sicher und zuverlässig konserviert.

DIE GELIERPROBE

Neben der optimalen Temperatur ist auch die Gelierprobe entscheidend fürs Gelingen. Während die Früchte sprudelnd kochen, einen Tropfen von der heißen Konfitüre auf einen kalten kleinen Teller tropfen lassen und den Teller schräg halten (siehe Foto). Beginnt der Tropfen als »Träne« zu gelieren, ist die Konfitüre fertig zum Abfüllen.

KALTGERÜHRTES

Perfekt für den Sommer sind Einmachhilfen oder Johannisbrotkernmehl aus dem Reformhaus, die kalt in gezuckerten oder ungezuckerten Fruchtsaft oder Fruchtpüree eingerührt werden können. Das spart Zeit und Energie, und roh schmeckt Eingemachtes einfach am besten. Es ist daher empfehlenswert, nur kleine Mengen auf diese Weise herzustellen und bald zu verbrauchen, weil ohne Einkochen und niedrigem Zuckeranteil die Haltbarkeit begrenzt ist. Ein Teil dieser Blitz-Einmachzucker enthalten deshalb auch Konservierungsstoffe.

FLÜSSIGE SCHÄTZE – KOMPOTT UND SIRUP

Beim Einkochen werden die Früchte in einer Zuckerlösung und in einem Einmachglas sterilisiert. Durch die Gummidichtung zwischen Glas und Deckel entweicht Luft und beim Abkühlen entsteht ein Vakuum. Das ist die sicherste Konservierung. Wer keinen Einkochapparat hat, kann das im Backofen tun: Die Gläser im Abstand von 2 cm in ein tiefes Backblech mit heißem Wasser stellen, den Backofen auf 180° Umluft heizen und die Gläser je nach Größe auf der unteren Schiene 30–50 Minuten erhitzen, bis Bläschen von den Früchten aufsteigen. In der Regel reicht es bei Säften und Sirups, die Flüssigkeit einmal aufzukochen, dann in zuvor gründlich gereinigte Flaschen zu füllen und die Flaschen sofort zu verschließen.

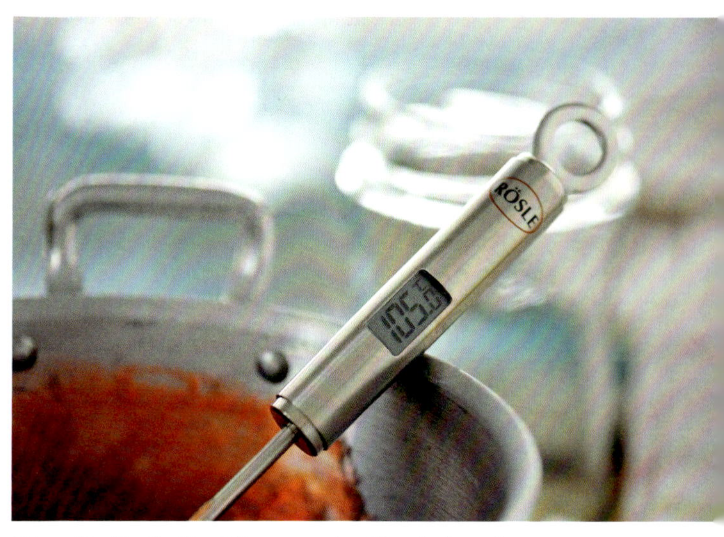

Wenn Sie für die Konfitüre normalen Haushaltszucker verwenden, ist beim Einkochen ein Zuckerthermometer hilfreich. Hat die Masse 105° erreicht, wird sie in Gläser gefüllt.

WELCHE GLÄSER?

Für Konfitüren oder Gelees eignen sich am besten Twist-Off-Gläser. Wichtig: Den Deckel und das Glas zuvor mit Seifenlauge und heißem Wasser gründlich reinigen oder sogar auskochen. Die Gläser sofort nach dem Einfüllen zuschrauben. Wer mag, stellt die Gläser auf den Kopf. So merkt man am besten, ob sie dicht schließen, und die festeren Bestandteile setzen sich nicht oben ab, sondern verteilen sich nach dem Erstarren im ganzen Glas.
Zum Einkochen im Backofen sind Weckgläser geeignet, die nach dem Einfüllen der Früchte und der Zuckerlösung verschlossen werden. Ihre Gummidichtung lässt den Überdruck entweichen, sodass ein Vakuum entsteht. Werden die Früchte in Alkohol eingelegt, reicht wiederum ein sauberes Schraubglas oder für den Rumtopf ein glasierter Steinguttopf. Die fruchtigen Vorräte im Glas immer dunkel lagern – die Früchte bleichen sonst aus.

Gefüllte Tomaten

Sommertomaten haben ein außergewöhnlich fruchtiges Aroma und festes Fleisch. Sie eignen sich ideal zum Füllen – das Tomateninnere schmort als Sauce in der Form mit. Wichtig ist eine schnell garende Füllung, damit die Tomaten nicht verkochen.

VEGETARISCH

ZUTATEN FÜR 4 PERSONEN

12 feste Tomaten (ca. 1,5 kg)
Pfeffer | Salz
2 Scheiben Pumpernickel
2 Zwiebeln
1 Bund Petersilie
250 g Pfifferlinge
4 EL Olivenöl
2 Eier
2 EL Crème fraîche
1 TL Honig

CA. 30 MIN. + 30 MIN. SCHMOREN
PRO PORTION CA.

280 kcal | 10 g EW | 17 g F | 19 g KH

Die Tomaten waschen und die Kappen mit den Stielansätzen abschneiden. Die Tomaten mit einem kleinen Löffel oder einem Kugelausstecher aushöhlen. Das Fruchtfleisch fein hacken und beiseitestellen. Das Innere der Tomaten salzen und pfeffern.

Die Pumpernickelscheiben fein zerbröseln. Die Zwiebeln schälen und fein würfeln. Die Petersilie waschen und mit den Stielen fein hacken. Die Pfifferlinge trocken putzen und grob hacken.

2 EL Öl in einer beschichteten Pfanne erhitzen, die Hälfte der Zwiebeln darin in 4–5 Min. braun anbraten. Die Pfifferlinge zugeben und kurz mitbraten. Die Mischung mit Petersilie, Pumpernickel, Eiern, Pfeffer und 1/2 TL Salz gut vermischen. Die Masse in die Tomaten füllen und die Tomatenkappen aufsetzen.

Das übrige Öl in einem Bräter erhitzen. Die restlichen Zwiebelwürfel darin glasig dünsten, das zerkleinerte Tomateninnere dazugeben, mit Salz und Pfeffer würzen. Die gefüllten Tomaten hineinsetzen und offen im Backofen (Mitte) bei 160° (Umluft, ohne Vorheizen) ca. 30 Min. schmoren.

Crème fraîche und Honig unter die Sauce rühren. Die Sauce mit Salz und Pfeffer würzen. Tomaten in der Sauce mit Reis servieren.

VARIANTEN

- Wer es kräftig würzig liebt, kann auf jede Tomatenfüllung ein Stückchen Ofenkäse legen.
- Nicht-Vegetarier können mit den Zwiebeln für die Füllung 50 g Speckwürfel mitschmoren. Oder 200 g Hackfleisch vom Rind oder Schwein mit der Hälfte der Zwiebeln anbraten. Alles wie im Rezept beschrieben mit den anderen Zutaten mischen und die Tomaten füllen. Dann aber auf 1 Ei verzichten.
- Statt der Pfifferlinge können Sie auch Austernpilze verwenden.

Kalte Tomatensuppe

VEGETARISCH

ZUTATEN FÜR 4 PERSONEN
400 g Tomaten | 300 g Wassermelone (ohne Schale) | 3–4 getrocknete Tomaten | 1 EL Tomatenmark | Salz | Pfeffer | 1 TL Chiliflocken | 150 g Sahne

CA. 20 MIN. | PRO PORTION CA.
170 kcal | 2 g EW | 13 g F | 10 g KH

Tomaten waschen und die Stielansätze entfernen. Tomaten halbieren und klein schneiden. Wassermelone entkernen und in Stücke schneiden. Getrocknete Tomaten hacken. Tomaten- und Melonenstücke mit Tomatenmark pürieren. Mit Salz, Pfeffer und Chiliflocken würzen. Getrocknete Tomaten zugeben und die Suppe kalt stellen. Zum Servieren Sahne halbsteif schlagen und unter die Suppe heben. Suppe salzen, pfeffern.

Ofentomaten

VEGETARISCH

ZUTATEN FÜR 4 PERSONEN
600 g Cherrytomaten | 2 Knoblauchzehen | 3 EL Olivenöl | 1 EL Honig | 3 Zweige Thymian | grobes Salz | Backpapier

CA. 30 MIN. | PRO PORTION CA.
110 kcal | 2 g EW | 8 g F | 8 g KH

Ein Backblech mit Backpapier auslegen. Tomaten mit Stiel und Grün waschen, trocken tupfen und auf das Blech legen. Jede Tomate einstechen.

Knoblauch schälen und hacken, mit Öl und Honig verrühren. Die Mischung auf den Tomaten verteilen. Thymian waschen, trocken schütteln und dazulegen. Tomaten mit Salz bestreuen und im Ofen (Mitte) bei 200° (Umluft, ohne Vorheizen) in 10–15 Min. garen.

KÜCHEN-TIPP
Dieser aromatische Mix ist auf Toast eine tolle Vorspeise oder mit frisch gekochter Pasta gemischt eine schnelle Mahlzeit. Passt auch sehr gut als Beilage.

Warme Tomatensauce

VEGETARISCH

ZUTATEN FÜR 4 PERSONEN
1 kg reife Tomaten | 1 Zwiebel | 1 Lorbeerblatt | 1 Petersilienwurzel mit Grün | 4 EL Olivenöl (oder Rapsöl) | 1 EL Honig | Salz | Pfeffer

CA. 40 MIN. | PRO PORTION CA.
160 kcal | 4 g EW | 11 g F | 13 g KH

Tomaten waschen und die Stielansätze entfernen. Tomaten halbieren, grob würfeln und mit dem Pürierstab grob pürieren. Zwiebel schälen und fein würfeln. Petersilienwurzel waschen, putzen, schälen und grob raspeln. Stiele und Blätter fein hacken. Öl erhitzen, Zwiebel und Petersilienwurzel darin glasig dünsten. Tomatenpüree und Lorbeerblatt unterrühren. Alles zugedeckt 25–30 Min. köcheln lassen, bis die Sauce dicklich ist. Tomatensauce mit Honig, Salz und Pfeffer würzen. Gehackte Petersilienstiele und -blätter untermischen. Die Sauce passt zu Nudeln, Reis oder Schmorgerichten.

Ketchup für den Vorrat

VEGETARISCH

ZUTATEN FÜR 1 FLASCHE CA. 500 ML INHALT
1,2 kg Tomaten | 2 Zwiebeln | 4 Knoblauchzehen | je 1 Zweig Rosmarin und Thymian | 4 EL Olivenöl | 100 g Rohrzucker | 1/2 TL Zimtpulver | je 1 Msp. gemahlene Nelken und Cayennepfeffer | 150 g Tomatenmark | 100 ml Weißweinessig | Salz | Pfeffer

CA. 1 STD. | PRO FLASCHE CA.
1080 kcal | 17 g EW | 43 g F | 148 g KH

Tomaten waschen und die Stielansätze entfernen. Tomaten halbieren und grob würfeln. Zwiebeln und Knoblauch schälen und hacken. Kräuter waschen und trocken schütteln. Öl erhitzen, Zwiebeln und Knoblauch darin glasig dünsten. Zucker und Tomaten zugeben. Alles pürieren. Mit Gewürzen und Kräutern würzen, ca. 30 Min. köcheln lassen. Durch ein Sieb streichen. Sauce, Tomatenmark und Essig verrühren, in ca. 15 Min. einkochen lassen. Salzen, pfeffern und abfüllen. Flasche verschließen.

Kopfsalat mit Speck

Die Außenblätter des Kopfsalats enthalten die meisten wertvollen Inhaltsstoffe – diese Blätter am besten dranlassen und einfach mitessen!

ZUTATEN FÜR 4 PERSONEN
1 Kopfsalat | 50 g Frühstücksspeck | 1 Zwiebel | 4 EL Weißweinessig | 1 EL Senf | 2 EL Rapsöl | Salz | Pfeffer | 1 Prise Zucker

CA. 20 MIN. | PRO PORTION CA.
100 kcal | 5 g EW | 8 g F | 2 g KH

Den Kopfsalat im Ganzen gründlich waschen, putzen und abtropfen lassen. Den Strunk vorsichtig herausschneiden.

Den Speck erst in Streifen schneiden, dann fein würfeln. Die Speckwürfel in einer beschichteten Pfanne ohne Fett auslassen. Inzwischen die Zwiebel schälen, halbieren und fein würfeln.

Speckwürfel herausnehmen, die Zwiebel im Speckfett glasig dünsten. Mit 1 EL Wasser ablöschen, Essig, Senf und Öl unterschlagen. Die Vinaigrette mit Salz, Pfeffer und Zucker würzen.

Den Salatkopf auf einen großen Teller oder eine Platte legen, vierteln, mit dem Dressing übergießen und servieren. Dazu passt frisches Baguette.

KÜCHEN-TIPP
Beim Erkalten wird das Speckfett fester. Wenn Sie das stört, die Speckwürfel abtropfen lassen und das Dressing separat mit der doppelten Menge Öl zubereiten.

VEGGIE-VARIANTE
Die Speckwürfel durch die gleiche Menge getrocknete Tomaten in Streifen, Nüsse oder Tofu ersetzen. Nüsse hacken und in einer Pfanne ohne Fett rösten. Tofu in kleine Würfel schneiden und in wenig Fett goldbraun anbraten.

Querbeetsalat

Gehen Sie auf Blättersuche im Garten: zartes Grün von Wurzeln und Knollen sind vitaminreich und wohlschmeckend. Auch Blüten von Kräutern sind essbar.

VEGETARISCH

ZUTATEN FÜR 4 PERSONEN
1 Lollo rosso (oder anderer Blattsalat) | insgesamt 2 Händevoll Gartengrün (z. B. Portulak, zartes Möhrengrün, Radieschenblätter, junge Rote-Bete-Blätter, kleine Kapuzinerkresseblätter, Kapuzinerblüten) | 1/2 rote Chilischote | 1 Knoblauchzehe | 2 Frühlingszwiebeln | 150 ml Naturmolke | 4 EL Olivenöl | Salz | Pfeffer

CA. 35 MIN. | PRO PORTION CA.
110 kcal | 1 g EW | 10 g F | 2 g KH

Salat, Blätter und Blüten gründlich waschen, putzen und trocken schütteln, grobe Stiele entfernen. Salatblätter in Stücke zupfen, Möhrengrün, Rote-Bete-Blätter und Radieschenblätter grob hacken.

Chilischote längs halbieren, entkernen, waschen und hacken. Knoblauch schälen und hacken. Frühlingszwiebeln putzen, waschen und in feine Ringe schneiden.

Molke und Öl verrühren. Chili, Knoblauch und Frühlingszwiebeln unterrühren. Mit Salz und Pfeffer würzen. Salat anrichten und mit dem Dressing mischen.

KÜCHEN-TIPP
Wenn Sie Wurzelgemüse ernten, das zarte Grün gleich abschneiden und in einer verschließbaren Plastikdose im Kühlschrank aufbewahren. So sind immer verschiedene Salatzutaten da. Wurzeln oder Knollen bleiben weiterhin knackig.

VORRATS-TIPP
Das Dressing gleich in größerer Menge vorbereiten. Für 14 Portionen einfach je 2 Chilischoten und Knoblauchzehen hacken, mit 250 ml Naturmolke, 100 ml Olivenöl, Salz und Pfeffer vermischen.

Anmacher für jeden Salat

Erst das Dressing macht aus dem Mix unterschiedlicher Salatzutaten ein köstliches Ganzes. Es verbindet, es ergänzt und es passt sich der Struktur an: Zarte Salate brauchen eine leichte Begleitung, zu robusteren Zutaten passt auch ein cremiges Topping. Die Menge reicht dann jeweils für etwa 4 Salatportionen.

COCKTAILDRESSING

2 EL Tomatenmark in einer kleinen Schüssel mit etwas **Salz** und **Pfeffer** verrühren. **4 EL Zitronensaft, 8 EL Rapsöl** und **6 EL Kaffeesahne** zugeben und alles vermischen. Passt zu würzigen Kräutersalaten oder kräftigen Salatsorten und in Kombination mit Meeresfrüchten.

MOLKEDRESSING

1/2 rote Chilischote längs halbieren, entkernen, waschen und fein hacken. **1 Knoblauchzehe** schälen und zerdrücken. **2 Frühlingszwiebeln** putzen, waschen und in feine Ringe schneiden. Alles mit **150 ml Naturmolke** und **4 EL Olivenöl** verrühren. Mit **Salz** und **Pfeffer** würzen. Passt zu allen grünen Salaten, griechischem Salat und Salaten aus gekochtem Gemüse.

SPINAT-JOGHURT-SAUCE

125 g Spinat verlesen, putzen und waschen. **1 Knoblauchzehe** schälen. Mit Spinat und **4 EL Kürbiskernöl** pürieren. Püree mit **200 g Naturjoghurt** (3,5 % Fett), etwas **Salz** und **Pfeffer** verrühren. Passt zu Kartoffel- und Eisbergsalat.

CHILIDRESSING

1 kleine getrocknete Chilischote zerbröseln. Mit **3 EL weißem Aceto balsamico, Salz** und **1 TL Honig** verrühren. Nach und nach **3 EL Rapsöl** und **2 EL Walnussöl** unterrühren. Passt zu allen frischen Pflücksalaten, asiatischen Salaten aus gekochtem Gemüse und zu Salaten mit Obst.

KLASSISCHE VINAIGRETTE

4 EL Weißweinessig, 1 EL mittelscharfer Senf, 2 EL Rapsöl, Salz und **Pfeffer** cremig rühren.
1 Zwiebel schälen, sehr fein würfeln und nach Geschmack mit
1 Prise Zucker untermischen. Passt zu allen Blattsalaten und Salaten aus gekochtem Gemüse wie Blumenkohl oder Bohnen.

DILLDRESSING

75 g saure Sahne mit **75 g Naturjoghurt** (3,5 % Fett), **1 EL Zitronensaft** und **2 EL Orangensaft** verrühren. **1 Bund Dill** waschen, trocken schütteln und fein hacken. Mit **je 1/2 TL Salz** und **Zucker** unter das Dressing mischen. Passt gut zu Gurken- und Fischsalaten sowie süßsauren Salaten mit Früchten.

KARTOFFELDRESSING

1 Kartoffel waschen und mit der Schale in 20 Min. garen. Die Kartoffel pellen und zerdrücken. **3 EL Wasser, 2 EL Kapernlake** und **1 EL Kapern** (oder Essig), **2 EL Olivenöl, Salz** und **Pfeffer** untermischen. Passt zu Salaten mit Kräutern, Feldsalat und frischem Blattgemüse wie Spinat.

JOGHURTDRESSING

Saft von 1/2 Zitrone auspressen. Mit **150 g Naturjoghurt** (3,5 % Fett), **2 EL Olivenöl, Salz** und **Pfeffer** verrühren. Passt zu Eisberg-, Kopf- und Gurkensalat.

TOLLE SALATMIXE

Achten Sie darauf, dass alle Zutaten eine ähnliche Größe haben – nur Blattsalate dürfen größer sein. Hier ein paar aparte Kombinationen:

- Frischer Knoblauch mit Petersilie, Feta und Paprika.
- Kopfsalat mit frischem rohem Mais, Tomaten, Kapern und Kapuzinerkresse.
- Rote Bete, Spinat, Frühlingszwiebeln und Pilze.
- Pflücksalat mit Erdbeeren und frischen Erbsen.
- Gurken mit Zucchini und Champignons.
- Bohnen, Blumenkohl und Cherrytomaten.
- Bohnen, Kartoffeln mit Zwiebeln, Oliven und Äpfeln.
- Fenchel, Mozzarella und Lauch.
- Gurken mit Kapern, Zitronen und Paprika.

FEINE TOPPINGS

Einfach über den Salat streuen.
Essbare Blüten:
Borretsch, Kapuzinerkresseblüten, Gänseblümchen, Veilchen, Stiefmütterchen, Lavendelblüten, Ringelblumen, Rosenblätter, Geranien, Taglilie.
Nüsse, Kerne & Samen:
Walnuss-, Macadamianuss-, Paranuss- oder Haselnusskerne. Sonnenblumen-, Pinien- und Kürbiskerne, Sesamsamen am besten vorher in einer beschichtete Pfanne ohne Fett rösten.
Getreide & Hülsenfrüchte:
Geröstete Brotwürfel, gerösteter Buchweizen, gekochte Linsen.

Zuckermaissalat

Die frischen Maiskörner und ihr milchweißer Saft machen diesen Salat mild und süßlich und sorgen mit den Eiern für Sättigung.

VEGETARISCH

ZUTATEN FÜR 4–6 PERSONEN
100 g Möhren | 100 g Zucchini | 100 g Rucola | 2 Frühlingszwiebeln | 2 Maiskolben | 2 hart gekochte Eier | 1 Zitrone | 3 EL mittelscharfer Senf | 5 EL Rapsöl | 80 g Sahne | Salz | Pfeffer

CA. 35 MIN. | PRO PORTION CA.
180 kcal | 5 g EW | 15 g F | 6 g KH

Möhren putzen und schälen. Zucchini waschen, putzen und halbieren. Beides in sehr feine Streifen schneiden. Rucola waschen, verlesen und die groben Stiele entfernen. Frühlingszwiebeln putzen, waschen und in feine Ringe schneiden.

Mit einem scharfen Messer die Maiskörner von den Kolben schneiden, sodass der holzige Teil übrig bleibt. Die Eier pellen und fein hacken.

Den Saft der Zitrone auspressen. Mit Senf, Öl und Sahne verrühren, mit Salz und Pfeffer würzen. Die Hälfte der gehackten Eier unterheben. Die Salatzutaten mit dem Dressing vermengen und den Salat auf Tellern anrichten. Übriges gehacktes Ei über den Salat streuen.

KÜCHEN-TIPP
Ob sich ein Ei nach dem Kochen leicht schälen lässt, ist nicht durch »das Abschrecken« beeinflussbar. Ausschlaggebend ist lediglich die Frische. Je frischer das Ei ist, desto schlechter lässt es sich pellen.

MACH WAS DRAUS
Maisbart-Tee: Nicht nur die Maiskörner lassen sich verarbeiten, sondern auch der sogenannte Maisbart. Die feinen Pflanzenhärchen lassen sich zu einem Tee aufgießen, der die Ausscheidung fördert, den Stoffwechsel anregt und beim Abnehmen helfen soll. Auch gegen hohen Blutdruck und Verstopfung kann man Maisbart-Tee trinken. Außerhalb der Saison aus der Apotheke.

Wachsbohnen-Kresse-Salat

Wachsbohnen sind eine ganz besonders zarte Art der grünen Bohnen. Die Bohnensorte hat nur eine kurz Saison – nutzen Sie diese knappe Zeit.

VEGETARISCH

ZUTATEN FÜR 4 PERSONEN
500 g Wachsbohnen | 2 Zweige Bohnenkraut | 50 g zarte Kapuzinerkresse mit Blüten | 1 Schalotte | 1/2 rote Chilischote | 3 EL Rapsöl | 1 EL mittelscharfer Senf | 4 EL Weißweinessig | Salz | Pfeffer

CA. 25 MIN. | PRO PORTION CA.
420 kcal | 19 g EW | 10 g F | 59 g KH

Die Wachsbohnen putzen, eventuell entfädeln und waschen (meist haben sie keine Fäden). Das Bohnenkraut waschen und trocken schütteln. Beides in einem Dämpfeinsatz über Dampf in ca. 15 Min. garen.

Inzwischen die Kapuzinerkresse waschen und abtropfen lassen. Die Blätter grob hacken, Blüten und Knospen beiseitelegen.

Die Schalotte schälen und würfeln. Die Chilischote längs aufschneiden, entkernen, waschen und klein hacken. Schalotte, Chili und Knospen mit Öl, Senf, Essig, Salz und Pfeffer verrühren. Das Dressing mit Bohnen und Kapuzinerkresseblättern vermischen. Den Salat anrichten und mit den Blüten garnieren.

VARIANTEN
Gemüse aus breiten Bohnen: Sie haben breite Bohnen im Garten? Diese waschen, putzen und schräg in ca. 2 cm lange Stücke schneiden. 2 EL Rapsöl erhitzen, die Bohnen darin mit 1 Prise Salz und 2 Stielen Bohnenkraut dünsten.
Salat mit Bohnenkernen: Wenn Sie breite Bohnen hängen lassen, liefern sie dicke Bohnenkerne. Dann ist die Schote hart und ungenießbar. Aus den dicken Bohnen können Sie mit denselben Zutaten einen Salat zubereiten. Bohnenkerne dann zuvor in 250 ml Salzwasser mit Bohnenkraut in 20–25 Min. garen.

Rote-Bete-Rohkost

Nie schmeckt Rote Bete so frisch und zart wie jetzt – ideal für eine Rohkost. Die knackigen Blätter in jedem Fall mit verarbeiten!

VEGETARISCH

ZUTATEN FÜR 4 PERSONEN
1 großes Bund Rote Bete mit Grün (ca. 500 g) | 1/2 Bio- Zitrone | 3 EL Olivenöl | 2 EL milder Apfelessig | 1 milder Apfel | Salz | Pfeffer | 1/2 TL gemahlener Kreuzkümmel

CA. 25 MIN. | PRO PORTION CA.
130 kcal | 2 g EW | 8 g F | 12 g KH

Rote Bete waschen. Das Grün abschneiden und beiseitelegen. Rote Bete mit einem Sparschäler dünn schälen und auf einer Reibe fein raspeln (siehe Küchen-Tipp).

Zitrone heiß waschen und abtrocknen, die Schale abreiben und den Saft auspressen. Zitronenschale, Öl, Essig und 2 EL Zitronensaft (siehe Küchen-Tipp) unter die Rote Bete mischen. Apfel waschen und mit Schale ebenfalls fein raspeln und untermischen. Die Rohkost mit Salz, Pfeffer und Kreuzkümmel kräftig würzen.

Die Rote-Bete-Blätter verlesen, in feine Streifen schneiden und unter die Rohkost mischen.

KÜCHEN-TIPP
Rote Bete färbt sehr stark. Wenn Sie die Finger mit dem übrigen Zitronensaft abreiben, verschwindet das Rot und Ihre Haut wird zart.

PRODUKT-TIPP
Rote Bete gibt es nicht nur in Rot, sondern auch als rot-weiß gestreifte Sorte »Chioggia« und leuchtend gelbe Sorte »Burpees Golden«.
Im Sommer werden sie oft im Bund mit Blättern angeboten – die lassen sich prima in Salaten und als Gemüse wie Mangold verwerten. Die Knollen sind dann noch zart und schmecken frisch – ideal für Rohkost.
Im Herbst und Winter sind die Roten Beten dicker und derber mit erdigem Aroma. Sie schmecken roh nicht mehr und haben eine etwas längere Garzeit.
Die Knollen sollten beim Einkauf prall, fest und unbeschädigt sein. Schwarze Flecken deuten auf eine zu kalte Lagerung hin. Rote Bete können Sie 2–4 Wochen im Gemüsefach des Kühlschranks aufbewahren.

Blumenkohlsalat

VEGETARISCH

ZUTATEN FÜR 4 PERSONEN
1 Blumenkohl | 2 Schalotten | 1 Bund Petersilie | 3 EL Rapsöl | 2 EL Himbeeressig | Pfeffer | Salz

CA. 30 MIN. | PRO PORTION CA.
100 kcal | 3 g EW | 8 g F | 4 g KH

Blumenkohl putzen, zarte grüne Blättchen stehen lassen und waschen. Den Strunk kreuzweise einstechen. Blumenkohl im Ganzen in wenig Wasser in ca. 20 Min. bissfest garen.

Schalotten schälen und würfeln. Petersilie waschen, trocken schütteln und hacken. Öl mit Essig, 3 EL Kochwasser, Pfeffer und Salz verrühren. Schalottenwürfel und Petersilie bis auf 1 EL unterrühren. Blumenkohl auf einem Teller anrichten und das Dressing darübergeben. Mit übriger Petersilie garnieren.

Zucchini-Tsatsiki

VEGETARISCH

ZUTATEN FÜR 4 PERSONEN
600 g kleine Zucchini | 300 g Joghurt (3,5 % Fett) | Salz | Pfeffer | 2 EL Kürbiskernöl | 3 EL Kürbiskerne | 1–2 Knoblauchzehen | 1 Bund Basilikum

CA. 20 MIN. | PRO PORTION CA.
160 kcal | 6 g EW | 12 g F | 8 g KH

Zucchini waschen, putzen und in feine Juliennestreifen hobeln. Mit Joghurt, Salz, Pfeffer und Öl vermischen.

Kürbiskerne fein hacken und in einer Pfanne ohne Fett rösten, bis sie duften. Knoblauch schälen und fein hacken. Basilikum waschen, trocken schütteln und in feine Streifen schneiden. Kürbiskerne, Knoblauch und Basilikum unter den Zucchinijoghurt rühren. Tsatsiki mit Salz und Pfeffer würzen.

VORRATS-TIPP
Zucchini lassen sich nicht so gut einfrieren, denn das Fleisch wird beim Auftauen matschig. Wer viele Zucchini im Garten hat, bereitet seine Lieblingsgerichte daraus zu und friert diese ein.

Thymian-Auberginen

VEGETARISCH

ZUTATEN FÜR 4 PERSONEN
2 Auberginen | Salz | 2 Tomaten | 1 kleiner mürber Klarapfel | 1 Zwiebel | 3 EL Olivenöl | 1 TL Honig | Pfeffer aus der Mühle | edelsüßes Paprikapulver | 3 Zweige Thymian | 150 g Naturjoghurt (3,5 % Fett)

CA. 35 MIN. | PRO PORTION CA.
160 kcal | 4 g EW | 10 g F | 13 g KH

Auberginen waschen, putzen und längs in ca. 1 cm dicke Scheiben schneiden. Auberginenscheiben mit Salz bestreuen und die Scheiben zusammensetzen.

Tomaten waschen und die Stielansätze entfernen. Tomaten halbieren und sehr fein würfeln. Apfel waschen, halbieren, entkernen und in sehr feine Würfel schneiden. Zwiebel schälen und fein würfeln. Alles mit 1 EL Öl, Honig, Salz, Pfeffer und Paprikapulver mischen.

Auberginenflüssigkeit mit einem Küchentuch aufsaugen. Auberginenscheiben auf ein Backblech legen und mit dem übrigen Öl bepinseln. Thymian waschen und trocken schütteln, die Blättchen abzupfen.

Auberginen unter dem Backofengrill auf jeder Seite 4–6 Min. grillen, dann herausnehmen und abkühlen lassen. Joghurt mit Pfeffer und Salz würzen. Auberginen anrichten, Joghurt und Tomatensalsa darauf verteilen und mit Thymian bestreuen.

KÜCHEN-TIPP
Auberginen gewinnen durchs Rösten ihr fleischähnliches und würziges Aroma. In der Pfanne saugen sie viel Fett auf – deshalb lieber grillen.

SAISON-TIPP
Verwenden Sie auch mal Zucchini, Gemüsezwiebeln oder Paprikaschoten als Grillgemüse.

MACH WAS DRAUS
Brotaufstrich: Aus Resten von Grillgemüse können Sie blitzschnell einen leckeren Brotaufstrich zubereiten. Dafür das Gemüse pürieren, salzen und pfeffern. Etwas aufgeschlagene Sojacreme oder Sahne unterziehen.

Couscoussalat

Couscous, eine nordafrikanische Spezialität aus Hartweizengrieß, Hirse oder Gerste wird immer beliebter. Ideal als Beilage zu Fleisch oder Fisch.

VEGETARISCH

ZUTATEN FÜR 4 PERSONEN
1 Bio-Zitrone | 1 Knoblauchzehe | 5 EL Olivenöl | Salz | Pfeffer | 150 g Couscous (Instant) | je 1 grüne, gelbe und rote Paprikaschote | 1 Bund Petersilie | 3 Frühlingszwiebeln | 50 g schwarze Oliven

CA. 35 MIN. | PRO PORTION CA.
290 kcal | 7 g EW | 15 g F | 33 g KH

Zitrone heiß abwaschen und abtrocknen, die Schale abreiben und den Saft auspressen. Knoblauch schälen und fein hacken. Mit Zitronensaft und -schale, Öl, 200 ml heißem Wasser, Salz und Pfeffer verrühren. Couscous einrühren und ca. 15 Min. quellen lassen. Eventuell noch etwas Wasser zugeben.

Inzwischen die Paprikaschoten halbieren, putzen, waschen und in feine Würfel schneiden. Die Petersilie waschen, trocken schütteln und mit den Stielen fein hacken. Die Frühlingszwiebeln putzen, waschen und in Ringe schneiden. Oliven entkernen und vierteln.

Paprikawürfel, Petersilie bis auf 1 EL und Frühlingszwiebeln unter den Couscous heben. Salat eventuell mit Salz und Pfeffer abschmecken und mit übriger Petersilie bestreut servieren. Dazu passt gegrilltes Fleisch.

MACH WAS DRAUS
Couscoussalat ist eine ideale Resteverwertung für Gemüse. Alles, was roh schmeckt, kann klein geschnitten hinein: Fenchel, Karotten, Tomaten, Kohlrabi, Brokkoli und jede Art von frischen, milden Kräutern wie Giersch, Sauerampfer, Minze, Zitronenmelisse, Oregano oder Rucula. Sättigender wird er mit 200 g Feta in Würfeln oder Meeresfrüchten.

Salbei-Brot-Salat

Salbei leitet sich vom lateinischen »salvare« ab, was »heilen« bedeutet. Der Salat heilt zwar keine Wunden, ist aber Balsam für die Seele.

ZUTATEN FÜR 4 PERSONEN
2 Händevoll frische Salbeiblätter (ca. 40 g) | 200 g altbackenes Weißbrot | 6 EL Olivenöl | Salz | Pfeffer | 500 g Kirschtomaten | 1 kleine Zwiebel | 2 EL Aceto balsamico | 30 g Parmesan

CA. 30 MIN. | PRO PORTION CA.
320 kcal | 9 g EW | 18 g F | 30 g KH

Salbeiblätter waschen und trocken tupfen. Brot in ca. 2 cm große Würfel schneiden. 4 EL Öl in einer beschichteten Pfanne erhitzen, Salbeiblätter und Brotwürfel darin ca. 3 Min. rösten. Mit Salz und Pfeffer würzen.

Inzwischen die Tomaten waschen, halbieren oder vierteln und die Stielansätze entfernen. Zwiebel schälen, halbieren und in dünne Streifen schneiden. Tomaten und Zwiebel in eine große Schüssel geben. Übriges Öl mit Essig, etwas Salz und Pfeffer verrühren und mit den Tomaten mischen.

Salbei und geröstetes Brot zugeben, vorsichtig untermischen und den Salat mit Salz und Pfeffer würzen. Vor dem Servieren den Parmesan über den Salat reiben.

VARIANTE
Mit 200 g Mozzarella in Würfeln wird der Salat zum Sattmacher. Den Parmesan dann weglassen.

KÜCHEN-TIPP
Salbei entwickelt sein Aroma am besten, wenn die Blätter in Fett gebraten werden.

Nuss-Quark-Kugeln

Das gesunde Fett der Pinienkerne und des Olivenöls gehen mit dem mageren Milcheiweiß aus dem Quark eine hervorragende Verbindung ein. Dazu kommen die ätherischen Öle des Basilikums und das Lycopin der Tomaten. Mit Brot ein perfekter Snack.

VEGETARISCH

ZUTATEN FÜR 4 PERSONEN
100 g Pinienkerne
1 Bund Basilikum
250 g Magerquark
4 EL Olivenöl
rosenscharfes Paprikapulver
Salz | Pfeffer
500 g Tomaten
1 Zwiebel
2 EL Aceto balsamico

CA. 20 MIN. | PRO PORTION CA.
340 kcal | 13 g EW | 26 g F | 13 g KH

Die Pinienkerne in einer beschichteten Pfanne ohne Fett rösten, bis sie duften. Dann abkühlen lassen und hacken. Das Basilikum waschen und trocken schütteln, die Blätter abzupfen und die Stiele klein hacken. Quark mit 1 EL Öl, Pinienkernen, Basilikumstielen, Paprikapulver, Salz und Pfeffer mischen und ca. 15 Min. in den Kühlschrank stellen.

Inzwischen die Tomaten waschen und die Stielansätze entfernen. Die Tomaten halbieren und in mundgerechte Stücke schneiden. Die Zwiebel schälen, würfeln und unter die Tomaten mischen.

Die Quarkmischung mit einem nassen Teelöffel in ca. 16 kleinen Portionen abstechen und mit den Händen zu Kugeln formen.

Das übrige Öl mit Essig, Salz und Pfeffer in einer Schüssel verrühren. Das Dressing mit Tomaten und Basilikumblättern mischen. Die Quarkkugeln daraufsetzen.

VARIANTEN
Die Pinienkerne können Sie auch durch Walnusskerne ersetzen. Wer noch Frischkäse zu verwerten hat, kann diesen unter den Quark rühren. Die Kugeln werden so etwas cremiger.

VARIANTE
Brotaufstrich: Die Masse für die Kugeln ist ein vorzüglicher Brotaufstrich. Pürieren Sie dann die Basilikumblätter mit. Wer es eilig hat, füllt die Masse einfach in ein Schälchen oder Schraubglas und reicht Tomaten und Brot dazu.

Weinlauch mit Brombeeren

Sommerlauch ist zart und fast süßlich, Brombeeren ebenfalls mild. Der säuerliche Wein bietet dazu einen guten Gegensatz. Pikanter Schafskäse sorgt für Würze. Dieser Snack lässt sich gut vorbereiten und bleibt mindestens 2 Tage frisch.

VEGETARISCH

ZUTATEN FÜR 4 PERSONEN

1 kg Lauch (möglichst dünne Stangen)
3 Zweige Thymian
4 EL Olivenöl
250 ml Weißwein
Salz | Pfeffer
200 g Brombeeren
150 g Schafskäse (Feta)
1/2 TL Chiliflocken (Pul Biber)

CA. 30 MIN. | PRO PORTION CA.

280 kcal | 10 g EW | 18 g F | 10 g KH

Den Lauch putzen, seitlich bis zur Mitte einschneiden, gründlich waschen und in ca. 5 cm lange Rauten oder Stücke schneiden. Den Thymian waschen und trocken schütteln.

2 EL Öl in einer Pfanne erhitzen, die Hälfte des Lauchs darin unter Rühren ca. 3 Min. braten, dann in einen Topf geben. Restliches Öl in derselben Pfanne erhitzen, übrigen Lauch darin ca. 3 Min. braten, dann den Wein angießen. Den Lauch mit Salz und Pfeffer würzen und unter den Lauch im Topf mischen.

Die Thymianzweige dazugeben und den Lauch zugedeckt bei kleiner Hitze ca. 5 Min. dünsten, dann abkühlen lassen. Den Weinlauch mit Salz und Pfeffer würzen, Thymian entfernen.

Die Brombeeren waschen und abtropfen lassen. Schafskäse in kleine Würfel schneiden. Weinlauch in einer Schale anrichten, mit Brombeeren, Käse und Chiliflocken bestreuen.

VARIANTEN

Aufwendiger, aber sehr fein ist gefüllter Lauch. Dafür möglichst dicke Lauchstangen putzen, waschen und in ca. 10 cm lange Stücke teilen. Mehrere Blätter versetzt ineinanderlegen, mit 300 g Schafskäse in kleinen Würfeln füllen. Die Füllung mit Lauchblättern bedecken und die Stücke mit Zwirn umwickeln. Den Lauch rundherum anbraten, den Wein zugießen, salzen und pfeffern. Statt Brombeeren 200 g Kirschtomaten waschen, rundum einstechen, zum Lauch geben und ca. 5 Min. schmoren.

KÜCHEN-TIPP

Lauch kann im Inneren durch sandigen Boden sehr verschmutzt sein. Deshalb immer Wurzel und Welkes abschneiden, seitlich der Länge nach bis zur Mitte einschneiden und die Blattschichten gründlich unter fließendem Wasser waschen.

Matjes mit grünem Pfeffer

Matjes sind besonders zarte Sommer-Heringe. Traditionell schmecken Zwiebel, Apfel und saure Sahne dazu. Raffiniert mit Zitronenmelisse.

ZUTATEN FÜR 2 PERSONEN
3 Matjesfilets (frisch oder in Öl) | 1 mürber Apfel (z. B. Goldparmäne oder Cox Orange) | 1 EL Zitronensaft | 1 rote Zwiebel | 150 g saure Sahne | Salz | Pfeffer | 2 TL grüne Pfefferkörner | 1/2 Handvoll Zitronenmelisseblätter

CA. 25 MIN. | PRO PORTION CA.
450 kcal | 22 g EW | 35 g F | 10 g KH

Matjesfilets abtupfen und in mundgerechte Stücke schneiden. Apfel waschen, vierteln, entkernen und die Viertel quer in schmale Scheiben schneiden. Mit Zitronensaft beträufeln.

Zwiebel schälen und in feine Ringe schneiden. Saure Sahne mit Salz und Pfeffer würzen. Den grünen Pfeffer im Mörser grob zerstoßen und die Hälfte unterziehen.

Zitronenmelisseblätter waschen, trocken tupfen und fein hacken. Matjestücke, Apfelscheiben, Zwiebelringe und Melisseblätter anrichten. Die saure Sahne darübergeben. Mit restlichem grünen Pfeffer bestreuen.

PRODUKT-TIPP
Als Matjes bezeichnet man einen »jungfräulichen« Hering, der noch nicht abgelaicht hat und deswegen zart und fett ist. Dieser Hering wird von Mitte Mai bis Ende Juli gefangen und 2–3 Tage in Salzlake eingelegt. Mittlerweile gibt es Matjes das ganze Jahr über, weil er eingefroren wird, um Wurmbefall vorzubeugen.

EINKAUFS-TIPP
Heringe leben in der Nord- und Ostsee. In manchen Gebieten der Nordsee hat sich der Bestand bereits erholt. Achten Sie beim Einkauf darauf, wo ihr Hering herkommt. Das MSC-Siegel (s. S. 278) gibt Sicherheit, dass der Fisch nicht aus überfischten Regionen stammt.

Gebeizte Saiblingfilets

Er ist der feine, lachsfarbene Bruder der Forelle – und wird wie sie in einheimischer Teichwirtschaft gezogen. Roh mariniert ein Genuss!

ZUTATEN FÜR 4 PERSONEN
300 g Saiblingfilets (oder Lachsforelle) | 1 Prise Zucker | 100 ml Himbeeressig | 100 g frische Himbeeren | 1 Prise Cayennepfeffer | Salz | 1 Fenchelknolle | 1 große Fleischtomate | 1/2 Bund Dill | 1 EL Olivenöl

CA. 20 MIN. + 1 STD. RUHEN | PRO PORTION CA.
130 kcal | 17 g EW | 4 g F | 4 g KH

Saiblingfilets waschen und von Haut und Gräten befreien. Zucker mit Essig verrühren, bis er sich aufgelöst hat. Die Himbeeren verlesen, die Hälfte mit Essig und Cayennepfeffer pürieren. Himbeerpüree auf dem Fisch verteilen, salzen und abgedeckt ca. 1 Std. in den Kühlschrank stellen.

Inzwischen den Fenchel waschen, putzen, in hauchdünne Scheiben hobeln und auf einer Platte verteilen. Das zarte Grün fein hacken. Die Tomate waschen und den Stielansatz entfernen. Die Tomate halbieren und in kleine Würfel schneiden. Den Dill waschen, trocken schütteln und fein hacken.

Filets aus der Beize nehmen. Fenchel mit der Beize sowie dem Öl beträufeln. Tomatenstückchen darauf verteilen. Fisch in Stücke schneiden und daraufgeben. Den Fisch mit übrigen Himbeeren belegen, mit Fenchelgrün und Dill bestreuen.

REGIONALER TIPP
Saibling wird in Deutschland wie Forelle in Bioqualität als Zuchtfisch gehalten. Sie finden ihn direkt bei den Produzenten oder auf Wochenmärkten.

Minestrone

Gemüsesuppe ohne Fleisch bekommt ihr Aroma durch die Vielfalt der Gemüsesorten und Kräuter sowie durchs Andünsten. Je bunter der Mix, desto besser.

VEGETARISCH/BILD LINKS

ZUTATEN FÜR 6 PERSONEN
2 Stangen Staudensellerie mit Grün | 1 Fenchelknolle mit Grün | 2 Möhren | 1 Zucchini | 1 Viertel Wirsing | 1 Zwiebel | 2 Knoblauchzehen | je 3 Stängel Basilikum und Petersilie | 3 EL Olivenöl | 1 EL Tomatenmark | 2 l Gemüsebrühe (s. Rezept rechts) | 150 g vorgekochter Reis | Salz | Pfeffer aus der Mühle | 2 EL frisch geriebener Hartkäse

CA. 45 MIN. | PRO PORTION CA.
120 kcal | 3 g EW | 6 g F | 10 g KH

Gemüse waschen, putzen oder schälen. Staudensellerie- und Fenchelgrün hacken und beiseitestellen. Staudensellerie, Möhren und Zucchini in mundgerechte Stücke schneiden. Fenchel und Wirsing in schmale Streifen schneiden. Zwiebel und Knoblauch schälen und fein hacken. Basilikum und Petersilie waschen, trocken schütteln und fein hacken.

Öl in einem großen Topf erhitzen. Tomatenmark, Zwiebeln, Knoblauch, Sellerie, Möhren, Zucchini und Fenchel darin ca. 4 Min. andünsten. Brühe zugießen und das Gemüse zugedeckt bei kleiner Hitze in ca. 20 Min. garen.

Kurz vor dem Servieren Wirsingstreifen, vorgekochten Reis, Gemüsegrün, Basilikum und Petersilie in die Suppe geben und auf der ausgeschalteten Herdplatte ca. 2 Min. ziehen lassen. Mit Salz und Pfeffer würzen. Suppe anrichten und mit Parmesan bestreut servieren.

MACH WAS DRAUS
Cremesuppe: Reste der Suppe mit 1 EL Sahne erhitzen, pürieren, eventuell mit Salz und Pfeffer nachwürzen.

VARIANTEN
- Den Reis können Sie durch kleine Nudeln ersetzen.
- Eine herzhafte Note bekommt die Suppe, wenn Sie zum Schluss 100 g Räuchertofuwürfel dazugeben.
- Nicht-Vegetarier können zusammen mit den Zwiebeln 100 g gewürfelten Räucherspeck anbraten.

Gemüsebrühe Grundrezept

In den Gemüseschalen sitzen die meisten Vitamine und Ballaststoffe. Statt sie wegzuwerfen, lohnt es sich eine Gemüsebrühe daraus zu kochen.

VEGETARISCH

ZUTATEN FÜR 4 PERSONEN
500 – 1000 g Gemüsereste (z. B. Möhrenschalen, Strunk von Kohl und Paprikaschoten, Sellerie- und Lauchgrün, Zucker- oder Erbsenschoten, Pilzstiele) | 1 rote Chilischote | 1 Zwiebel | 1 Knoblauchzehe | 6 Blätter Liebstöckel | 1 Zweig Thymian | 2 Lorbeerblätter | Salz | 2 EL Rapsöl | Pfeffer

CA. 1 STD. 20 MIN. | PRO LITER CA.
95 kcal | 1 g EW | 11 g F | 1 g KH

Die Gemüsereste waschen und klein schneiden. Chilischote längs halbieren, entkernen und waschen. Zwiebel schälen und vierteln. Knoblauch schälen und klein schneiden. Liebstöckel und Thymian waschen.

Gemüsereste, Chili, Zwiebel, Knoblauch, Lorbeerblätter, Liebstöckel, Thymian, 2 TL Salz und Öl in einen Schnellkochtopf geben, mit 2 l kaltem Wasser auffüllen und auf Stufe 2 ca. 1 Std. kochen.

Brühe durch ein Sieb gießen, auffangen und mit Salz und Pfeffer abschmecken. Dann einfrieren und als Basis für Suppen und Saucen verwenden.

VORRATS-TIPP
Im kleinen Haushalt fallen nicht all zu oft große Mengen Gemüsereste an. Frieren Sie deshalb alles, was anfällt immer ein. Sobald die Gefrierbox voll ist, können Sie eine Brühe daraus kochen! Gemüsebrühe können Sie in 500-ml-Portionen oder kleine Mengen zum Aromatisieren in Eiswürfelbeuteln einfrieren. Bei Bedarf einfach die entsprechende Menge herausdrücken. Für noch mehr Aroma die Brühe mit selbst gemachter Suppenwürze (s. S. 218) salzen.

Brühe mit Quarknockerln

ZUTATEN FÜR 4 PERSONEN
6 Stiele Petersilie | 300 g Magerquark | 2 Eier | 180 g Vollkorngrieß | 30 g frisch geriebener Parmesan | Salz | Pfeffer | 1 Prise frisch geriebene Muskatnuss | 1 l Gemüsebrühe (s. S. 121) | 1/2 Bund Schnittlauch

CA. 20 MIN. | PRO PORTION CA.
280 kcal | 21 g EW | 6 g F | 34 g KH

Petersilie waschen, trocken schütteln, hacken. Quark mit Eiern, Grieß, Parmesan und Petersilie zu einer festen Masse verrühren. Die Masse mit Salz, Pfeffer und Muskat würzen und mindestens 5 Min. quellen lassen.

Die Brühe erhitzen. Aus der Masse mit einem nassen Esslöffel Nockerln abstechen, in die leicht kochende Brühe geben und bei kleiner Hitze in ca. 5 Min. gar ziehen lassen. Schnittlauch waschen, trocken schütteln und in Röllchen schneiden. Brühe mit Nockerln und Schnittlauch anrichten.

Gemüsekaltschale

ZUTATEN FÜR 4 PERSONEN
1 Salatgurke | 1 Zucchino | 250 g Blattspinat | 1 Knoblauchzehe | 200 ml Gemüsebrühe | 4 EL Tahin (Sesampaste aus dem Reformhaus) | 100 g griechischer Joghurt | Salz | Pfeffer | 1 TL rote Currypaste | 50 g Speck | 50 g Brot | 1 EL Sesamsamen | 1/2 Bund Petersilie

CA. 15 MIN. | PRO PORTION CA.
240 kcal | 8 g EW | 18 g F | 10 g KH

Gemüse waschen und putzen. Knoblauch schälen. Gurke, Zucchino und Knoblauch grob würfeln und mit der Brühe pürieren. Dann nach und nach Spinat, Tahin und Joghurt untermixen. Alles mit Salz, Pfeffer und Currypaste würzen und kalt stellen.

Speck und Brot klein würfeln, in einer beschichteten Pfanne auslassen. Brot und Sesamsamen zugeben und knusprig braten. Petersilie waschen, trocken schütteln und fein hacken, dann unter die Croûtons mischen. Die Mischung extra zur Kaltschale reichen.

Grüne Sommersuppe mit Ei

VEGETARISCH

ZUTATEN FÜR 4 PERSONEN
750 ml Gemüsebrühe (s. S. 121) | Salz | Pfeffer | 150 g Lauch | 150 g altbackenes Brot | 2 EL Butter | 50 g grüne Gartenkräuter (z. B. Schnittlauch, Petersilie, Borretsch, Basilikum, Pimpinelle, Rucola, Zitronenmelisse) | 150 g saure Sahne | frisch geriebene Muskatnuss | 2 EL Weißweinessig | 4 Eier

CA. 30 MIN. | PRO PORTION CA.
270 kcal | 12 g EW | 14 g F |21 g KH

Die Brühe zubereiten oder auftauen lassen, erhitzen und mit Salz und Pfeffer würzen. Lauch putzen, seitlich bis zur Mitte einschneiden, gründlich waschen und in feine Ringe schneiden. Das Brot entrinden und in Würfel schneiden. Die Butter in einem Topf erhitzen, den Lauch darin glasig dünsten. Brühe und Brot zugeben und zugedeckt ca. 15 Min. köcheln lassen.

Inzwischen die Kräuter waschen, trocken schütteln und fein hacken. 1–2 EL davon beiseitelegen. Wenn das Brot ganz aufgeweicht ist, Kräuter und saure Sahne zugeben. Die Suppe mit dem Pürierstab cremig aufmixen. Mit Salz, Pfeffer und Muskat würzen und warm halten, nicht mehr kochen lassen.

Für die Eier Wasser ca. 5 cm hoch mit Essig in einem flachen Topf aufkochen. Jeweils nacheinander 1 Ei aufschlagen, in eine Kelle gleiten lassen und in das leicht köchelnde Wasser geben. Mit einem Löffel die Eiweißfäden um das Eigelb schlingen. Die Eier ca. 3 Min. ziehen lassen, bis das Eiweiß fest ist. Die Suppe anrichten. Die Eier mit einer Schaumkelle herausheben und in die Mitte der Suppe geben. Mit den übrigen Kräutern bestreuen.

KÜCHEN-TIPP
Zum Pochieren braucht man sehr frische Eier, sonst verlaufen sie. Ältere Eier lieber in ca. 6 Min. kernweich kochen, pellen, halbieren und in die Suppe geben.

Tomaten-Frittata

Halb Pfannkuchen, halb Quiche – in jedem Fall ein schnelles Gemüsegericht aus Maismehl, aromatischen Tomaten und kräftigem Salbei.

ZUTATEN FÜR 2 PERSONEN
ca. 230 ml Milch
2 Eier
60 g Maismehl
Salz | Pfeffer
60 g Weizenmehl (Type 1050)
1 Handvoll Salbeiblätter
400 g feste Tomaten
2 EL Olivenöl
50 g Parmesan

CA. 25 MIN. | PRO PORTION CA.
280 kcal | 14 g E | 14 g F | 26 g KH

Die Milch mit Eiern, Maismehl, Salz, Pfeffer und Weizenmehl zu einem Teig verrühren. Den Pfannkuchenteig ca. 10 Min. quellen lassen, dann eventuell noch etwas Milch unterrühren.

Die Salbeiblätter waschen und trocken schütteln. Die Tomaten waschen und die Stielansätze entfernen. Die Tomaten in fingerdicke Scheiben schneiden.

Dann aus den vorbereiteten Zutaten 2 Frittaten backen. Dafür jeweils 1 EL Öl in einer Pfanne erhitzen, die Hälfte der Salbeiblätter darin kurz anbraten. Die Hälfte des Teiges darübergießen und mit der Hälfte der Tomatenscheiben belegen. Den Teig zugedeckt bei kleiner Hitze in ca. 5 Min. stocken lassen.

Inzwischen den Parmesan in Späne hobeln. Die Frittata wenden, mit der Hälfte des Käses bestreuen und zugedeckt in ca. 4 Min. fertig backen. Die Frittata herausnehmen und warm halten. Die zweite Portion ebenso backen.

VARIANTEN
- Das Gemüse kann man einfach austauschen. Statt Tomaten passen auch Zucchini oder Auberginen dazu. Die sollten sie vorher mit den Kräutern 5–10 Min. anbraten, dann den Teig darübergießen. Statt der Salbeiblätter Thymian verwenden.
- Frittata schmeckt warm und kalt. Als kalte Vorspeise reicht sie für vier Personen, dann die Frittata in »Tortenstücke« schneiden.

PRODUKT-TIPP
Für dieses Gericht eignen sich Flaschentomaten am besten, weil sie besonders festfleischig sind und einen kleinen Durchmesser haben.

Gebackener Blumenkohl

Gemüse auszubacken hat viele Vorteile: Das zarte Grünzeug wird von der Teighülle geschützt und durch Teig, Ei, Nüsse und Fett zu einer vollständigen Mahlzeit. Deshalb ist es in Indien als »Pakora« ein Veggie-Klassiker.

VEGETARISCH

ZUTATEN FÜR 4 PERSONEN
400 g Blumenkohl
2 EL Zitronensaft
Salz | Pfeffer
120 g Semmelbrösel
80 g fein gemahlene Haselnüsse
60 g Mehl
2 Eier
5 EL Rapsöl
2 EL Butter

CA. 40 MIN. | PRO PORTION CA.
490 kcal | 12 g EW | 33 g F | 37 g KH

Den Blumenkohl putzen, waschen und in möglichst kleine 2–3 cm dicke Röschen teilen. Die Röschen mit Zitronensaft, Salz und Pfeffer würzen. Die Blumenkohlröschen in einen Dämpfeinsatz geben und über Dampf in ca. 10 Min. vorgaren.

Inzwischen Semmelbrösel und Nüsse mischen. Mehl und Brösel-Nuss-Mischung je in einen tiefen Teller geben. Die Eier mit Salz und Pfeffer in einem dritten tiefen Teller verquirlen.

Die Blumenkohlröschen herausnehmen und nacheinander in Mehl, Ei und Semmelbrösel-Nuss-Mischung wenden. Die Panade leicht andrücken.

Öl und Butter in einer beschichteten Pfanne erhitzen, das Gemüse darin bei mittlerer Hitze in ca. 5 Min. rundherum goldbraun braten. Dazu passen Blatt- oder Tomatensalat und Kräuterquark.

VARIANTEN
Schmeckt auch mit gedünsteten Sellerie- und Kohlrabischeiben. Pilze, dünn geschnittene Zucchini-, Auberginen- und Kürbisscheiben lassen sich roh in dem Teig ausbacken.

KÜCHEN-TIPP
Raps-, Walnuss- oder Sojaöl hat die beste Fettsäurezusammensetzung und lässt sich gut erhitzen. Etwas Butter dazu sorgt für das typische Aroma. Sie können das Gemüse aber auch in Butterschmalz ausbacken – je nachdem, was Sie da haben.

Schicht-Ratatouille

Man kann sich darüber streiten, was in den klassischen südfranzösischen Gemüsetopf gehört. In jedem Fall typisches Sommergemüse mit kurzen Garzeiten und frischer Rosmarin. Mit Olivenbrot oder Ofenkartoffeln eine leichte Sommermahlzeit.

VEGETARISCH

ZUTATEN FÜR 4 PERSONEN

1 große Gemüsezwiebel
1 Aubergine
2 Zucchini
1 gelbe Paprikaschote
3 Tomaten
200 g Schafskäse (Feta)
4 Zweige Rosmarin
4 EL Olivenöl
Salz | Pfeffer

CA. 40 MIN. | PRO PORTION CA.
260 kcal | 12 g EW | 20 g F | 7 g KH

Die Zwiebel schälen, halbieren und in Streifen schneiden. Aubergine und Zucchini waschen und putzen, zuerst in ca. 1 cm dicke Scheiben, dann in Würfel schneiden. Die Paprikaschote halbieren, putzen, waschen und in ca. 1 cm große Würfel schneiden. Die Tomaten waschen und die Stielansätze entfernen. Die Tomaten halbieren und ebenfalls würfeln. Schafskäse mit den Fingern zerbröseln. Rosmarin waschen, trocken schütteln und die Nadeln abzupfen.

Das Öl in einer großen beschichteten Pfanne erhitzen, die Zwiebel darin glasig dünsten. Die Aubergine dazugeben, mit Salz und Pfeffer würzen und bei kleiner Hitze offen 2–3 Min. schmoren. Dann nacheinander Paprikawürfel, Zucchini und Tomaten dazugeben, mit Salz, Pfeffer und Rosmarin würzen. Dabei jede Gemüseschicht 2–3 Min. schmoren lassen, bis die nächste Gemüsesorte dazugegeben wird.

Den Schafskäse auf dem Gemüse verteilen und das Gemüse zugedeckt weitere 5 Min. schmoren, bis der Käse heiß ist.

MACH WAS DRAUS

Salat: Bleibt Ratatouille übrig, können Sie daraus am nächsten Tag einen Gemüsesalat zubereiten. Beträufeln Sie das Gemüse einfach mit Aceto balsamico – fertig.

Aromamöhren

Die Süße der Möhren und Zwiebeln wird durch Honig rund. Currypulver und Ingwer sorgen für Raffinesse, Koriander und Zitrone für Frische.

VEGETARISCH

ZUTATEN FÜR 4 PERSONEN
800 g Möhren mit Grün | 1 Stück frischer Ingwer (ca. 3 cm) | 2 Gemüsezwiebeln | 7–8 EL Olivenöl | Salz | 3–4 EL Honig | 2 EL Currypulver | 1 Bund Koriandergrün | einige Spritzer Zitronensaft

CA. 55 MIN. | PRO PORTION CA.
290 kcal | 3 g EW | 19 g F | 25 g KH

Die Möhren putzen, schälen und in dünne Scheiben hobeln. Etwas Grün waschen und fein hacken. Den Ingwer schälen und fein hacken. Die Zwiebeln schälen, halbieren und in Streifen schneiden.

Öl, Ingwer, Salz, Honig und 1 TL Currypulver verrühren. Möhren, Möhrengrün und Zwiebeln abwechselnd in einen Bräter schichten und immer wieder mit der Öl- Gewürz-Mischung beträufeln. Zum Schluss das Gemüse kräftig mit Currypulver bestäuben.

Das Gemüse abgedeckt im Backofen (Mitte) bei 160° (Umluft, ohne Vorheizen) in ca. 45 Min. garen. Das Koriandergrün waschen, trocken schütteln und hacken. Das Gemüse damit bestreuen, mit Zitronensaft beträufeln und servieren. Dazu passt Risotto oder Kartoffelpüree.

MACH WAS DRAUS
Kartoffel-Möhren-Stampf: Übrige Aromamöhren mit Kartoffeln einfach mischen. Mindestens die gleiche Menge mehligkochende Kartoffeln kochen, pellen und durch die Presse drücken. Möhren mit dem Pürierstab kurz pürieren und mit den Kartoffeln verrühren, eventuell etwas Milch zugeben. Das Püree mit Salz und Pfeffer würzen.
Antipasti: Die Möhrenreste schmecken mit Zitronensaft auch kalt als Salat.

Fenchel aus dem Ofen

Fenchel enthält doppelt soviel Vitamin C wie Orangen. Folsäure, Kalium, Eisen und Kalzium machen das kalorienarme Gemüse zum gesunden Genuss.

VEGETARISCH

ZUTATEN FÜR 4 PERSONEN
4 Fenchelknollen (ca. 800 g) | 2 Schalotten | 2 Zweige Thymian | 4 Knoblauchzehen | 4 EL Olivenöl | 4 EL Wermut (z. B. Noilly Prat oder Gemüsebrühe) | Salz | weißer Pfeffer

CA. 40 MIN. | PRO PORTION CA.
140 kcal | 3 g EW | 19 g F | 6 g KH

Den Fenchel waschen, putzen und halbieren. Fenchelgrün abschneiden, fein hacken und beiseitelegen. Die Schalotten schälen und fein würfeln. Den Thymian waschen und trocken schütteln. Den Knoblauch schälen und halbieren.

Die Fenchelhälften vom Strunk befreien, in schmale Streifen schneiden und in ein tiefes Backblech legen. Mit Öl beträufeln. Thymian, Wermut, Fenchelgrün und Knoblauch dazugeben und untermischen. Im Backofen (Mitte) bei 160° (Umluft, ohne Vorheizen) 25–30 Min. schmoren, bis der Fenchel weich wird. Den Fenchel mit Salz und Pfeffer würzen. Dazu passen Risotto oder Nudeln.

MACH WAS DRAUS
Fenchel-Tomaten-Salat: Bleibt Fenchelgemüse übrig, kann man am nächsten Tag daraus einen Salat zubereiten. Einfach 3 Tomaten waschen, klein schneiden und unter den Fenchel mischen. 2 EL weißen Aceto balsamico, 2 EL Olivenöl, Salz und Pfeffer verrühren und das Dressing mit dem Fenchel-Tomaten-Gemüse mischen.

Rote-Bete-Gemüse

VEGETARISCH

ZUTATEN FÜR 4 PERSONEN
1 Bund Rote Bete mit Blättern (ca. 500 g) | 1 Zwiebel | 2 EL Rapsöl | Salz | Pfeffer | Chiliflocken (Pul Biber) | 1/2 TL gemahlener Koriander

CA. 30 MIN. | PRO PORTION CA.
90 kcal | 2 g EW | 15 g F | 9 g KH

Rote Bete waschen. Das Grün abschneiden, waschen und trocken schütteln. Die Stiele in ca. 1 cm große Stücke schneiden und die Blätter grob hacken. Die Knollen schälen und in ca. 1 cm große Würfel schneiden. Zwiebel schälen und würfeln.

Öl in einem Topf erhitzen, Gemüse zugeben, mit Salz, Pfeffer, Chiliflocken und gemahlenem Koriander würzen. Zugedeckt bei kleiner Hitze ca. 15 Min. dünsten. Mit Salz und Pfeffer würzen. Dazu passt Zartweizen.

Blumenkohl-Kapern-Püree

VEGETARISCH

ZUTATEN FÜR 4 PERSONEN
1 kleiner Blumenkohl (ca. 1 kg) | 1/2 Bio-Zitrone | Salz | weißer Pfeffer | 1 hart gekochtes Ei | 1 EL Butter | 1 Msp. frisch geriebene Muskatnuss | 4 EL Kapern | 1–2 EL Kapernsud

CA. 40 MIN. | PRO PORTION CA.
80 kcal | 6 g EW | 4 g F | 4 g KH

Blumenkohl putzen, waschen und in Röschen teilen. Den Strunk schälen und würfeln. Zitronenhälfte heiß waschen und abtrocknen, die Schale abreiben und den Saft auspressen. Blumenkohl mit Zitronensaft, 100 ml Wasser, Salz und Pfeffer in einem Topf bei kleiner Hitze in ca. 18 Min. weich dünsten. Ei pellen, mit Blumenkohl und Sud pürieren. Mit Butter, Zitronenschale, Muskat, Kapern und Kapernsud würzen.

Kohlrabi pur

VEGETARISCH

ZUTATEN FÜR 4 PERSONEN
4 kleine Kohlrabi mit Blättern | 1 Zwiebel | 1 EL Rapsöl | Salz | Pfeffer | frisch geriebene Muskatnuss | 1/2 Bio-Zitrone | 6 EL saure Sahne | 2 Stiele Petersilie

CA. 35 MIN. | PRO PORTION CA.
70 kcal | 3 g EW | 4 g F | 5 g KH

Kohlrabiblätter abschneiden, waschen und beiseitelegen. Kohlrabi schälen, im Ganzen über Dampf ca. 20 Min. dämpfen. Kohlrabiblätter und -stiele in feine Streifen schneiden. Zwiebel schälen und würfeln. Öl erhitzen, Kohlrabigrün und Zwiebel darin 1–2 Min. andünsten. Mit Salz, Pfeffer und Muskat würzen, alles zugedeckt ca. 10 Min. schmoren. Zitronenhälfte heiß waschen und abtrocknen, die Schale abreiben und den Saft auspressen. Petersilie waschen, trocken schütteln und hacken. Alles mit saurer Sahne unter die Sauce rühren. Sauce salzen und pfeffern. Knollen vierteln und mit Sauce übergießen.

Möhrenzweierlei

VEGETARISCH

ZUTATEN FÜR 4 PERSONEN
1 Bund Möhren mit Grün (ca. 1 kg) | 1 Zwiebel | 1 EL Butter | Salz | Pfeffer | 100 ml Apfelsaft | 100 g Gelbschmierekäse (z. B. Limburger)

CA. 30 MIN. | PRO PORTION CA.
170 kcal | 17 g EW | 10 g F | 13 g KH

4 Stiele Möhrengrün abschneiden, waschen, trocken schütteln und hacken. Möhren waschen, putzen und in Scheiben schneiden. Zwiebel schälen und würfeln.

Butter erhitzen, Zwiebel und Möhrengrün darin 1–2 Min. andünsten. Möhrenscheiben zugeben, mit Salz und Pfeffer würzen und zugedeckt bei kleiner Hitze ca. 10 Min. dünsten. Wenn die Flüssigkeit verkocht ist, Apfelsaft zugießen. Mit Salz und Pfeffer abschmecken. Den Käse in ca. 1/2 cm dicke Scheiben schneiden, auf das Gemüse legen und zugedeckt bei kleiner Hitze in ca. 1 Min. schmelzen lassen. Dazu passen Kartoffeln.

Erbsenrisotto

Die Saison für Erbsen ist so kurz, dass man sie fast nur auf Wochenmärkten und im eigenen Garten findet. Aber die Suche lohnt sich!

VEGETARISCH

ZUTATEN FÜR 4 PERSONEN
1 kg Erbsen in der Schote (ca. 380 g Erbsen) | 2 Zwiebeln | 1 Bund gemischte Gartenkräuter (z. B. Petersilie, Kerbel, Majoran, Zitronenmelisse oder Bohnenkraut) | 2 EL Butter | 200 g Risottoreis (z. B. Arborio) | 100 ml Weißwein | ca. 500 ml Gemüsebrühe (s. S. 121) | Salz | weißer Pfeffer aus der Mühle | 1 EL Sahne | 4 Eier

CA. 50 MIN. | PRO PORTION CA.
410 kcal | 17 g EW | 12 g F | 53 g KH

Erbsenschoten waschen und auspalen. Die Zwiebeln schälen und fein würfeln. Die Kräuter waschen und trocken schütteln. Blätter und Stiele getrennt fein hacken.

1 EL Butter zerlassen, die Hälfte der Zwiebeln darin glasig dünsten. Den Reis zugeben und kurz anschwitzen, Wein und etwas Brühe angießen und aufkochen, dann offen bei kleiner Hitze köcheln lassen. 200 ml Brühe hinzufügen und unter Rühren köcheln lassen, bis die Flüssigkeit aufgesogen ist. So fortfahren, bis die Brühe aufgebraucht und der Reis gar ist. Das dauert 20–25 Min. Zwischendurch umrühren.

Inzwischen 1 EL Butter zerlassen, übrige Zwiebeln und Kräuterstiele darin 1–2 Min. andünsten. Die Hälfte der Erbsen zugeben, pfeffern und zugedeckt bei kleiner Hitze in ca. 10 Min. garen. Mit Sahne pürieren.

Die Eier in ca. 6 Min. kernweich kochen, abschrecken und pellen. Wenn der Reis gar ist, Erbsenpüree, gehackte Kräuter und Erbsen unterziehen und heiß werden lassen. Mit Salz und Pfeffer würzen. Eier halbieren und auf dem Risotto servieren.

MACH WAS DRAUS
Gemüsebrühe: Die Erbsenschoten können Sie für eine Gemüsebrühe (s. S. 121) verwenden.

Zuckermais-Polenta

Mais in zweierlei Form – getrocknet und gemahlen als Polenta und frisch als Zuckermais – ergeben mit Zucchini ein harmonisches Ganzes.

ZUTATEN FÜR 4 PERSONEN
150 g Polenta (Instant) | 500 ml Gemüsebrühe (s. S. 121) | 250 g Zuckermais (2 Kolben) | 1 Zucchino | 4 EL Sahne | 50 g frisch geriebener Parmesan | Pfeffer | edelsüßes Paprikapulver | Salz | 1 EL Butter

CA. 35 MIN. | PRO PORTION CA.
260 kcal | 9 g EW | 9 g F | 33 g KH

Polenta und Brühe in einen Topf geben und aufkochen, dann die Polenta zugedeckt bei kleiner Hitze ca. 15 Min. quellen lassen.

Inzwischen den Mais schälen und die Körner mit einem Messer vom Kolben schneiden. Den Zucchino waschen, putzen und in feine Streifen hobeln. Beides mit Sahne und Parmesan unter die Polenta rühren. Die Polenta mit Pfeffer, Paprikapulver nach Geschmack und eventuell Salz würzen.

Die Polenta bei kleiner Hitze weitere 5 Min. ziehen lassen, bis sie fest ist. Die Polenta auf eine tiefe Platte stürzen und mit Butter in Flöckchen belegt servieren.

MACH WAS DRAUS
Polentaschnitten: Polenta vom Vortag in ca. 5 cm große Stücke schneiden. 2 EL Olivenöl in einer Pfanne erhitzen, die Polentastücke darin auf beiden Seiten 3–4 Min. braten. Dazu passt Blattsalat.

Hirsemangold

Die herbe Hirse passt perfekt zum leicht bitteren Mangold, zur Säure von Schmand und Zitrone und zu der Frische von Minze und Melisse.

VEGETARISCH

ZUTATEN FÜR 4 PORTIONEN

500 g Mangold | 1 Zwiebel | 3 EL Rapsöl | 200 g Hirse | 800 ml Gemüsebrühe (s. S. 121) | Salz | Pfeffer | 1 Bund Zitronenmelisse | 1 Bund Minze | 1/2 Bio-Zitrone | 150 g Schmand

CA. 55 MIN. | PRO PORTION CA.

360 kcal | 8 g EW | 19 g F | 37 g KH

Den Mangold waschen. Die Stiele von den Blättern schneiden und klein würfeln. Die Blätter in schmale Streifen scheiden. Die Zwiebel schälen und würfeln.

Das Öl in einem Topf erhitzen, Zwiebel- und Mangoldwürfel darin ca. 5 Min. braten. Die Hirse zugeben und kurz andünsten. Die Mangoldstreifen hinzufügen und die Brühe angießen. Alles aufkochen, eventuell salzen, pfeffern und zugedeckt bei kleiner Hitze 25–30 Min. köcheln lassen.

Die Kräuter waschen und trocken schütteln, die Blätter fein hacken. Die Zitronenhälfte heiß waschen, abtrocknen und mit der Schale in grobe Würfel schneiden. Zitronenwürfel, Kräuter und Schmand unter die Hirse ziehen. Hirsemangold mit Salz und Pfeffer würzen.

VARIANTE

Für Nicht-Vegetarier: 150 g Frühstücksspeck in Streifen schneiden und in einer beschichteten Pfanne ohne Fett knusprig braten. Den Speck auf dem Hirsemangold anrichten.

Artischocken-Speck-Sauce

ZUTATEN FÜR 4 PERSONEN
4 Artischocken | 1 EL Zitronensaft | 50 g durchwachsener Räucherspeck | 1 EL Weißwein | 4–5 getrocknete Tomaten | 1 Knoblauchzehe | 2 EL gehackte Petersilie

CA. 30 MIN. | PRO PORTION CA.
120 kcal | 4 g EW | 9 g F | 4 g KH

Artischocken waschen. Stiele schälen und harte Außenblätter entfernen. Artischocken längs halbieren und die Blätter bis kurz vor dem Ansatz abtrennen. Das Heu vom Boden entfernen, dabei mit Zitronensaft beträufeln. Artischocken klein schneiden. Speck klein würfeln. Eine Pfanne erhitzen, Speck darin knusprig braten. Artischocken zugeben und zugedeckt ca. 5 Min. schmoren, dabei eventuell den Wein zugießen. Getrocknete Tomaten hacken. Knoblauch schälen und zerdrücken. Beides mit Petersilie unter die Sauce rühren. Dazu passen Spaghetti.

Blumenkohl-Käse-Pasta

VEGETARISCH

ZUTATEN FÜR 4 PORTIONEN
1 kleinen Blumenkohl (400–500 g) | 100 ml Milch | Salz | 150 g Nudeln (z. B. Hörnchen oder Spirelli) | 1 Handvoll Petersilienblätter (oder Pimpinelleblätter) | 100 g Gorgonzola

CA. 30 MIN. | PRO PORTION CA.
260 kcal | 12 g EW | 9 g F | 31 g KH

Den Blumenkohl waschen, putzen und in kleine Röschen teilen. 500 ml Wasser mit Milch und Salz in einem Topf mischen. Blumenkohlröschen und Nudeln zugeben, aufkochen und in ca. 10 Min. knackig garen. Blumenkohl und Nudeln in ein Sieb abgießen und ca. 100 ml Kochwasser auffangen. Die Petersilienblätter waschen, trocken tupfen und fein hacken. Das Kochwasser aufkochen und den Gorgonzola darin schmelzen lassen. Die Blumenkohl-Nudel-Mischung und Petersilie unterziehen und servieren.

Lachs-Lauch-Nudeln

ZUTATEN FÜR 4 PERSONEN
1 Zweig Thymian | 1 Knoblauchzehe | 2 dünne Stangen Lauch | 150 g Spaghettini | Salz | 200 g Räucherlachs | 3 EL Kapern mit Sud (aus dem Glas) | 1 EL Butter | schwarzer Pfeffer

CA. 30 MIN. | PRO PORTION CA.
310 kcal | 20 g EW | 12 g F | 30 g KH

Thymian waschen und trocken schütteln. Knoblauch schälen. Lauch putzen, seitlich bis zur Mitte einschneiden, gründlich waschen und längs in dünne Streifen schneiden. Lauchstreifen, Spaghettini, Thymian und Knoblauch in reichlich kochendes Salzwasser geben und die Spaghettini in ca. 8 Min. bissfest garen. Inzwischen den Lachs würfeln. Lauchspaghettini abgießen und abtropfen lassen. Thymian und Knoblauch entfernen. Butter in einem Topf zerlassen, Lauchspaghettini, Lachswürfel und Kapern darin 1–2 Min. schwenken. Mit Kapernsud, Salz und Pfeffer abschmecken.

Zitronen-Erbsen-Sauce

VEGETARISCH

ZUTATEN FÜR 4 PORTIONEN
400 g Erbsen | 3 Frühlingszwiebeln | 1 Knoblauchzehe | 1/2 Bio-Zitrone | 1 EL Butter | 100 g Sahne | 1 Handvoll frisch gehackte Zitronenmelisse | Salz | Pfeffer

CA. 30 MIN. | PRO PORTION CA.
180 kcal | 8 g EW | 11 g F | 14 g KH

Erbsen aus den Schoten pulen. Frühlingszwiebeln putzen, waschen und in feine Ringe schneiden. Knoblauch schälen und fein würfeln. Zitronenhälfte heiß waschen und abtrocknen, die Schale abreiben und den Saft auspressen. Butter in einem Topf zerlassen, Frühlingszwiebeln darin glasig dünsten. Erbsen und Knoblauch zugeben und ca. 3–5 Min. mitdünsten, mit Sahne ablöschen und aufkochen. Zitronenschale, Zitronensaft und Zitronenmelisse unterrühren. Sauce salzen, pfeffern. Dazu passen Hörnchennudeln.

Lachsforelle mit Bohnenbutter

Fisch im Ganzen – schonend umhüllt, mit Zitrone und Kräutern gefüllt. So verpackt bleibt er aromatisch und saftig und ist sogar fit für den Grill.

ZUTATEN FÜR 4–6 PERSONEN
1 Lachsforelle (2,5 – 3 kg)
Salz
1 Bio-Zitrone
400 g derbe Gemüseblätter
(z. B. Kohlrabi, Rote Bete, Zucchini oder Huflattich)
je 1 Bund Bohnenkraut, Majoran und glatte Petersilie
2 Zweige Estragon
200 g ausgepalte dicke Bohnenkerne
100 g weiche Butter
Pfeffer

CA. 2 STD.
BEI 6 PERSONEN PRO PORTION CA.
580 kcal | 56 g EW | 34 g F | 12 g KH

KÜCHEN-TIPP

Die Garzeit hängt von der Dicke des Fischs ab. Ein Garthermometer hilft, die richtige Zeit abzupassen: Wenn die Kerntemperatur von 65° erreicht ist, den Ofen ausschalten und den Fisch nachziehen lassen, sodass das Thermometer am Ende 70° zeigt.

Lachsforelle waschen und innen salzen. Zitrone heiß waschen, abtrocknen und in dünne Scheiben schneiden. Gemüseblätter waschen, putzen und dicke Blattrippen flach schneiden. Harte Blätter wie Kohlrabiblätter in kochendem Wasser blanchieren oder in einem Dämpfeinsatz in ca. 5 Min. weich dämpfen, dann kalt abschrecken.

Kräuter waschen und trocken schütteln. Die Hälfte des Bohnenkrauts und Majorans, Estragon und einige Zitronenscheiben in die Öffnung der Lachsforelle legen. Eine Schicht Blätter überlappend auf ein Backblech legen. Ein paar Zitronenscheiben darauf verteilen und salzen. Den Fisch daraufsetzen, mit restlichen Zitronenscheiben belegen, mit übrigen Blättern bedecken und rundum fest andrücken. Im Ofen (Mitte) bei 140° (Umluft, ohne Vorheizen) in ca. 1 Std. garen. Ofen ausschalten und den Fisch darin ca. 20 Min. ziehen lassen.

Dicke Bohnen waschen. Die übrigen Majoran- und Petersilienblätter abzupfen. Die Stiele mit restlichem Bohnenkraut und Bohnen in 150 ml Salzwasser in ca. 15 Min. weich garen. Bohnenkraut und Stiele entfernen, Kochwasser abgießen und auffangen. Bohnen, Majoran- und Petersilienblätter und Butter cremig pürieren, eventuell etwas Kochwasser untermixen. Mit Salz und Pfeffer würzen und die Bohnenbutter kalt stellen.

Fisch herausnehmen, Blätter und Zitronenscheiben entfernen. Mit Bohnenbutter servieren. Dazu passen Kräuterkartoffeln.

VARIANTE

Gegrillter Fisch: So eingepackt lässt sich Fisch auch grillen. Nehmen Sie kleine Fische, die 600 –750 g wiegen. Die Fische auf jeder Seite ca. 8 Min. grillen, dann am Rostrand ca. 10 Min. ziehen lassen. Die Blätter dürfen nachdunkeln – sie werden nicht mitgegessen, schützen aber das zarte Fischfleisch durch ihren Wassergehalt.

Fenchelfisch

Zander ist besonders festfleischig. Wenn man das Filet auf der Innenseite anbrät und dann erst auf die Hautseite wendet, bleibt es glatt und wölbt sich nicht. Der Fenchel schützt das Filet vor dem Austrocknen, die Sauce macht's saftig.

ZUTATEN FÜR 4 PERSONEN

400 g Petersilienwurzeln
1 große Zwiebel
1 Knoblauchzehe
1 Bio-Zitrone
4 EL Olivenöl
Salz | Pfeffer
100 g Schmand
4 Zanderfilets mit Haut (ca. 600 g)
1/2 TL Fenchelsamen
4 Zitronenscheiben

CA. 40 MIN. | PRO PORTION CA.
300 kcal | 31 g EW | 17 g F | 5 g KH

Das Petersilienwurzelgrün abschneiden, waschen, hacken und beiseitelegen. Petersilienwurzeln schälen und würfeln. Zwiebel schälen und grob würfeln. Knoblauch schälen und zerdrücken. Zitrone heiß waschen und abtrocknen, die Schale abreiben und den Saft auspressen.

2 EL Öl in einem Topf erhitzen, Zwiebel, Petersilienwurzel und Knoblauch darin glasig dünsten. Mit Zitronenschale, Salz und Pfeffer würzen und mit 150 ml Wasser ablöschen. Alles zugedeckt bei kleiner Hitze in ca. 15 Min. garen. Zitronensaft, Schmand und das beiseitegelegte Grün bis auf 1 EL zugeben. Die Sauce mit dem Pürierstab schaumig pürieren.

Die Fischfiles leicht salzen und die hautlose Seite mit Fenchelsamen bestreuen. 2 EL Öl in einer beschichteten Pfanne erhitzen, den Fisch darin erst auf der hautlosen Seite ca. 2 Min. braten. Dann die Filets wenden und bei mittlerer Hitze in 2–3 Min. auf der Hautseite knusprig braten.

Jeweils einige Löffel Sauce auf flache Teller verteilen und den Fisch darauf anrichten. Mit Petersilienwurzelgrün und je 1 Zitronenscheibe servieren. Dazu passen Kartoffeln oder Nudeln.

VARIANTE

Zander ist echter Luxus und relativ teuer. Das Rezept gelingt auch mit Wels oder Bio-Pangasius.

KÜCHEN-TIPP

Fisch gart schon bei Temperaturen über 70°. Das heißt: Er sollte nicht kochen, sondern unterhalb des Kochpunktes gar ziehen. Nur so bleibt er saftig – zuviel Hitze macht ihn trocken. Liegt er noch ein paar Minuten in der heißen Pfanne, gart er weiter. Also: behutsam mit der Hitzezufuhr sein und den Herd rechtzeitig ausschalten!

Fischbuletten mit Salat

Einheimische, selbst geangelte Fische strotzen meist vor Gräten. Bei diesem Gericht müssen Sie keine Angst davor haben, denn die lästigen Fischknochen werden einfach mitpüriert. Auch für Reste sind die Buletten eine tolle Verwertung.

ZUTATEN FÜR 4 PERSONEN
3 Frühlingszwiebeln
4 Stiele Kerbel
1 Bio-Zitrone
300 g Weißfisch (oder Fischreste)
Salz | Pfeffer
100 g Magerquark
90 g zarte Haferflocken
2 Salatgurken
1 Bund Dill
100 g Schmand
1 TL frisch geriebener Meerrettich
1 EL Weißweinessig (nach Belieben)
6 EL Rapsöl

CA. 40 MIN. | PRO PORTION CA.
410 kcal | 24 g EW | 25 g F | 19 g KH

Frühlingszwiebeln putzen, waschen und in Ringe schneiden. Kerbel waschen, trocken schütteln und grob hacken. Zitrone heiß waschen und abtrocknen, die Zitronenschale abreiben und den Saft auspressen.

Den Fisch säubern, eventuell große Gräten entfernen. Fisch, die Hälfte des Zitronensafts, Salz und Pfeffer mit dem Pürierstab pürieren. Quark, Frühlingszwiebeln und so viel Haferflocken (ca. 60 g) zugeben, dass eine weiche Masse entsteht. Die Masse abgedeckt kalt stellen und quellen lassen.

Gurken waschen und die Enden abschneiden. Gurken mit Schale in feine Scheiben hobeln. Den Dill waschen, trocken schütteln und hacken. Mit übrigem Zitronensaft, Zitronenschale, Schmand, Salz, Pfeffer und Meerrettich verrühren. Mit den Gurken mischen. Nach Belieben mit Essig abschmecken.

Die Fischmasse salzen, pfeffern und zu kleinen Buletten formen, diese in den restlichen Haferflocken wenden. Öl in einer beschichteten Pfanne erhitzen, die Buletten darin auf beiden Seiten bei mittlerer Hitze ca. 5 Min. braten. Mit Gurkensalat servieren.

PRODUKT-TIPP
Weißfische werden karpfenartige, silbrigweiß glänzende Süßwasserfische genannt. Sie sind meist grätenreich und als Speisefisch nicht sehr geschätzt, für Buletten aber ideal und preiswert. Bei dicken Gräten, den Fisch fein pürieren oder zweimal durch die feine Scheibe des Fleischwolfs drehen.

MACH WAS DRAUS
Ja – auch Fisch darf man aufwärmen oder ein zweites Mal verarbeiten. Fischreste im Kühlschrank aufbewahren und am nächsten Tag wieder verwenden. So können Sie Reste von einem großen gegarten Fisch zu Buletten verwerten. Der Zusammenhalt der Fischküchlein ist dann nicht ganz so fest wie bei rohem Fisch.

Gurken-Fisch-Ragout

Vor allem magere Fischsorten garen besonders schonend in cremigen Saucen. Dill und Meerrettich sorgen für Aroma. Das Ragout schmeckt auch mit Gemüsegurken.

ZUTATEN FÜR 4 PERSONEN
2 große Bio-Salatgurken
1 Bund Frühlingszwiebeln
1 Bund Dill
2 EL Rapsöl
1 EL Mehl (Type 1050)
400 g gemischte Fischfilets
150 g Schmand
1 TL frisch geriebener Meerrettich (oder Wasabi aus der Tube)
Salz | Pfeffer

CA. 30 MIN. | PRO PORTION CA.
270 kcal | 18 g EW | 15 g F | 10 g KH

Gurken waschen, längs vierteln, entkernen und in ca. 2 cm dicke Stücke schneiden. Frühlingszwiebeln putzen, waschen und in Ringe schneiden. Dill waschen, trocken schütteln und hacken.

Öl in einer großen beschichteten Pfanne erhitzen. Frühlingszwiebeln darin ca. 2 Min. dünsten, mit Mehl bestäuben und kurz anschwitzen. Die Gurkenstücke unterrühren und zugedeckt bei kleiner Hitze 10–15 Min. dünsten. Eventuell etwas Wasser zufügen. Inzwischen den Fisch waschen und trocken tupfen, bei Bedarf in mundgerechte Stücke schneiden und entgräten.

Schmand und Meerrettich unter die Gurken mischen, salzen und pfeffern. Eventuell etwas Wasser zugeben. Fischstücke einlegen und bei kleiner Hitze 3–4 Min. ziehen lassen. Mit Dill, Salz und Pfeffer würzen. Dazu passen Kartoffeln.

KÜCHEN-TIPP
Gurken haben mit Schale mehr Biss. Außerdem sind dort Vitamine und Bioaktivstoffe konzentriert.

EINKAUFS-TIPP
An guten Fischtheken gibt es immer Reste wie Karkassen, Köpfe und kleine Endstücke. Oft sind sogar noch große Fischstücke dabei. Ich finde den Mix sehr reizvoll, und er ist ideal für eine Fischsuppe (siehe unten).

Grundrezept Fischsuppe

Ca. **800 g Fischreste** waschen. Mit **1 l Salzwasser** aufkochen und zugedeckt ca. 30 Min. kochen lassen. Fischbrühe abgießen und in einem Topf auffangen. Karkassen entfernen und das Fischfleisch auslösen. **1/2 Bio-Zitrone** heiß waschen, abtrocknen und in Scheiben schneiden. Je **1 Zwiebel** und **Knoblauchzehe** schälen und fein hacken. **500 g Zucchini, Fenchel oder Bohnen** putzen und waschen. **2 vollreife Tomaten** waschen. Das Gemüse klein schneiden. **1 Bund Petersilie** waschen, trocken schütteln und hacken. Frischbrühe aufkochen, Gemüse und Kräuter darin 8 Min. garen. Fischfleisch wieder dazugeben. Suppe mit **Salz** und **Pfeffer** würzen und servieren.

Wildfilet

Sommer ist Jagdsaison – ab Mitte Mai/Juni ist fast das ganze Wild freigegeben, zum Beispiel Wildschweine, auch Frischlinge, Rot- und Rehwild. Das magere Fleisch ist ideal für die leichte Sommerküche.

ZUTATEN FÜR 4–6 PERSONEN
Ca. 1 kg Reh- oder Wildschweinfilet
2 EL schwarzer Dijon-Senf
Salz | Pfeffer
4–5 EL Rapsöl
1 Zweig Thymian
500 g Pflaumen
1 EL Honig
Worcestersauce
Für den Fond:
Ca. 1 kg Wildknochen
1 Bund Suppengrün (Möhre, Sellerie, Lauch)
1 Zwiebel
3 EL Tomatenmark
Salz | Pfeffer
1 Zweig Thymian
250 ml Rotwein
1–2 Lorbeerblätter
1 EL Wacholderbeeren

CA. 1 STD. 15 MIN.
BEI 6 PERSONEN PRO PORTION CA.
370 kcal | 42 g EW | 16 g F | 11 g KH

Filet von Sehnen befreien, waschen und trocken tupfen. Senf mit Salz, Pfeffer und Öl verrühren und das Fleisch damit einpinseln.

Für den Fond die Knochen grob zerteilen. Suppengrün waschen, putzen, schälen und in grobe Würfel schneiden. Zwiebel schälen und ebenfalls grob würfeln. Gemüse und Zwiebel mit Tomatenmark, Salz und Pfeffer mischen. Die Mischung und die Knochen auf einem tiefen Backblech verteilen. Im Backofen (Mitte) bei 220° (Umluft, ohne Vorheizen) in ca. 30 Min. braun werden lassen, dabei zwischendurch einmal wenden.

Thymian waschen und trocken schütteln. Die Blättchen von 1 Zweig abstreifen und beiseitelegen. Das Blech herausnehmen und den Wein zugießen. Alles in einen Schnellkochtopf geben, dann 500 ml Wasser, 1 Zweig Thymian, Lorbeerblätter und Wacholderbeeren zugeben und auf Stufe 2 ca. 30 Min. kochen.

Pflaumen waschen, halbieren und entsteinen. Fleisch auf ein tiefes Backblech legen, Pflaumen und Thymianblättchen rundherum verteilen. Unter dem heißen Backofengrill 10–12 Min. grillen, dabei einmal wenden. Das Fleisch herausnehmen, in einer Schüssel abgedeckt warm halten. Pflaumen mit Honig, Salz, Pfeffer und Worcestersauce würzen.

Den Fond durch ein Sieb gießen. Knochen entnehmen und das Gemüse durch ein Haarsieb streichen, mit Gewürzen und Worcestersauce abschmecken. Den entstandenen Fleischsaft zum Fond geben. Das Fleisch dünn aufschneiden, mit Sauce und Pflaumen servieren. Dazu passen Spätzle.

VARIANTE
Filet oder Rücken eignet sich hervorragend zum Grillen auf Holzkohle. Dann aber nur kurz auf den heißen Grill legen, ca. 4 Min. auf jeder Seite.

Zucchiniblech mit Hühnerbrust

Gerade Hühnerbrust darf nicht zu lange garen, sonst wird sie trocken. Ideal, um sie mit zartem Gemüse gleichzeitig in den Ofen zu schieben! Tahin schützt sie vor dem Austrocknen, das Gemüse macht sie saftig: ein Gesamt-Genusswerk.

ZUTATEN FÜR 4 PERSONEN
3 große Zucchini
400 g Strauchtomaten
(oder Cherrystrauchtomaten)
1 Zweig Rosmarin
1 Zweig Thymian
2 Hähnchenbrüste mit Haut
(à ca. 200 g)
Salz | Pfeffer
4 EL Tahin (Sesampaste aus dem Reformhaus)
4 EL Rapsöl für das Backblech

CA. 55 MIN. | PRO PORTION CA.
365 kcal | 27 g EW | 26 g F | 5 g KH

Zucchini und Tomaten waschen. Zucchini putzen und in ca. 1/2 cm dicke Scheiben hobeln. Tomaten halbieren und die Stielansätze entfernen. Die Tomatenhälften in Viertel schneiden. Oder Cherrystrauchtomaten mit Grün waschen und mit einer Gabel einstechen.

Rosmarin und Thymian waschen und trocken schütteln, die Blättchen abzupfen und grob hacken. Die Hähnchenbrüste halbieren, salzen, pfeffern und gleichmäßig mit Tahin bestreichen.

Ein tiefes Backblech mit dem Öl einfetten. Zucchinischeiben, Tomaten und Kräuter darauf verteilen. Das Fleisch daraufgeben und etwas unter das Gemüse schieben. Im Backofen (Mitte) bei 200° (Umluft, ohne Vorheizen) in ca. 30 Min. garen. Herausnehmen kräftig salzen, pfeffern und servieren. Dazu passen Roggenvollkornbrot, Kartoffeln oder Reis.

MACH WAS DRAUS

Ganze Hähnchen: Hähnchen vom Wochenmarkt werden meist im Ganzen angeboten. Das hat Vorteile, denn so bekommen Sie aus einem Huhn drei Gerichte: Die Brust kann – wie in diesem Gericht – getrennt von den Beinen und Flügeln verwendet werden. Die restliche Karkasse samt Haut ist Grundlage einer aromatischen Hühnerbrühe (s. S. 69). Wenn die Innereien dabei sind, reicht es für einen pikanten Brotbelag aus Leber, Herz und Magen, mit knusprigen Zwiebeln gebraten. So rechnet sich der höhere Preis eines »glücklichen« Huhns.

Zitronenhähnchen

Zitrone mit Schale und Thymian gibt dem Hühnertopf ein mediterranes Aroma. Selleriegrün, Lauch und Gurke passen sich dem an. Angerichtet wird der flüssige Eintopf auf altbackenem Brot. Sie können stattdessen auch gekochte Nudeln zugeben.

ZUTATEN FÜR 4 PERSONEN
1 Hähnchen (ca. 1,1 kg)
2 Stangen Lauch
5–6 Stiele Knollenselleriegrün
2 Zweige Thymian
4 EL Olivenöl
250 ml Weißwein
Salz | Pfeffer
2 Schmorgurken (ca. 300 g)
1 Bio-Zitrone
150 g altbackenes Brot

CA. 1 STD. | PRO PORTION CA.
580 kcal | 45 g EW | 30 g F | 21 g KH

Hähnchen in etwa 6–8 Teile zerlegen. Das Knochengerüst zerteilen und beiseitelegen. Lauch putzen, gründlich waschen und den oberen grünen Teil klein schneiden. Das Selleriegrün waschen, die zarten Stiele klein schneiden und beiseitelegen. Thymian waschen und trocken schütteln.

1 EL Öl in einem Schnellkochtopf erhitzen, Lauch und Selleriegrün darin ca. 2 Min. andünsten. Die Knochen zugeben, dann mit Wein und ca. 250 ml Wasser auffüllen. Mit Salz, Pfeffer und Thymian würzen und auf Stufe 2 ca. 15 Min. kochen. Alles in ein Sieb abgießen, dabei die Brühe auffangen.

Inzwischen die Gurken waschen und mit Schale längs vierteln. Gurken und übrigen Lauch in ca. 2 cm breite Stücke schneiden.

Zitrone heiß waschen und abtrocknen, längs halbieren und in dünne Scheiben schneiden. Die Hälfte der Zitrone mit den Fingern unter die Haut der Hähnchenteile schieben. Hähnchenteile mit Salz und Pfeffer einreiben.

Übriges Öl in einer Kasserolle erhitzen, Hähnchenteile darin bei mittlerer Hitze rundherum 5–8 Min. braten, die beiseitegelegten Selleriestiele, Lauch, Gurken und restliche Zitrone zugeben und kurz mitdünsten, mit der aufgefangenen Brühe ablöschen. Alles zugedeckt bei kleiner Hitze in ca. 15 Min. gar ziehen lassen.

Brot in Scheiben schneiden und in eine große Schüssel geben. Hähnchenteile und Brühe darauf anrichten und servieren.

SAISON-TIPP
Im Sommer gibt es jungen Knollensellerie mit Grün. Hier wird das Grün verwertet: die Blätter in der Bouillon und die Stiele im Gemüse. Die Blätter schmecken auch ausgebacken – und zwar pur oder im Ausbackteig – ausgezeichnet und würzig. Wer also Sellerie kauft, sollte Grün und Stiele aufheben.

Spitzkohl mit Hackfleisch

Dieser Kohl wird von Mai bis Dezember geerntet und ist somit der erste im Jahr. Er hat eine feine Blattstruktur und ist deshalb sehr zart.

ZUTATEN FÜR 4 PERSONEN
1 kleiner Spitzkohl (ca. 700 g) | 2 Zwiebeln | 2 Fleischtomaten (ca. 300 g) | 1 Knoblauchzehe | 1 rote Chilischote | 2 EL Rapsöl | 250 g Rinderhackfleisch | 2 EL Tomatenmark | Salz | Pfeffer | edelsüßes Paprikapulver | 300 g Penne

CA. 40 MIN. | PRO PORTION CA.
500 kcal | 28 g EW | 15 g F | 63 g KH

Spitzkohl vierteln, waschen, abtropfen lassen und den mittleren Strunk entfernen. Viertel in Streifen schneiden und beiseitestellen. Zwiebeln schälen und fein würfeln. Tomaten waschen und die Stielansätze entfernen. Tomaten halbieren und würfeln. Knoblauch schälen und fein hacken. Chilischote längs halbieren, entkernen, waschen und fein hacken.

Öl in einem großen Topf erhitzen, Hackfleisch, Zwiebeln, Knoblauch, Chili, Tomatenmark, Salz, Pfeffer und Paprikapulver darin unter Rühren so lange braten, bis das Fleisch krümelig und braun ist. Spitzkohl und Tomaten zugeben und zugedeckt bei mittlerer Hitze ca. 15 Min. schmoren. Eventuell etwas Wasser zugeben.

Inzwischen die Nudeln nach Packungsangabe in Salzwasser bissfest garen. Dann die Nudeln abgießen und unter den Spitzkohl mischen, eventuell etwas Nudelwasser zugeben.

PRODUKT-TIPP
Alle Kopfkohlarten enthalten Ascorbigen, eine Vorstufe des Vitamin C. Erst durch das Kochen wird aus Ascorbigen Vitamin C gebildet. Spitzkohl enthält noch Vitamin B1, B2, Kalium und Betakarotin. Spitzkohlgerichte am besten frisch essen. Beim Aufwärmen verliert er einen Teil seines feinen Aromas.

Gefüllte Kohlrabiröllchen

Die Blätter von Kohlrabi sind Kohlblätter und enthalten noch mehr Vitamine und Mineralstoffe als die Knollen. Unbedingt mitverwenden!

ZUTATEN FÜR 4 PERSONEN
2 Zwiebeln | 4 Stiele Petersilie | 4 EL Rapsöl | 1 altbackenes Brötchen | 3 EL Milch | 300 g gemischtes Hackfleisch | 1 Ei | 2 EL Kapern (aus dem Glas) | edelsüßes Paprikapulver | Salz | Pfeffer | 3 – 4 kleine Kohlrabi mit vielen großen Blättern | 200 ml Gemüsebrühe (s. S. 121) | Schmand (nach Belieben) | kleine Holzspieße

CA. 1 STD. | PRO PORTION CA.
370 kcal | 20 g EW | 27 g F | 10 g KH

Zwiebeln schälen und würfeln. Petersilie waschen, trocken schütteln und grob hacken. 1 EL Öl in einer Pfanne erhitzen. Zwiebeln und Petersilie darin andünsten, in eine große Schüssel geben und abkühlen lassen. Brötchen mit Milch dazugeben und das Brötchen ca. 3 Min. einweichen. Fleisch, Ei, Kapern, Paprikapulver, Salz und Pfeffer dazugeben und mit den Händen zu einer geschmeidigen Masse kneten. Die Masse abgedeckt im Kühlschrank ruhen lassen.

Kohlrabi und Blätter waschen und trocken schütteln. Blattstängel in kleine Stückchen schneiden. Große Blätter in 12 Portionen aufteilen, kleinere grob hacken. Kohlrabi schälen und grob raspeln. Ca. 300 g Kohlrabiraspel und die Hackfleischmasse mischen.

Je 3 EL auf die Kohlrabiblätter geben, die Blätter einrollen und eventuell mit Holzspießchen fixieren. 3 EL Öl in einem Bräter erhitzen, Kohlrabistängel, gehackte Blätter und übrige Kohlrabiraspel darin glasig dünsten. Kohlrabiröllchen zugeben und kurz anbraten, dann mit Brühe ablöschen und zugedeckt ca. 20 Min. schmoren. Nach Belieben einige Kleckse Schmand daraufgeben und servieren. Dazu passen Kartoffeln.

Schafsflecken

Ein ursprüngliches Grillvergnügen ohne Schnickschnack. Am besten das Brustfleisch vom Lamm beim Metzger vorbestellen und entbeinen lassen.

ZUTATEN FÜR 6–8 PERSONEN
800 g Brustfleisch ohne Knochen (von Lamm oder Schaf) | 2 Knoblauchzehen | 1/2 Bio-Zitrone | Salz | 3 Zweige Rosmarin | 3 Zweige Thymian | Pfeffer

CA. 30 MIN. | PRO PORTION CA.
150 kcal | 14 g EW | 9 g F | 3 g KH

Das Fleisch von Sehnen und sehr fetten Teilen befreien. 1 Knoblauchzehe anschneiden. Das Fleisch mit der Zitronenhälfte und dem Knoblauch rundherum einreiben.

Übrigen Knoblauch schälen und mit etwas Salz fein hacken. Rosmarin und Thymian waschen und trocken schütteln, Nadeln und Blätter hacken. Kräuter mit Knoblauch, 1–2 TL Salz und 1 TL Pfeffer mischen und in eine flache Schale geben.

Das Fleisch auf den Grill legen und von beiden Seiten insgesamt ca. 20 Min. grillen, bis es rundum braun und knusprig ist.

Ein großes Brett auf den Tisch legen, den Gewürzmix dazustellen. Das Fleisch auf das Brett legen und mit einem großen, scharfen Messer in hauchdünne Scheiben schneiden. Vor dem Essen jedes Stück Fleisch in den Gewürzmix tauchen.

GUT ZU WISSEN
Schlafsflecken ist ein traditionelles Hirtengericht aus Siebenbürgen. Jeder hat eine Gabel in der Hand und muss schnell zustechen, wenn ein frisches Fleischstück abgeschnitten wird. So ist das Fleisch wunderbar resch und heiß – bei Lamm besonders wichtig. Dazu isst man Bauernbrot.

Grillkäse vom Spieß

Passend zum Lamm gleich die Beilage mit viel Gemüse und Kräutern frisch vom Grill – oder eine knackige Alternative für Vegetarier.

VEGETARISCH

ZUTATEN FÜR 2 PERSONEN
250 g Halloumi (Grillkäse) | je 1 gelbe und rote Paprikaschote | 1 große Zwiebel | je 1 Zweig Thymian und Rosmarin | 2 Zucchini (à ca. 100 g) | 1 Handvoll Salbeiblätter | 1 Knoblauchzehe | Salz | Pfeffer | 4 EL Rapsöl | 6–8 Holzspieße

CA. 30 MIN. | PRO PORTION CA.
650 kcal | 31 g EW | 54 g F | 11 g KH

Holzspieße in Wasser legen. Käse in ca. 2 cm große Würfel schneiden. Paprikaschoten halbieren, entkernen und waschen. Zwiebel schälen. Paprikahälften und Zwiebel würfeln. Thymian und Rosmarin waschen und trocken schütteln, Blätter und Nadeln fein hacken.

Zucchini waschen, putzen und längs in ca. 1/2 cm dicke Scheiben schneiden (am besten mit der Aufschnittmaschine). Salbeiblätter waschen und trocken tupfen. Knoblauch schälen und durch die Presse drücken. Mit Thymian, Rosmarin, Salz, Pfeffer und 2 EL Öl verrühren.

Die Zucchinischeiben mit dem Gewürzmix bestreichen und um die Käsewürfel wickeln, dann abwechselnd mit Paprika, Zwiebel und Salbeiblättern aufspießen.

Spieße mit übrigem Öl bepinseln und kurz ruhen lassen. Anschließend ca. 10 Min. auf dem heißen Rost grillen, dabei ab und zu drehen.

Fluffige Kräuterfladen

Diese Fladen sind nicht nur für den heimischen Grill geeignet. Den Teig einfach einpacken und in der freien Natur auf einem Feuerplatz backen.

VEGETARISCH

ZUTATEN FÜR 20 STÜCK
500 g Mehl (Type 1050) | 1 Päckchen Trockenhefe | 1 TL Rohrzucker | 1 TL Salz | 4 EL Olivenöl | 1 Handvoll gemischte Kräuter (z. B. Rosmarin, Thymian, Oregano, Liebstöckel) | Mehl zum Bestäuben | 2 EL Olivenöl für das Grillblech

CA. 1 STD. 20 MIN. | PRO PORTION CA.
120 kcal | 4 g EW | 3 g F | 17 g KH

Mehl und Hefe in einer großen Schüssel mischen. Die Mischung mit 375 ml lauwarmem Wasser, Zucker, Salz und 1 EL Öl mit den Händen zu einem glatten Teig verkneten. Kräuter waschen und trocken schütteln, fein hacken und unter den Teig kneten.

Den Teig abdecken und an einem warmen Ort ca. 1 Std. gehen lassen oder mit zum Grillplatz nehmen. Bis es losgeht, sollte der Teig mindestens um die Hälfte aufgegangen sein.

Das Grillblech mit Öl einfetten. Den Teig in ca. 20 Portionen teilen und zu flachen Fladen formen. Die Fladen beidseitig mit Mehl bestäuben, auf das Grillblech legen und auf beiden Seiten ca. 4 Min. grillen. Mit restlichem Öl beträufeln.

KÜCHEN-TIPP
Bei warmem Grillwetter geht der Teig am besten draußen auf. Setzen Sie ihn etwa 2 Std. vor Grillbeginn an – dann sind Sie auf der sicheren Seite.

VARIANTEN
Stockbrot: Den Teig zu langen Rollen formen, um Holzstöcke wickeln und über dem Feuer rösten.
Pizza: Die Fladen lassen sich auch grillen: Den Teig sehr flach drücken und mit einem Mix aus 4 EL Schmand und 2 EL Pesto bestreichen. Oder mit 4 EL Öl, 4 EL Tomatenmark und 300 g Mozzarella belegen.

Chapati mit Würzbutter

Chapati werden zu indischem Essen gereicht und gerollt wie eine Art Löffel oder als Teller benutzt. Sie sind dünn und kommen ohne Hefe aus.

VEGETARISCH

ZUTATEN FÜR 6 STÜCK
200 g Mehl (Type 1050) | 1 TL Salz | 2 TL Rapsöl (oder Butterschmalz) | 1 Bund Koriandergrün | 1 Knoblauchzehe | 100 g weiche Butter | 50 g gesalzene Erdnüsse | 1/2 TL gemahlener Kreuzkümmel | 1 Prise Cayennepfeffer | Mehl zum Arbeiten

CA. 30 MIN. | PRO PORTION CA.
310 kcal | 20 g EW | 6 g F | 25 g KH

Mehl in eine Schüssel sieben und mit Salz mischen. Nach und nach ca. 250 ml lauwarmes Wasser und Öl (oder Butterschmalz erst zerlassen) zugeben und mit den Händen so lange kneten, bis ein weicher, gut formbarer Teig entsteht. Teig abgedeckt bei Zimmertemperatur ca. 10 Min. ruhen lassen.

Inzwischen das Koriandergrün waschen, trocken schütteln und grob hacken. Den Knoblauch schälen und fein hacken. Beides mit der weichen Butter verkneten. Erdnüsse grob hacken und unter die Butter mischen. Die Würzbutter mit Salz, Cayennepfeffer und Kreuzkümmel würzen und kalt stellen.

Den Teig in 6 Portionen teilen. Jede Portion mit etwas Mehl bestreuen und so dünn wie möglich ausrollen. Fladen aufeinanderstapeln, immer ein Stück Backpapier einlegen. Den Stapel in ein feuchtes Tuch einwickeln, damit der Teig nicht brüchig wird.

Teigfladen auf eine Grillplatte legen und auf dem heißen Grill backen. Wenn der Teig Blasen wirft, einmal umdrehen. Auf jedem Chapati nach dem Backen ein Stück Würzbutter schmelzen lassen. Oder die Chapati als Unterlage für saftiges Grillgut verwenden.

KÜCHEN-TIPP
Ohne Grill geht's auch: Eine beschichtete Pfanne erhitzen, die Chapati darin ohne Öl auf jeder Seite ca. 1 1/2 Min. braten.

Falafel

Diese arabische Spezialität gelingt am besten mit eingeweichten Kichererbsen, die ungekocht püriert und mit Ei und würzenden Zutaten vermengt werden.

VEGETARISCH

ZUTATEN FÜR 4 PERSONEN (CA. 25 STÜCK)

250 g getrocknete Kichererbsen (oder 550 g aus der Dose)
1 Zwiebel
1 Knoblauchzehe
1 TL rosenscharfes Paprikapulver
1 TL gemahlener Koriander
Salz | Pfeffer
2 EL Zitronensaft
1 Ei
4 EL Semmelbrösel
Raps- oder Sesamöl zum Einfetten

CA. 30 MIN. + 12 STD. EINWEICHEN
PRO PORTION CA.
290 kcal | 14 g EW | 8 g F | 39 g KH

Die getrockneten Kichererbsen waschen und ca. 12 Std. (oder über Nacht) in ca. 600 ml Wasser einweichen. Dann die gelösten Hülsen entfernen und die Kichererbsen abgießen. Kichererbsen aus der Dose in einem Sieb abtropfen lassen.

Zwiebel und Knoblauch schälen und mit den Kichererbsen fein pürieren. Das Kichererbsenpüree mit Paprikapulver, gemahlenem Koriander, Salz, Pfeffer und Zitronensaft würzen. Ei und Semmelbrösel unter die Masse rühren.

Die Masse zu tischtennisgroßen Bällchen formen und etwas flach drücken. Ein beschichtetes Backblech oder eine Grillplatte mit etwas Öl bepinseln und die Falafel darauf auf jeder Seite 4–5 Min. grillen.

Vor dem Servieren kleine Butterflöckchen oder Bohnenbutter (s. S. 136) auf die Falafel setzen. Das macht sie noch saftiger.

VARIANTEN

Schafskäse-Falafel: Das Grundrezept zusätzlich mit 200 g Schafskäse (Feta) und 1 TL Currypulver oder 1 TL gemahlenem Kreuzkümmel mischen.
Oliven-Walnuss-Falafel: Das Grundrezept zusätzlich mit 100 g gehackten grünen Oliven und 200 g gehackten Walnüssen vermengen. Je 4 Stiele Rosmarin und Thymian waschen, trocken schütteln, die Blätter hacken und unter den Teig heben.
Sesam-Falafel: Das Grundrezept zusätzlich mit 4 EL Tahin (Sesampaste aus dem Reformhaus) und 4 EL Sesamsamen mischen und mit 2 TL Chiliflocken und 2 TL Currypulver abschmecken.

Lavendelmilchreis

Lavendelduft erinnert an Urlaub in Südfrankreich und wirkt beruhigend. Vitamine und Mineralstoffe im Obst machen Milchreis zu einer gesunden Hauptmahlzeit.

VEGETARISCH

ZUTATEN FÜR 4 PERSONEN
Einige Lavendelstängel | 1 EL Butter | 750 ml Milch | 250 g Milchreis | 1/2 ausgekratzte Vanilleschote | 1 Prise Salz | ca. 5 EL Honig | 250 g frische Himbeeren | 5 Pfirsiche | 50 g Sahne

CA. 45 MIN. | PRO PORTION CA.
550 kcal | 13 g EW | 13 g F | 92 g KH

Lavendel in ein Stück Mull oder Teesäckchen geben und zubinden. Die Butter in einem Topf schmelzen lassen, Milch und 250 ml Wasser zugießen. Reis, Lavendelsäckchen, Vanilleschote und Salz dazugeben, alles aufkochen und zugedeckt bei kleiner Hitze in ca. 20 Min. weich garen.

Lavendel und Vanilleschote entfernen. Den Honig unterrühren. Den Milchreis auf der ausgeschalteten Herdplatte ausquellen und auskühlen lassen.

Inzwischen die Beeren verlesen, eventuell abbrausen und abtropfen lassen. Pfirsiche waschen, halbieren, entsteinen und in Spalten schneiden. Die Hälfte der Pfirsiche mit dem Pürierstab pürieren, eventuell etwas Honig unterrühren. Das Püree mit Himbeeren und übrigen Pfirsichspalten mischen. Die Sahne unter den warmen Milchreis ziehen. Den Lavendelmilchreis mit dem Obst servieren.

VARIANTE
Der Milchreis gelingt auch mit Sojamilch. Sie schmeckt süßer als Kuhmilch, deshalb können Sie weniger Honig unterrühren. Verwenden Sie Sojamilch mit Vanillearoma, lassen Sie die Vanilleschote weg.

SAISON-TIPP
Wenn Sie Lavendel im Garten oder im Töpfchen haben und nicht spritzen, können Sie die Blüten direkt vom Stiel streifen. Getrocknet sind sie zum Kochen ebenso geeignet wie fürs Duftsäckchen.

Beerencrumble

Diese ursprünglich aus England stammende Nachspeise bedeutet nichts anderes, als frische saftige Beeren mit knusprigen Krümeln zu überbacken.

VEGETARISCH

ZUTATEN FÜR 4 PERSONEN
400 g Rote Johannisbeeren (oder Stachelbeeren) | 70 g Zucker | 1 EL Vanillezucker | 100 g Mehl (Type 1050) | 100 g kernige Haferflocken | 100 g gehackte gemischte Kerne und Samen (z. B. Sonnenblumen- und Pinienkerne) | 125 g Butter | 1–2 EL Puderzucker zum Bestreuen

CA. 20 MIN. + 30 MIN. BACKEN
PRO PORTION CA.
580 kcal | 13 g EW | 28 g F | 66 g KH

Die Beeren waschen und abtropfen lassen. Die Johannisbeeren von den Rispen streifen. Oder von den Stachelbeeren die Enden abknipsen.

Zucker, Vanillezucker, Mehl, Haferflocken sowie gehackte Kerne und Samen mischen. Die Butter bei kleiner Hitze schmelzen lassen und dazugeben. Alles mit den Fingern zu einem krümeligen Teig verarbeiten (nicht cremig rühren).

Die Hälfte der Krümel in eine runde Auflaufform (ca. 24 cm Ø) geben und die Beeren darüberstreuen. Die übrigen Krümel darauf verteilen. Im Backofen (Mitte) bei 180° Umluft) in ca. 30 Min. knusprig backen. Mit Puderzucker bestreut servieren.

VARIANTEN
Die Beerencrumble schmecken am besten mit sauren Beeren, aber auch mit Rhabarberstückchen, sauren Apfelspalten oder festen Zwetschgen. Wer es nicht so sauer mag, genießt etwas milden Joghurt dazu.

Kirsch-Clafoutis

Ist im Nu fertig und schmeckt heiß und kalt als Kuchen oder Dessert. Die fruchtige Süßspeise ist auch prima fürs Picknick!

VEGETARISCH

ZUTATEN FÜR 4 PERSONEN

400 g Kirschen (oder Beeren, Aprikosen, Pfirsiche) | 4 Eier | 60 g Zucker | 1 Päckchen Vanillezucker | 1 Prise Salz | 150 g Mehl (Type 1050) | 50 g gemahlene Mandeln | 250 ml Milch | 1 EL weiche Butter für die Form | Puderzucker zum Bestreuen

CA. 10 MIN. + 30 MIN. BACKEN
PRO PORTION CA.
480 kcal | 16 g EW | 18 g F | 62 g KH

Kirschen (oder anderes Obst) waschen, entstielen und entsteinen (Aprikosen oder Pfirsiche in Spalten schneiden). Eine runde Kuchen- oder Quicheform (ca. 27 cm Ø) mit weicher Butter einfetten. Den Backofen auf 200° Umluft vorheizen.

Die Eier trennen. Die Eiweiße steif schlagen. Eigelbe, Zucker, Vanillezucker und Salz mit den Quirlen des Handrührgeräts schaumig schlagen. Nach und nach im Wechsel Mehl, gemahlene Mandeln und Milch unterrühren. Den Eischnee vorsichtig unterheben.

Den Teig in die Form geben und das Obst darauf verteilen. Den Clafoutis im Backofen (unten) bei 180° (Umluft) 20–30 Min. backen. Herausnehmen und abkühlen lassen. Den Clafoutis mit Puderzucker bestreuen. Dazu passt Vanillejoghurt.

MACH WAS DRAUS

Vanillezucker: Vanillezucker kann man auch selber machen. Dafür einfach eine frische oder noch besser eine ausgekratzte Vanilleschote in einem Glas mit Zucker einige Tage ziehen lassen. Je länger, desto aromatischer wird er.

Rote Grütze mit Graupen

Perlgraupen sind kalorienarm, machen aber schnell satt. Die Beeren werden erst zum Schluss unter die Grütze gezogen und behalten dadurch ihre Vitamine.

VEGETARISCH

ZUTATEN FÜR 4 PERSONEN
300 g Kirschen
300 g Beeren (z. B. Rote und Schwarze Johannisbeeren, Himbeeren, Blaubeeren)
1/2 Vanilleschote
500 ml roter Traubensaft
70 g Perlgraupen
2 EL Zucker

CA. 30 MIN. + 2 STD. KÜHLEN
PRO PORTION CA.
240 kcal | 3 g EW | 1 g F | 53 g KH

Kirschen und Beeren waschen und abtropfen lassen, die Kirschen entstielen und entsteinen. Die Vanilleschote längs aufschneiden und das Mark herauskratzen.

Den Traubensaft mit Perlgraupen, Zucker, Vanillemark und Vanilleschote in einem Topf aufkochen und zugedeckt bei kleiner Hitze ca. 10 Min. köcheln lassen. Die Kirschen hinzufügen und weitere 10 Min. garen, bis die Perlgraupen durchsichtig sind und der Saft eingedickt ist.

Die Grütze in eine mit kaltem Wasser ausgespülte Schüssel füllen und im Kühlschrank mindestens 2 Std. kalt stellen. Dann erst die Beeren unterziehen.

VARIANTEN
Beliebt ist auch gelbe, grüne oder blaue Grütze. Dafür Früchte der jeweiligen Farbe verwenden und mit dem farblich passenden Saft wie im Rezept beschrieben zubereiten. Härtere Früchte wie Pflaumen, Mirabellen, Birnen und Äpfel mitkochen, weiche wie Melone, Kiwi oder Mango nach dem Kühlen hinzufügen.

Dazu passt Vanillesauce: Dafür **3 EL Zucker, 1 Päckchen Vanillezucker, 1 Prise Safranpulver** für die gelbe Farbe, **Schote und Mark von 1 Vanilleschote** sowie **1 Messlöffel Johannisbrotkernmehl** (aus dem Reformhaus) mit **500 ml Milch** verrühren und bei kleiner Hitze aufkochen, bis die Sauce dick wird. Die Sauce kalt stellen. Zum Servieren nach Wunsch **100 g halbsteif geschlagene Sahne** unterziehen.

• Klassisch wird die Sauce mit Eigelb statt mit Johannisbrotkernmehl angedickt. Dafür **2 Eigelb** mit **1 EL Mich** verquirlen und nach dem ersten Aufkochen unter die Sauce rühren. Die Sauce nicht mehr kochen lassen, sondern nur bei kleiner Hitze aufschlagen. Wer mag, schlägt statt Sahne 2 Eiweiß steif und zieht vor dem Servieren den Eischnee vorsichtig unter.

Sommersüße für den Vorrat

Aromatische Beeren und Steinfrüchte sind ideal für Konfitüren und Kompott. Vorteil: Sie brauchen keine Kühlung und sind essfertig. Nachteil: Sie werden haltbar durch Hitze und Zucker. Die Hitze zerstört einen Teil der Vitamine, der Zucker lässt die Kalorien explodieren. Trotzdem haben die süßen Delikatessen ihre Vorzüge.

VEGETARISCH

FRUCHTAUFSTRICH

250 g vollreife Himbeeren verlesen. **3–4 Feigen** waschen, putzen und klein schneiden. Mit Himbeeren, **1 Päckchen Vanillezucker** und **250 g Blitz-Gelierzucker** im Mixer oder mit dem Pürierstab ca. 5 Min. aufmixen, bis die Masse cremig wird. In kleine Schraubgläser zum schnellen Verbrauch füllen. Der Aufstrich hält sich im Kühlschrank ca. 8 Wochen.

Tipp: Es gibt speziellen Gelierzucker mit Konservierungsstoffen für kalt gerührte Konfitüren.

ROTWEINBIRNEN

1 kg feste, kleine Fallobst-Birnen waschen, schälen und die Kerngehäuse ausstechen. Die Birnen auf 3 Einmachgläser à 500 ml Inhalt verteilen. **750 ml kräftigen Rotwein** (z. B. Rotburgunder, Lemberger, Barolo) mit **1 EL schwarzen Pfefferkörnern** aufkochen und auf den Birnen verteilen, dabei den Pfeffer gleichmäßig verteilen. Gläser verschließen und wie das Kompott (s. unten) im Ofen (unten) bei 70° (Umluft, ohne Vorheizen) ca. 30 Min. einkochen, dann im Ofen abkühlen lassen.

SOMMERKOMPOTT

Je 1 kg kleine Zwetschgen, Sauerkirschen und **Brombeeren** waschen. Kirschen entsteinen, Zwetschgen vierteln und entsteinen, Brombeeren verlesen. Die Früchte in Einmachgläser schichten: unten die Zwetschgen, dann die Kirschen und zuletzt die Beeren. **1 Vanilleschote** längs aufschneiden und in ca. 2 cm große Stücke teilen. Mit **400 g Zucker** und **1,5 l Wasser** zu einem Sirup kochen, diesen heiß auf den Früchten verteilen. Die Gläser verschließen und in ein tiefes Backblech stellen. Heißes Wasser fingerhoch zugießen. Kompott im Ofen (unten) bei 70° (Umluft, ohne Vorheizen) ca. 40 Min. einkochen.

JOHANNISBEERCREME

1 kg Rote Johannisbeeren (Fruchtanteil 100 %) waschen, von den Stielen streifen und durch eine Fruchtpresse oder ein Sieb drücken. Fruchtpüree abwiegen und mit **derselben Menge Rohrohrzucker** 1:1 in einen flachen, großen Topf geben und unter Rühren langsam aufkochen, 6–10 Min. sprudelnd kochen lassen und die Gelierprobe (s. S. 100) machen. Das Zuckerthermometer sollte auf ca. 105° stehen. So lange weiterkochen, bis das Gelee geliert. Masse in heiß ausgespülte Gläser füllen. Die Gläser verschließen, auf den Kopf drehen und auskühlen lassen. Klappt auch mit Mirabellen und Aprikosen – alles Früchte mit viel Pektin.

SAUERKIRSCHKONFITÜRE

1 kg entsteinte Sauerkirschen grob zerkleinern und in einen großen Topf mit **1 kg Gelierzucker** und **1 Stück Zitronenschale** (ca. 5 cm) mischen und zugedeckt ca. 3 Std. ziehen lassen. Unter Rühren aufkochen und ca. 4 Min. sprudelnd kochen lassen. Die Zitronenschale entfernen. Konfitüre in heiß ausgespülte Gläser füllen. Die Gläser verschließen. Klappt auch mit Erdbeeren oder Stachelbeeren.

Varianten: Die Konfitüre mit ca. **6 EL Kirschlikör** oder Maraschino, **120 ml Rotwein** oder **1 Stange Zimt** zubereiten.

RUMTOPF

Je nach Erntezeitpunkt unterschiedliche, festfleischige Früchte in Alkohol einlegen: zuerst Erdbeeren, dann Kirschen und Mirabellen (mit Stein), Aprikosen- und Pflaumenhälften ohne Stein, und Viertel von gehäuteten Pfirsichen oder Nektarinen, auch Melonenstückchen oder geschälte Birnenspalten. Für den Ansatz: 500 g Zucker auf 500 g vorbereitete trockene Früchte in einem großen Steinguttopf oder Einmachglas verteilen und so lange ziehen lassen, bis sich der Zucker gelöst hat. Dann 750 ml Rum mit mindestens 42 % vol. (besser 54 % vol.) zugießen, das Gefäß gut verschließen. Bei weiterer Obstzugabe jeweils auf 500 g Obst 350 g Zucker rechnen. Alkohol nur auffüllen, wenn das Obst nicht mehr von Flüssigkeit bedeckt ist. Klappt auch mit Obstler und Klarem. Wenn deren Alkoholgehalt unter 42 % vol. liegt, mit 100 ml reinem Alkohol aus der Apotheke mischen, sonst beginnt der Rumtopf zu gären. 4 Wochen nach der letzten Obstzugabe ist der Rumtopf fertig. Mit Vanilleeis ein leckeres Dessert.

HERBST

2.80

Herbst

Die Natur schöpft aus dem Vollen – es ist Erntezeit: Gemüse und Obst sind besonders geschmackvoll. König Kürbis hebt sein Haupt, Kartoffeln sind in unglaublicher Vielfalt zu haben und Wurzelgemüse ist so groß und aromatisch wie nie! Äpfel und Birnen, Zwetschgen und Quitten, Hagebutten und Ebereschen, Nüsse und Maronen hängen schwer an den Zweigen. Jagdsaison und Pilzsuche beginnen. Der Tisch ist für jeden reich gedeckt: Die Gärtner kommen ebenso auf ihre Kosten wie die Jäger und Sammler. Wer lange von den Herbstgenüssen zehren will, füllt seine Vorratskammer.

FRÜCHTE	GEMÜSE	KRÄUTER
Äpfel	Chicorée	Basilikum
Birnen	Chinakohl	Brunnenkresse
Ebereschen	Endiviensalat	Dill
Hagebutten	Fenchel	Koriandergrün
Holunderbeeren	Kartoffeln	Liebstöckel
Pflaumen	Knollensellerie	Petersilie
Preiselbeeren	Kohlrabi	Rosmarin
Quitten	Kürbis	Salbei
Schlehen	Lauch	Schnittlauch
Weintrauben	Mangold	Thymian
Haselnüsse	Meerrettich	
Mandeln	Pastinaken	
Maronen	Petersilienwurzel	
Walnüsse	Pilze	
	Rettich	
	Rosenkohl	
	Rote Bete	
	Rotkohl	
	Rucola	
	Scharzwurzeln	
	Spinat	
	Stangenbohnen	
	Staudensellerie	
	Steckrüben	
	Topinambur	
	Weißkohl	
	Wirsing	

Von oben links im Uhrzeigersinn:
Holunderbeeren, Rote Bete im Bund mit Blättern und die gelbe Sorte, »Burpees Golden«, Birnenquitten, Topinambur.

System Eichhörnchen

Nüsse und Samen sollten Sie immer im Vorrat haben. Trocken in der Pfanne geröstet und grob gehackt sind sie knackige Ergänzungen für Gemüsegerichte und Salate.

Erst sammeln, dann horten! Wie schön wäre es, die Erntezeit festzuhalten. Nie ist die Auswahl an Frischem so groß und köstlich. Nutzen Sie diese Zeit, um ein paar feine Vorräte für den Winter anzulegen. Im Herbst gibt es Beeren und Pilze, Nüsse und Kräuter auch in freier Natur. Wenn Kräuter, Gemüse und Obst Saison haben, bedeutet das meist eine wahre Schwemme. Zumindest gibt es mehr als man essen kann. Haltbar machen ist dann sinnvoll – aber der Platz im Tiefkühlgerät ist begrenzt und kostet Energie! Eine Alternative sind Großmutters Konservierungsmethoden: Durch Zucker und Salz, Essig und Öl, Erhitzen und Trocknen wird nicht nur der Verderb verhindert, sondern es entsteht ein neues Lebensmittel. Pesto, Konfitüre oder Kräuteressig verbraucht keine Energie während der Lagerzeit und sind sofort essfertig: Fastfood der feinen Art. Wichtig: Kontrollieren Sie regelmäßig die Vorräte – faule Stellen, Schimmelpilz und Gärung dürfen nicht sein.

LAGERN – WIE UND WO

Und wie lange kann man lagern? Voraussetzung ist ein kühler, dunkler, luftiger und nicht zu trockener Kellerraum. Er sollte frostfrei sein und eine Temperatur von 4° (Winter) bis 12° (Sommer) haben. Die Luftfeuchtigkeit sollte 85 bis 90 % betragen mit ausreichend frischer Luftzufuhr, ziehen sollte es aber nicht. Wurzelgemüse wie Möhren, Pastinaken, Sellerie, Rote Bete, Topinambur oder Meerrettich hält sich am besten in einer Kiste mit feuchtem Sand. Sie werden jeweils im Wechsel mit einer dreifingerdicken Sandschicht übereinander gelagert. Kartoffeln halten sich geschichtet in luftigen Holzkisten – diese nicht direkt auf den Boden stellen. Kürbis darf dagegen ruhig auf dem Boden liegen. Zwiebeln und Kohl am besten hängend lagern. Äpfel sollten getrennt von den übrigen Vorräten aufbewahrt werden: Sie scheiden Ethylen aus, das den Verderb beschleunigt. Deshalb sollten sie nicht zu dicht nebeneinander auf einem mit Zeitungspapier ausgelegten Regal liegen. Alle Vorräte regelmäßig kontrollieren und faule oder schimmelige Stücke aussortieren. Doch selbst bei optimalen Verhältnissen sind gegen Ende des Winters das Lagergemüse und die Äpfel kein Genuss mehr. Produzenten und der Handel haben bessere Möglichkeiten. Horten Sie Ihre Vorräte nicht, sondern verbrauchen Sie diese bis zum Jahresbeginn.

NÜSSE – VORSICHT SCHIMMEL

Walnüsse sind oft noch von ihrem mürben Fruchtfleisch umgeben, wenn sie ins feuchte Gras fallen. Wenn sie dort länger liegen, kann sich ein Pilz in der Nuss entwickeln. Deshalb Nüsse täglich aufsammeln, säubern und auf einem Gitter an der Luft trocknen lassen. Wer einen Kachelofen hat, legt die Gitter obenauf. Erst dann die Nüsse in Netze füllen und aufhängen. Maronen, Haselnüsse und Bucheckern ebenso behandeln, auch wenn sie weniger anfällig für Schimmel sind.

PILZE – KENNER GESUCHT

Wer Neuling ist, sollte sich einem erfahrenen Pilzsammler anschließen oder mit seiner »Beute« eine Beratungsstelle aufsuchen, die von Städten, Kommunen oder Vereinen zur Pilzsaison angeboten werden. Die Vielfalt und Verwechslungsgefahr ist groß. Dies sind gängige Pilze: Pfifferlinge, Maronenröhrlinge, Goldröhrlinge, Steinpilze, Morcheln, Krause Glucke, Totentrompete, Birkenpilz, Leberpilz und Egerlinge.

BEEREN UND FRÜCHTE ZUM NULLTARIF

Im Herbst kann sogar ernten, wer nicht gepflanzt oder gesät hat! Hagebutten gibt es an jeder Ecke. Das Mark lässt sich leicht gewinnen: einfach durch ein Sieb streichen. Die kleinsten sind am ergiebigsten – aber Sie können die Sorten auch mischen. Heikler sind Ebereschenbeeren, auch Vogelbeeren genannt. Denn da gibt es bittere Sorten, die ungenießbar sind. Testen Sie mit einer kleinen Menge, ob Ihr Sammelgut zu den milden Sorten gehört. Wilde Vogelbeeren müssen mindestens drei Monate eingefroren werden. Dann erst baut sich die giftige Parasorbinsäure ab. Die Unterarten Mährische Vogelbeere, Mehlbeere, Elsbeere und Speierling enthalten diese Säure nicht. Sie können ohne Einfrieren verwendet werden. Unkompliziert sind Holunderbeeren. Das einzige, was Sie beachten sollten: Niemals roh essen – sie sind unverträglich. Neben diesen bekannten Beeren gibt es auch andere wie die winzigen, säuerlichen Berberitzen, die gerne als Hecken gepflanzt werden. Oder später im Jahr Sanddorn und Schlehen. Doch sie einzumachen oder zu trocknen ist nicht so ergiebig.

Hagebutten lassen sich ganz einfach verarbeiten. Das Hagebuttenmark (Rezept S. 217) hat viel Vitamin C und ist vielseitig einsetzbar.

TROCKNEN

Kräuter, Blüten, Pilze, Apfel- oder Birnenringe und Pflaumen lassen sich gut trocknen. Es gibt dafür Dörrapparate. Nachteil: Sie brauchen viel Platz, Energie und sind nicht billig. Deshalb lohnen sie sich nur, wenn Sie große Mengen trocknen möchten. Eine Alternative ist ein trockener Speicher, Heizungskeller oder ein sauberer Platz über Kachelofen oder Heizung. Zu lange sollte das Trocknen nicht dauern, weil sich sonst eine Staubschicht bildet! Je mehr Luft an das Trockengut kommt und je dünner Blätter, Scheiben oder Stückchen sind, desto schneller trocknet es. Rechnen Sie mit 3–5 Tagen. Wer direkt auf oder im Kachelofen bei etwa 50° trocknet, braucht nur 4–6 Stunden, ohne zusätzlich Energie zu verbrauchen! Getrocknete Kräuter, Pilze oder Früchte dann in dunklen Schraubgläsern oder Blechdosen luftdicht aufbewahren. Folgende Pilze sind zum Trocknen gut geeignet: Steinpilze, Morcheln, Krause Glucke sowie Totentrompete und Maronenröhrling. Sie müssen nach dem Trocknen richtig hart sein. Wer sie als Pulver zum Würzen liebt, kann getrocknete Pilze auch mahlen oder zerstoßen.

SALZ – AUF DIE MENGE KOMMT ES AN

Viel Salz entzieht einem Lebensmittel Wasser – infolgedessen überleben Keime nicht. So können Sie klein gehackte Kräuter oder Suppengemüse haltbar machen und als Würzsalz verwenden (s. auch S. 218). Dagegen leitet die Zugabe von wenig Salz eine Gärung ein: Es lässt den Zellsaft teilweise aus dem Gemüse treten und verhindert das Faulen. Gute Keime, wie die Milchsäurebakterien, leben weiter. Und die produzieren Milchsäure, die Sauerkraut, Weinblätter, Kapern oder Salzgurken haltbar machen.

Kürbis-Graupen-Risotto

Ein ganz und gar regionales Risotto: mit Gerstengraupen, Kürbis und Federweißem. Nur die Würze ist exotisch und erinnert durch Parmesan und Rucola an Italien.

ZUTATEN FÜR 4 PERSONEN
200 – 300 g Gemüsereste
8 Sardellen in Öl
1 getrocknete Chilischote
500 g Hokkaido-Kürbis
1 Zwiebel
2 EL Rapsöl
2 TL Currypulver
200 g Graupen
150 ml Federweißer
(oder Neuen Süßen oder Weißwein)
Salz | Pfeffer
1/2 Bund Rucola
50 g Parmesan

CA. 45 MIN. | PRO PORTION CA.
350 kcal | 14 g EW | 10 g F | 44 g KH

Gemüsereste, Sardellen und Chilischote mit 1 l Wasser in einem Topf aufkochen und zugedeckt bei mittlerer Hitze ca. 30 Min. kochen lassen, dann absieben und die Brühe auffangen.

Inzwischen den Kürbis waschen, putzen, entkernen und in kleine Würfel schneiden. Die Zwiebel schälen und fein würfeln.

Das Öl in einem Topf erhitzen, Zwiebeln und Kürbis darin andünsten. Mit Currypulver bestreuen. Die Graupen dazugeben, nach und nach die Sardellenbrühe zugießen und bei kleiner Hitze köcheln lassen, bis es verkocht und aufgebraucht ist. Den Risotto immer wieder umrühren. Nach ca. 25 Min. sind die Graupen gar. Den Federweißen dazugießen und erhitzen. Den Risotto salzen und pfeffern.

In der Zwischenzeit Rucola waschen und grob hacken. Parmesan reiben. Vor dem Servieren Rucola und Parmesan unter den Risotto heben und kurz erwärmen.

VEGGIE-VARIANTE
Die Sardellen können Sie auch durch Sojasauce oder Miso (Asienladen) ersetzen. Oder die würzige, selbst hergestellte Suppenwürze (s. S. 218) nehmen.

MACH WAS DRAUS
Puffer: Risotto-Reste lassen sich prima zu Puffern verarbeiten. Den Risotto mit 1 Ei und so viel Mehl oder Getreideflocken mischen, dass eine formbare Masse entsteht und mit Salz würzen. Daraus im heißen Butterschmalz Puffer braten.

Ofenkürbis

Wunderbar einfach: Kürbis und Käse aus dem Ofen. Diese Kombination ist eine vollwertige Mahlzeit, die unglaublich satt macht: Toll für den Hüttenurlaub!

VEGETARISCH/BILD LINKS

ZUTATEN FÜR 4–6 PERSONEN
2 kleine Hokkaido-Kürbis (1,2–1,4 kg) | 5 Zweige Thymian | 1 Bund Petersilie | 2–3 EL Rapsöl | Salz | Chiliflocken | 2 kleine Ofenkäse (à ca. 125 g) | 1 Handvoll Kürbiskerne | 2 EL Balsamicocreme | 2 EL Kürbiskernöl

CA. 30 MIN. + 30 MIN. BACKEN
BEI 6 PERSONEN PRO PORTION CA.
240 kcal | 13 g EW | 15 g F | 11 g KH

Backblech mit Backpapier auslegen. Kürbisse waschen und die Enden begradigen, Kürbisse halbieren und entkernen. Thymian und Petersilie waschen, trocken schütteln und grob hacken.

Kürbishälften mit Öl einpinseln, salzen, mit der Schnittfläche auf das Backblech legen und im Ofen (Mitte) bei 160° (Umluft, ohne Vorheizen) ca. 15 Min. vorgaren. Die Kürbishälften wenden, mit Thymian, Salz und Chiliflocken würzen. Ofenkäse halbieren, in die Vertiefung der Kürbishälften setzen und in ca.15 Min. fertig backen.

Ca. 5 Min. vor dem Garzeitende Kürbiskerne aufs Blech streuen und mitrösten. Kürbishälften auf Tellern anrichten, mit Kürbiskernen und Petersilie bestreuen, mit Balsamicocreme und Kürbiskernöl beträufeln.

PRODUKT-TIPP
Hokkaido-Kürbis stammt aus Japan und lässt sich leicht selber ziehen. Er hat das feinste und festeste Fruchtfleisch, ist entsprechend hart. Also Vorsicht beim Schneiden. Dieser Kürbis wird nicht geschält – in der Schale steckt viel Karotin.

EINKAUFS-TIPP
Hokkaido-Kürbisse sind im Herbst auf Märkten und im Supermarkt erhältlich. Klingt der Kürbis beim Klopfen hohl, ist er reif. Kaufen Sie Hokkaido-Kürbis am besten im Ganzen, dann ist er länger haltbar.

Würzige Kürbispuffer

Kartoffel und Kürbis mal mit asiatischer Würze und knusprig gebacken. Die Puffer funktionieren ganz ohne die Zugabe von Ei.

VEGETARISCH

ZUTATEN FÜR 4 PERSONEN (CA. 26 STÜCK)
500 g vorwiegend festkochende Kartoffeln | 500 g Hokkaido-Kürbis | Salz | Pfeffer | 5-Gewürze-Pulver | ca. 60 g Butterschmalz zum Ausbacken

CA. 35 MIN. | PRO PORTION CA.
230 kcal | 3 g EW | 15 g F | 19 g KH

Kartoffeln waschen, schälen und grob reiben. Kürbis waschen, entstielen, entkernen und ebenfalls grob reiben. Beides mischen und eventuell vorhandene Flüssigkeit ausdrücken.

Gemüse nach Belieben mit Salz, Pfeffer und 5-Gewürze-Pulver würzen. Nach und nach aus der Masse 26 kleine Puffer backen. Dafür Butterschmalz in einer großen Pfanne erhitzen, die Masse mit einem Esslöffel hineingeben, glatt streichen und auf jeder Seite in ca. 3 Min. knusprig ausbacken.

Die Puffer auf einem Rost abtropfen lassen und servieren. Dazu passt Apfelmus mit Ingwer oder griechischer Joghurt mit Honig, Ingwer und Limettensaft.

KÜCHEN-TIPP
Nutzen Sie für größere Mengen Gemüseraspel lieber eine Küchenmaschine – das geht schneller.

PRODUKT-TIPP
5-Gewürze-Pulver wird vorwiegend in der chinesischen Küche verwendet und ist im Asienladen erhältlich. Es setzt sich aus Zimt, Nelke, Szechuanpfeffer, Sternanis und Fenchelsamen zusammen.

VORRATS-TIPP
Dieses Gericht lässt sich aus dem Vorrat zaubern: Wer einen kühlen Keller hat, kann Kürbis und Kartoffeln dort monatelang lagern.

Rahmkartoffeln

Hier wird die Sauce gleich mitgeliefert – die Kartoffeln schmecken sehr gut zu kurz gebratenem Fleisch oder auch Spiegelei.

VEGETARISCH

ZUTATEN FÜR 4 PERSONEN
800 g vorwiegend festkochende Kartoffeln | 1 Zwiebel | 1 EL Butter | 250 ml Milch | Salz | Pfeffer | 1 Lorbeerblatt | frisch geriebene Muskatnuss | 100 g Sahne

CA. 30 MIN. | PRO PORTION CA.
250 kcal | 6 g EW | 12 g F | 28 g KH

Die Kartoffeln in wenig Wasser in 15–20 Min. knapp gar kochen, kalt abschrecken und pellen. Inzwischen die Zwiebel schälen und in feine Würfel schneiden.

Butter in einem Topf zerlassen, die Zwiebel darin glasig dünsten. Die Milch angießen, mit Salz, Pfeffer, Lorbeerblatt und etwas Muskat würzen und offen bei kleiner Hitze ca. 5 Min. köcheln lassen. Eventuell etwas Wasser angießen.

Die Kartoffeln halbieren oder vierteln. Zuerst die Sahne in die Sauce geben, dann die Kartoffeln hinzufügen und bei kleiner Hitze in 5–10 Min. gar ziehen lassen.

Das Lorbeerblatt entfernen und die Rahmkartoffeln mit Salz, Pfeffer und Muskat abschmecken.

MACH WAS DRAUS
Kartoffelstampf: Reste davon einfach mit etwas Milch und Butter erwärmen und zu Püree stampfen (s. S. 247). Der Stampf lässt sich wunderbar mit gegartem Gemüse wie Kürbis, Sellerie, Maronen oder Zwiebeln verlängern.

Brägele

Roh gebraten sind Kartoffeln besonders knusprig und würzig. Sie schrumpfen dabei auf die Hälfte und sind ziemlich gehaltvoll, weil sie viel Fett aufsaugen.

VEGETARISCH

ZUTATEN FÜR 4 PERSONEN
1 kg festkochende Kartoffeln | 5 Zweige Rosmarin | Salz | Pfeffer | 40 g Butterschmalz zum Braten

CA. 40 MIN. | PRO PORTION CA.
230 kcal | 4 g EW | 10 g F | 30 g KH

Kartoffeln waschen, schälen und dünn hobeln, dann auf einem Küchentuch trocken werden lassen. Rosmarin waschen, trocken schütteln und die Nadeln abzupfen. Kartoffeln mit Rosmarin, Salz und Pfeffer würzen.

Das Butterschmalz in einer großen Pfanne erhitzen, die Kartoffeln darin ca. 5 Min. braten, bis die untere Schicht gebräunt ist. Dann wenden und die Kartoffeln ca. 20 Min. weiterbraten.

VARIANTEN
Brägele schmecken ebenso köstlich mit Topinambur, Pastinaken, Petersilienwurzeln, Rüben, Süßkartoffeln oder Möhren statt Kartoffeln.
Bratkartoffeln: Schneller fertig sind Bratkartoffeln aus vorgegarten Pellkartoffeln. Kartoffeln einfach pellen, in dünne Scheiben schneiden und knusprig braten – so saugen sie auch nicht soviel Fett auf. Sie können Zwiebelwürfel mitbraten oder Sesamsamen, Kürbiskerne oder Sonnenblumenkerne.

Knusperchips

VEGETARISCH

ZUTATEN FÜR 2 PERSONEN
je 100 g Topinambur, Pastinaken, Rote Bete | grobes Meersalz (z. B. Fleur de Sel) | 1 EL Rapsöl für die Backbleche

CA. 10 MIN. + 15 MIN. BACKEN
PRO PORTION CA.
100 kcal | 2 g EW | 5 g F | 10 g KH

Das Gemüse putzen, schälen und in sehr feine Scheiben hobeln. Wegen der Farbe der Roten Bete gegebenenfalls mit Haushaltshandschuhen arbeiten.

Backofen auf 200° Umluft vorheizen. 2 Backbleche mit Backpapier auslegen und dünn mit Öl einpinseln.

Gemüsescheiben auf den Backblechen verteilen. Die Chips gleichzeitig im Ofen (Mitte) 10–15 Min. backen. Eventuell die Bleche einmal tauschen. Das Gemüse herausnehmen, kurz abkühlen lassen und nach Belieben mit Salz würzen.

KÜCHEN-TIPP
Je gleichmäßiger Öl und Gemüse ohne Überlappung auf dem Blech liegen, desto knuspriger werden die Chips. Rote Bete färbt nicht nur die Haut rot, sie kann auch Farbe an die anderen Chips abgeben. Wer das nicht mag, bäckt die Rote-Bete-Scheiben am besten auf einem Extrablech.

VARIANTE
Die Chips schmecken auch aus Petersilienwurzeln, Rüben, Möhren, Kartoffeln und Kürbis, also von stärkereichen Gemüsesorten.

SERVIER-TIPPS
- Knusperchips sind eine tolle Beilage zu Bratfisch, Würstchen oder Frikadellen.
- Oder zu vegetarischen Essen wie Risotto, Suppen oder Eintöpfen.
- Auch als Vorspeise oder Snack mit Dips wie Guacamole köstlich.

Rote-Bete-Salat

VEGETARISCH

ZUTATEN FÜR 4 PERSONEN
500 g Rote Bete | 2 rote Zwiebeln | 1 TL grüner Pfeffer | 3 EL Rapsöl | 3 EL Rotweinessig | Salz | Pfeffer

CA. 1 STD. | PRO PORTION CA.
115 kcal | 2 g EW | 8 g F | 9 g KH

Die Rote Bete waschen und im Ganzen in wenig Wasser in 30 – 40 Min. garen (im Schnellkochtopf in ca. 15 Min.). Die Zwiebeln schälen und in feine Würfel schneiden.

Die Rote Bete kalt abschrecken, pellen, halbieren und in dünne Scheiben schneiden.

Grünen Pfeffer im Mörser leicht zerdrücken, mit 3 EL Wasser, Öl, Essig, Salz und Pfeffer verrühren. Mit den Zwiebeln und Rote-Bete-Scheiben vermischen. Salat mit Salz und Pfeffer würzen und lauwarm servieren.

Topinambur-Rohkost

VEGETARISCH

ZUTATEN FÜR 2 PERSONEN
300 g Topinambur | 1 milder, säuerlicher Apfel (z. B. Topas, ca. 200 g) | 2 EL Apfelsaft | 4 EL Sahne | 1 TL Apfeldicksaft | Salz | Pfeffer | 1 Prise Zimtpulver | 1 Bund Basilikum (ersatzweise Rucola, zarter Blattspinat oder Endiviensalat)

CA. 30 MIN. | PRO PORTION CA.
155 kcal | 4 g EW | 7 g F | 17 g KH

Topinambur und Apfel waschen. Topinambur schälen, Apfel vierteln und entkernen. Beides in feine Scheiben hobeln und mit dem Apfelsaft vermengen.

Sahne mit Apfeldicksaft verrühren. Die Sahnemischung mit Salz, Pfeffer und Zimtpulver kräftig würzen. Das Basilikum waschen, trocken schütteln und in feine Streifen schneiden. Alles unter die Rohkost heben und eventuell noch etwas nachwürzen.

Selleriesalat

Sellerie hat eine überaus anregende Wirkung auf die Verdauung und regt ebenfalls Gehirnleistung und das gesamte Nervensystem an.

VEGETARISCH

ZUTATEN FÜR 4 PERSONEN
1 Knollensellerie (ca. 400 g) | 80 g Walnusskerne | 150 g Naturjoghurt (3,5 % Fett) | Salz | Pfeffer | 1/2 TL Zimtpulver | 2 EL Zitronen- oder Granatapfelsaft | 1 EL Walnussöl | 200 g Feigen

CA. 30 MIN. | PRO PORTION CA.
230 kcal | 6 g EW | 17 g F | 12 g KH

Den Knollensellerie waschen und im Ganzen im Schnellkochtopf (Stufe 2) in ca. 5 Min. (im normalen Kochtopf ca. 30 Min.) garen. Dann herausnehmen, kalt abschrecken, schälen und auf einer Reibe in schmale Streifen hobeln.

Die Walnusskerne hacken und in einer beschichteten Pfanne ohne Fett rösten, bis sie duften. Für das Dressing Joghurt mit Salz, Pfeffer, Zimtpulver, Zitronen- oder Granatapfelsaft und Öl verrühren. Die Selleriestreifen unter das Dressing ziehen.

Feigen waschen, in schmale Spalten schneiden und mit den Nüssen unterziehen. Den Salat mit Salz und Pfeffer würzen, eventuell noch etwas Wasser unterrühren.

SAISON-TIPP
Zarter Sellerie mit Grün lässt sich auch roh im Salat verarbeiten. Die zarten Blätter teilweise hacken und mit verwenden. Sie enthalten nämlich gegenüber der Knolle ein Vielfaches mehr an Vitaminen und Mineralstoffen. Den Rest für eine Gemüsebrühe (s. Grundrezept S. 121) einfrieren.

PRODUKT-TIPP
Im Spätherbst und Winter sind die Knollen am größten und ohne Grün. So lassen sie sich am besten lagern. Wer einen Keller hat, kauft beim Bauern groß ein und bettet die Knollen in eine Sandkiste.

Rotkohlsalat mit Feta

Der klassische Krautsalat des Orients: Frischen Rotkohl kann man gut roh essen, wenn er ganz dünn gehobelt wird.

VEGETARISCH

ZUTATEN FÜR 4 PERSONEN
500 g Rotkohl | 1 Handvoll helle Trauben | 2 EL Olivenöl | 4 EL Granatapfelsaft (s. Tipp) | 1 TL Chiliflocken | Salz | 1 TL gemahlener Kreuzkümmel | 25 g Mandeln | 70 g Schafskäse (Feta)

CA. 35 MIN. | PRO PORTION CA.
160 kcal | 6 g EW | 12 g F | 7 g KH

Den Rotkohl waschen, putzen und in feine Streifen schneiden oder hobeln. Die Trauben waschen und halbieren. Beides mit Öl, Granatapfelsaft, Chiliflocken, Salz und gemahlenem Kreuzkümmel vermengen und den Salat ca. 20 Min. ziehen lassen.

Die Mandeln in einer kleinen Pfanne ohne Fett rösten, bis sie duften, dann abkühlen lassen und hacken. Den Käse mit den Fingern zerbröseln und mit den Mandeln vermischen. Den Salat anrichten und die Käse-Mandel-Mischung darauf verteilen.

PRODUKT-TIPP
Granatapfelsaft eignet sich durch seine Säure bestens fürs Dressing. Frische Granatäpfel kommen jetzt aus der Türkei. Man kann sie auspressen wie Orangen: Vorher auf fester Unterlage rollen, dann mit der Elektropresse auspressen – dabei auf die Hälften einen Spritzschutz legen. Reinen Granatapfelsaft gibt es im Reformhaus. Grenadine oder Granatapfelsirup sind durch die Süße ungeeignet. Bester Ersatz: Orangensaft.

Endiviensalat

Endiviensalat macht Appetit! Die enthaltenen Bitterstoffe regen die Verdauungssäfte an und unterstützen die Körperabwehr.

VEGETARISCH

ZUTATEN FÜR 4 PERSONEN
300 g Endiviensalat | 1 große Birne (z. B. Butterbirne) | 1 Zwiebel | 2 EL Rapsöl | ca. 6 EL Birnensaft | 2 EL Frischkäse | 1 EL frisch geriebener Meerrettich | Salz | Pfeffer | 3 Zweige Thymian

CA. 25 MIN. | PRO PORTION CA.
100 kcal | 2 g EW | 6 g F | 6 g KH

Den Salat putzen, waschen, trocken schütteln und in feine Streifen schneiden. Die Birne vierteln, entkernen und in kleine Würfel schneiden.

Zwiebel schälen und fein würfeln. Öl in einem Topf erhitzen, Zwiebel darin glasig dünsten und mit Birnensaft ablöschen. Frischkäse und Meerrettich unterrühren. Das Dressing mit Salz und Pfeffer würzen. Thymian waschen, trocken schütteln und die Blättchen abzupfen.

Alle Zutaten mit dem Salat vermischen. Den Salat mit Salz und Pfeffer abschmecken. Bei Bedarf noch etwas Birnensaft zugeben.

VARIANTE
Tauschen Sie den Frischkäse gegen 3–4 gegarte Maronen aus. Zerdrücken Sie die Maronen und geben Sie diese mit den Zwiebeln in die Pfanne. Dann mit Birnensaft ablöschen und mit Meerrettich verrühren.

MACH WAS DRAUS
Endiviensuppe: Endivienköpfe sind jetzt oft riesig. Machen Sie aus dem restlichen Kopf eine köstliche Suppe – wie die Grüne Sommersuppe von Seite 123. Kräuter einfach weglassen, statt Lauch 1 gehackte Zwiebel und ca. 300 g Salat verwenden.

Gefüllte Weinblätter

Weinblätter von biologisch bewirtschafteten Betrieben oder Zierreben sind essbar und eine wunderbare Hülle für diese feine Fischfüllung.

ZUTATEN FÜR 4 PERSONEN
12 frische Weinblätter (s. auch Variante unten) | 125 g Sardinen in Öl | 125 g Magerquark | Salz | Pfeffer | 1 Bio-Zitrone | 3–4 Zweige Zitronenthymian | 1 Bund Zitronenmelisse | 100 g kleine rote Weintrauben | 50 g Couscous (Instant) | 1 EL Olivenöl | 1 grüne Kardamomkapsel

CA. 50 MIN. | PRO PORTION CA.
180 kcal | 14 g EW | 7 g F | 14 g KH

Weinblätter kurz in kochendes Wasser tauchen und auf einem Küchentuch abtropfen lassen. Sardinen samt Öl und Quark in einem Blitzhacker zermusen. Das Mus kräftig salzen und pfeffern.

Die Zitrone heiß waschen und abtrocknen, die Schale abreiben und den Saft auspressen. Die Kräuter waschen und trocken schütteln, die Blättchen fein hacken. Die Trauben waschen, kleine Trauben ganz lassen und größere halbieren oder vierteln.

Sardinenmasse mit Zitronenschale, Kräutern und Trauben mischen, den Couscous unterziehen. Masse salzen und auf die Weinblätter geben. Die Seiten einschlagen, die Blätter wie Rouladen einrollen. 1 EL Öl in einer kleinen Pfanne erhitzen, die Röllchen eng nebeneinander hineinsetzen und auf jeder Seite ca. 1 Min. anbraten.

Zitronensaft mit Wasser auf 200 ml auffüllen und salzen. Kardamomkapseln zerdrücken und zugeben. Zitronenwasser über die Röllchen gießen, die Röllchen mit einem Teller beschweren und bei kleiner Hitze in ca. 20 Min. garen. Im Sud auskühlen lassen.

VARIANTEN
Statt frischer Weinblätter eingelegte, milchsauer vergorene »Dolmades« oder große Mangold- oder Kohlrabiblätter nehmen. Die Dolmades vor dem Füllen gründlich abspülen.

Weinbirnen mit Radicchio

Der leicht bittere Radicchio wird hier mit sanft pochierten Weinbirnen vereint. Das rauchige Aroma der Forellenfilets rundet den Salatgenuss ab.

ZUTATEN FÜR 4 PERSONEN
500 g Birnen | 200 ml Weißwein | 1 TL Zucker | 1 Nelke | 1 Pimentkorn | 1/2 Radicchio (ca. 150 g) | 2 EL Walnussöl | 1 EL Senf | Salz | Pfeffer | 4 geräucherte Forellenfilets (à ca. 65 g)

CA. 35 MIN. | PRO PORTION CA.
200 kcal | 13 g EW | 7 g F | 12 g KH

Die Birnen waschen, halbieren, entkernen und in Spalten schneiden (nur dann schälen, wenn die Schale hart und unansehnlich ist). Birnenspalten mit Wein, Zucker, Nelke und Pimentkorn in einen Topf geben, aufkochen und zugedeckt bei kleiner Hitze ca. 8 Min. dünsten.

Den Radicchio putzen, waschen, trocken schütteln und in feine Streifen schneiden. Den lauwarmen Birnensud in ein Sieb abgießen und auffangen, dann mit Öl, Senf, Salz und Pfeffer kräftig würzen. Das lauwarme Dressing über den Radicchio gießen und den Radicchio kurz ziehen lassen.

Den Salat auf Tellern anrichten, die Birnenspalten dazwischen legen. Jeweils 1 Forellenfilet etwas auseinanderzupften und darauf verteilen.

PRODUKT-TIPP
Birnen, die noch sehr hart und unreif sind, reifen bei Zimmertemperatur nicht nach. Fallbirnen sind durch den Aufprall etwas angeschlagen. Diese am besten zu Kompott verarbeiten oder in Rotwein einkochen.

VARIANTE
Wenn Sie keinen Radicchio bekommen, nehmen Sie einen anderen Salat mit Bitterstoffen – Chicorée oder Endivie. Dann sieht es aber besser aus, die Birnen in Rotwein zu garen. Oder Sie nehmen gleich die Rotweinbirnen von Seite 159.

Gegrillter Ziegenkäse

Ziegenkäse enthält weniger Fett und Cholesterin als Kuhmilchkäse, und mit einem Esslöffel Hagebuttenmark wird die Hälfte des Vitamin-C-Bedarfs gedeckt.

VEGETARISCH

ZUTATEN FÜR 4 PERSONEN
150 g Feldsalat | 1 kleine rote Zwiebel | 4 EL Olivenöl | 2 EL Zitronensaft | Salz | Pfeffer | 4 kleine runde Ziegenkäsetaler | 2 EL Hagebuttenmark (s. S. 217) | 1/2 TL Chiliflocken

CA. 20 MIN. | PRO PORTION CA.
265 kcal | 27 g EW | 37 g F | 4 g KH

Den Feldsalat putzen, waschen und trocken schleudern. Zwiebel schälen, halbieren und in feine Würfel schneiden. Für das Dressing das Öl mit Zitronensaft verrühren, mit Salz und Pfeffer würzen.

Die Ziegenkäsetaler mit Hagebuttenmark bestreichen und in eine kleine Auflaufform setzen. Den Käse unter den Backofengrill schieben und so lange grillen, bis er geschmolzen und leicht gebräunt ist.

Salat und Zwiebelwürfel auf Teller verteilen und mit dem Dressing beträufeln. Den Grillkäse darauf anrichten und mit Chiliflocken bestreuen.

VARIANTE
Das selbst hergestellte Hagebuttenmark (s. S. 217) passt zu würzigen Käsesorten wie Manchego, Greyerzer oder Harzer Käse, aber auch zu Pastete oder Terrine.

SAISON-TIPP
Feldsalat hält leichten Frost aus und hat deshalb kräftige Blätter, wenn er aus dem Freiland kommt. Meist ist er eher kleinblättrig. Treibhaussalat ist dagegen weicher, nicht so aromatisch und hat große Blätter. Beim Putzen muss man nur noch die kleinen Wurzeln abknipsen, die Blätter dürfen zusammen bleiben. Häufig wird Feldsalat geputzt angeboten. Dann den Salat nur noch waschen, das aber mehrmals, weil er sehr sandig ist!

Berberitzen-Bulgur-Salat

Die klitzekleinen, ovalen Berberitzen wachsen auch bei uns an Zierhecken. Getrocknet sind sie in orientalischen Lebensmittelläden erhältlich.

ZUTATEN FÜR 4 PERSONEN
1 Handvoll frische Berberitzen (oder 3 EL getrocknete) | 1 Knoblauchzehe | 100 g Bulgur | Salz | 1 Handvoll Walnusskerne | 50 g Bündner Fleisch | 1 großes Bund glatte Petersilie | Schale und Saft von 1/2 Bio-Zitrone | 2 EL Rapsöl | 1 EL Chiliflocken (Pul Biber)

CA. 35 MIN. | PRO PORTION CA.
260 kcal | 10 g EW | 13 g F | 24 g KH

Frische Berberitzen waschen und abtropfen lassen. Den Knoblauch schälen. Bulgur in einem Topf ohne Fett ca. 2 Min. anrösten, 350 ml Wasser angießen, aufkochen und salzen. Frische (oder getrocknete) Berberitzen und Knoblauch zugeben und zugedeckt bei kleiner Hitze ca. 15 Min. (oder 7–8 Min.) köcheln, dann abkühlen lassen. Den Knoblauch entfernen.

Inzwischen die Walnusskerne grob hacken und in einer Pfanne ohne Fett rösten, bis sie duften. Bündner Fleisch in feine Streifen schneiden. Petersilie waschen, trocken schütteln und fein hacken. Berberitzen-Bulgur mit Nüssen, Bündner Fleisch, Petersilie, Zitronenschale, Zitronensaft und Öl mischen. Den Salat mit Salz und Chiliflocken würzen.

SERVIER-TIPP
Den Salat auf grünem Blattsalat anrichten. Dazu passt griechischer Joghurt mit Chiliflocken und Salz verrührt.

VARIANTEN
Statt Berberitzen können Sie Holunderbeeren mitkochen. Auch frische Blaubeeren oder Granatapfelkerne passen in den Salat – diese aber nicht mitkochen.

Herbstgenuss: bunte Suppen

Kraut und Rüben, Maronen und Nüsse, all das bunte, aromatische Gemüse ist köstliche Grundlage für sättigende Suppen. Speck, Käse oder Tofu sind eher würzende Beilagen. Und alles in einem Topf und ohne »gekörnte Brühe« gegart: modern und gleichzeitig ganz nach Großmutters Art. Es lebe die Suppe!

VEGETARISCH

KÜRBISSUPPE

1 kleiner Hokkaido-Kürbis (ca. 1 kg) waschen, putzen, halbieren, entkernen und in Würfel schneiden. **1/4 Zwiebel** und **2 Knoblauchzehen** schälen. Den Knoblauch zerdrücken. **2 EL Butter** in einem Topf erhitzen, Kürbis, Zwiebel und Knoblauch darin ca. 5 Min. andünsten. Mit **1 l Wasser** und **200 g Sahne** ablöschen und **salzen**. Den Kürbis in ca. 15 Min. weich garen, dann alles pürieren. **1 Handvoll Salbeiblätter** waschen, trocken tupfen und hacken. **1 TL Rapsöl** erhitzen, den Salbei darin 1–2 Min. braten. **1 EL Quittengelee** unter die Suppe rühren. Suppe mit Salbei bestreut servieren.

ZWIEBELSUPPE

600 g Zwiebeln schälen, vierteln und in dünne Scheiben schneiden. **3–4 EL Butter** erhitzen, Zwiebeln darin unter Rühren goldbraun braten. **Je 400 ml trockener Weißwein** und **Wasser** angießen und aufkochen. Nach Geschmack mit **Salz, je 1 Zweig Thymian und Liebstöckel** oder **1 Lorbeerblatt** würzen und zugedeckt ca. 10 Min. köcheln lassen. Mit **Pfeffer, je 1 EL Sojasauce** und **Aceto balsamico** abschmecken. **4 altbackene Brotscheiben** in einer Pfanne mit **1 EL Butter** kross braten, wenden und mit **80 g geriebenen** oder **zerdrückten Käseresten** bestreuen und schmelzen lassen. Die Brotscheiben quer halbieren und in Teller legen, die Suppe darüberschöpfen.

ROTE-BETE-SUPPE

250 g Rote Bete und **1 Zwiebel** schälen und klein würfeln. **250 g frisches Sauerkraut** grob zerkleinern. **1 EL Rapsöl** in einem Topf erhitzen, Rote Bete und Zwiebel darin ca. 5 Min. andünsten, dabei **salzen** und **pfeffern**. Mit **2 EL Mehl** bestäuben und kurz mitdünsten. **1 l Wasser** angießen, Sauerkraut zugeben, aufkochen und zugedeckt ca. 10 Min. köcheln lassen. **200 g Räuchertofu** und **1 Handvoll Salbeiblätter** in schmale Streifen schneiden. **1 TL Öl** in einer Pfanne erhitzen, Tofu und Salbei darin in 1–2 Min. knusprig braten. Suppe mit Salz, Pfeffer und **2 EL Sahne** abschmecken. Mit Tofu-Salbei-Steifen bestreuen.

MEERRETTICH-BOHNEN-SUPPE

1 große Kartoffel, je 1 Zwiebel und Knoblauchzehe schälen und grob zerkleinern. **1 EL Rapsöl** in einem Topf erhitzen, das Gemüse darin ca. 2 Min. dünsten. **400 g gegarte, weiße Bohnen** zugeben und kurz mitdünsten. Wenn Bohnensud vorhanden, mit Wasser auf 1 l auffüllen, salzen und zugießen. Zugedeckt köcheln lassen, bis das Gemüse weich ist. Gemüse pürieren, mit **1 EL trockenem Weißwein** abschmecken, eventuell mit Wasser verdünnen. Mit **Salz, Pfeffer** und **1 EL Meerrettich** (frisch gerieben oder aus dem Glas) würzen. Die Suppe mit **gehackter Petersilie** oder **gehobeltem Meerrettich** anrichten.

MARONEN-PILZ-SUPPE

Je 1 Zwiebel und **Knoblauchzehe** schälen und hacken. **2 EL Rapsöl** erhitzen, beides darin glasig dünsten. **1 EL Mehl (Type 1050)** zugeben und kurz anschwitzen, mit **750 ml Gemüsebrühe** ablöschen. **300 g gegarte Maronen** zerkleinern, hinzufügen und unter Rühren ca. 10 Min. köcheln lassen. Mit **Salz, Pfeffer** und **frisch geriebener Muskatnuss** würzen. Mit **100 g Sahne** schaumig pürieren. **250 g Pilze** (z. B. Champignons, Pfifferlinge) putzen, grob hacken. **1 EL Butter zerlassen,** Pilze darin ca. 2 Min. braten, salzen und pfeffern. **1 Bund Petersilie** waschen, trocken schütteln und hacken. Beides in die Suppe geben.

TIPP Fürs Aroma 1 getrockneten Steinpilz mitkochen.

Schinkenröllchen

Hauchdünn geschnittener Schwarzwälder Schinken gibt der Polenta eine angenehme Würze und der Blattspinat sorgt für Frische.

ZUTATEN FÜR 4 PERSONEN
250 g Blattspinat | 2 Knoblauchzehen | 200 ml Milch | 160 g Polenta (Instant) | Salz | Pfeffer | frisch geriebene Muskatnuss | 2 EL Magerquark | 1 Zwiebel | 12 Scheiben Schwarzwälder Schinken | 1 EL Rapsöl

CA. 45 MIN. | PRO PORTION CA.
270 kcal | 16 g EW | 8 g F | 33 g KH

Den Spinat putzen, waschen, abtropfen lassen und grob hacken. Den Knoblauch schälen und würfeln. Milch und 200 ml Wasser in einem Topf mit der Polenta aufkochen. Spinat und Knoblauch dazugeben und unterrühren. Polenta zugedeckt bei kleiner Hitze ca. 15 Min. quellen lassen. Mit Salz, Pfeffer und Muskat kräftig würzen. Den Magerquark untermischen.

Inzwischen die Zwiebel schälen und fein würfeln. Den Schinken auf einer Arbeitsfläche auslegen und je 2 EL Polenta daraufgeben, den Schinken zu Röllchen einrollen. Das Öl in einer großen Pfanne erhitzen, die Zwiebel darin glasig dünsten. Die Röllchen dazugeben und von allen Seiten ca. 5 Min. andünsten. Als Dipp passt griechischer Joghurt oder saure Sahne dazu.

VARIANTE
Polenta-Auflauf: Schneller geht's, wenn Sie die Spinatpolenta in eine flache Auflaufform streichen, mit Schinkenscheiben belegen und im Backofen (Mitte) bei 160° Umluft 10–15 Min. überbacken.

VEGGIE-VARIANTE
Sie können die Schinkenscheiben durch 24 eingelegte Weinblätter ersetzen. Sie sind würzig durch Milchsäuregärung. Je 2 Blätter überlappend aufeinanderlegen und die Polenta darin einwickeln.

Mangoldwickel

Mangold bietet zweierlei Gemüse: die spinatartigen Blätter und die dickeren Rippen, die knackig wie Staudensellerie sind.

VEGETARISCH

ZUTATEN FÜR 4 PERSONEN
1 kg Mangold | 1 Zwiebel | 1 Knoblauchzehe | 3 EL Rapsöl | 150 g Perlgraupen | Salz | Pfeffer | frisch geriebene Muskatnuss | gemahlener Piment | 3 sauer eingelegte rote Chilischoten | 150 g Schafskäse (Feta) | 1 Granatapfel (ca. 100 ml Saft) | 250 ml Gemüsebrühe

CA. 1 STD. | PRO PORTION CA.
340 kcal | 14 g EW | 16 g F | 33 g KH

Mangold waschen und putzen. Die Mittelrippen der Blätter abschneiden, entfädeln und klein würfeln. Mangoldblätter beiseitelegen. Zwiebel und Knoblauch schälen und fein würfeln.

1 EL Öl in einem Topf erhitzen, Zwiebel, Knoblauch und Mangoldwürfel darin ca. 5 Min. braten. Graupen und Gewürze zugeben, mit 250 ml Wasser ablöschen. Graupen zugedeckt bei kleiner Hitze in ca. 15 Min. bissfest garen. Dann offen abkühlen lassen.

Die Chilischoten hacken. Den Käse durch ein grobes Sieb drücken. Beides unter die Graupen ziehen. Die Mangoldblätter zu 12 Quadraten aufeinanderlegen, die Füllung daraufgeben, die Seiten einschlagen und die Blätter eng einrollen.

Granatapfel halbieren und den Saft auspressen. 2 EL Öl in einer großen Pfanne erhitzen, die Wickel darin mit der Nahtstelle nach unten ca. 3 Min. andünsten. Brühe und Granatapfelsaft angießen, die Wickel zugedeckt bei kleiner Hitze in ca. 10 Min. garen.

VARIANTE
Graupenrisotto: Schneller geht ein Graupenrisotto, dafür Mangoldblätter in Streifen schneiden, mit Brühe und Granatapfelsaft unter die bissfesten Graupen mischen und ca. 10 Min. mitgaren. Käse und Chili zum Schluss untermischen.

Birnen-Kartoffel-Püree

Birnen enthalten kaum Säure und ergänzen die Kartoffeln deshalb auf sehr delikate Art und Weise. Eine tolle Verwertung für Fallobst! Als Gratin ein Sattmacher, als Püree mit etwas weniger Crème fraîche eine feine Beilage.

VEGETARISCH

ZUTATEN FÜR 4 PERSONEN
400 g vollreife Birnen
400 g mehligkochende Kartoffeln
2 Zweige Rosmarin
150 g Crème fraîche
Salz | Pfeffer
frisch geriebene Muskatnuss
50 g Butter
80 g Semmelbrösel

CA. 45 MIN. | PRO PORTION CA.
390 kcal | 5 g EW | 26 g F | 20 g KH

Die Birnen waschen, vierteln, entkernen und grob zerkleinern. Die Kartoffeln waschen, schälen und klein schneiden. Den Rosmarin waschen und trocken schütteln. Birnen, Kartoffeln und 1 Zweig Rosmarin in einem Topf mit wenig kochendem Wasser in ca. 20 Min. garen. Dann den Rosmarin entfernen. Birnen und Kartoffeln mit einem Kartoffelstampfer fein zermusen. Crème fraîche unterrühren und das Püree mit Salz, Pfeffer und Muskat würzen.

Vom übrigen Rosmarin die Nadeln abstreifen und grob hacken. Die Butter in einer Pfanne erhitzen, die Semmelbrösel und den Rosmarin darin kurz schwenken.

Das Püree in eine runde (ca. 28 cm Ø) oder rechteckige Auflaufform füllen, die Semmelbrösel darauf verteilen. Das Püree im Backofen (Mitte) bei 200° Umluft ca. 15 Min. überbacken.

REGIONALER TIPP
Süße und salzige Kombinationen weisen häufig auf einen mittelalterlichen Ursprung hin. So hat jede Region ihre Spezialität: »Himmel un Ääd« (Kartoffeln mit Äpfeln) im Rheinland, »Beer'n, Bohn und Speck« im Norden, wo neben Birnen, Bohnen und Speck eben auch Kartoffeln zum Gericht gehören. Deshalb am besten alte Apfel- und Birnensorten aus der Region verwenden.

Kürbis-Gnocchi

Gnocchi aus Kartoffelteig sind auch in Deutschland sehr bekannt. Hier kommen sie in herbstlicher Aufmachung – nur mit Kürbis. Kaufen Sie einen vollreifen Hokkaido-Kürbis, der nicht soviel Flüssigkeit enthält, sonst bleibt der Teig matschig.

VEGETARISCH

ZUTATEN FÜR 4 PERSONEN

300 g Hokkaido-Kürbisfleisch
1 Bund Petersilie
2 Stiele Estragon
ca. 250 g Mehl (Type 1050)
1 Ei
Salz
2 EL Butter
Mehl zum Arbeiten

CA. 55 MIN. | PRO PORTION CA.

300 kcal | 10 g EW | 7 g F | 48 g KH

Das Kürbisfleisch in Würfel schneiden, in einen Dämpfeinsatz geben und über dem Wasserdampf in ca. 10 Min. weich garen oder in wenig Wasser dünsten. Den Kürbis gut abtropfen lassen und mit dem Pürierstab pürieren.

Inzwischen die Petersilie und den Estragon waschen und trocken schütteln, die Blättchen fein hacken.

Die Kürbismasse mit zunächst 200 g Mehl, Ei, der Hälfte der Petersilie, dem Estragon und etwas Salz zu einem geschmeidigen Teig verarbeiten. Den Teig ca. 15 Min. quellen lassen. Dann auf eine bemehlte Arbeitfläche geben und etwas Mehl einarbeiten, wenn der Teig noch zu weich ist. Den Teig zu einer ca. 3 cm dicken Rolle formen, diese mit einem feuchten Messer in ca. 2 cm dicke Stücke schneiden, etwas flach rollen und mit den Zinken einer Gabel andrücken.

Die Gnocchi in kochendem Salzwasser ca. 5 Min. ziehen lassen, bis sie an der Oberfläche schwimmen. Dann mit einer Schaumkelle herausnehmen und kurz abtropfen lassen. Die Butter in einer großen Pfanne erhitzen, die Gnocchi darin schwenken. Mit der übrigen Petersilie bestreut servieren.

KÜCHEN-TIPP

Manchmal ist der Kürbis so »wässerig«, dass der Teig nicht fest wird. Dann nicht noch weiteres Mehl zugeben, sondern mit zwei feuchten Teelöffeln Nocken abstechen und in kochendem Salzwasser ziehen lassen.

BEILAGEN-TIPP

Dazu passt ein frischer Salat oder das Ragout mit Pilzen von Seite 201 (mit oder ohne Fleischzugabe), aber auch andere Gerichte mit viel Sauce.

Rahmwirsing

Roh decken schon 100 g Wirsing den Tagesbedarf an Vitamin C. Aber im Herbst, wenn der Wirsing derber ist, wird er gegart besser vertragen.

ZUTATEN FÜR 4 PERSONEN
1 kleiner Wirsing (ca. 800 g) | 1 dünne Stange Lauch | 50 g durchwachsener Speck | 1 EL Rapsöl | Salz | Pfeffer | frisch geriebene Muskatnuss | 200 g saure Sahne

CA. 45 MIN. | PRO PORTION CA.
205 kcal | 8 g EW | 16 g F | 7 g KH

Den Wirsing waschen, putzen und in feine Streifen schneiden. Den Lauch putzen, seitlich bis zur Mitte aufschneiden, gründlich waschen und in fingerdicke Streifen schneiden. Den Speck fein würfeln.

Öl und Speckwürfel in einem großen Topf bei kleiner Hitze erhitzen und das Fett ausbraten lassen. Lauch und Wirsing dazugeben, mit Salz, Pfeffer und Muskat würzen und zugedeckt bei kleiner Hitze ca. 15 Min. dünsten. Eventuell etwas Wasser dazugeben.

Die saure Sahne mit 4 EL Wirsing mischen und unter das Gemüse rühren. Den Wirsing mit Salz, Pfeffer und Muskat abschmecken.

BEILAGEN-TIPP
Schmeckt hervorragend zu Fleischgerichten ohne Sauce. Aber auch zu Pellkartoffeln oder Spätzle.

VARIANTEN
Für dieses Gericht eignen sich fast alle andern Kohlarten, zum Beispiel Rotkohl, Weißkohl oder Chinakohl.

VEGGIE-VARIANTEN
- Vegetarisch wird es, wenn Sie den Speck weglassen und dafür etwas mehr Öl und/oder Schmand statt saurer Sahne verwenden.
- Oder Sie mischen zum Schluss 50 g Haselnüsse, Walnüsse, Kürbis- oder Sonnenblumenkerne unter.

Bohnenragout

Dieses herrliche Bohnengericht schmeckt nicht nur als Beilage. Mit einer Scheibe Brot ist es ein Hauptgericht für Zwei.

VEGETARISCH

ZUTATEN FÜR 4 PERSONEN
500 g grüne Bohnen | 1 Zwiebel | 1 rote Paprikaschote | 2 EL Olivenöl | 3 EL Tomatenmark | Salz | Pfeffer | 1/2 TL gemahlener Kreuzkümmel | 1 Bund Bohnenkraut (oder Petersilie) | 1 Handvoll Minze

CA. 40 MIN. | PRO PORTION CA.
100 kcal | 4 g EW | 6 g F | 9 g KH

Die Bohnen waschen, putzen, eventuell entfädeln und je nach Größe halbieren. Die Zwiebel schälen und fein würfeln. Die Paprikaschote halbieren, putzen, waschen und in Streifen schneiden (etwa auf die gleiche Länge wie die Bohnen).

Das Öl in einer beschichteten Pfanne erhitzen, die Zwiebel darin glasig dünsten. Tomatenmark dazugeben und kurz mitdünsten. Bohnen und Paprikastreifen unterrühren, dann mit 100 ml Wasser ablöschen. Gemüse kräftig mit Salz, Pfeffer und Kreuzkümmel würzen und zugedeckt bei kleiner Hitze ca. 15 Min. schmoren.

Inzwischen Bohnenkraut und Minze waschen und trocken schütteln, die Blätter grob hacken. Die Kräuter unter das Bohnenragout ziehen und zugedeckt auf der ausgeschalteten Herdplatte ziehen lassen. Eventuell mit Salz und Pfeffer abschmecken.

BEILAGEN-TIPP
Bohnenragout passt zu Wild- und Fleischgerichten oder Fisch. Auch zu vegetarischen Gerichten wie Polenta, Kartoffel- oder Kürbispuffer.

PRODUKT-TIPP
Bohnenkraut ist wunderbar würzig, ähnelt Thymian und passt nicht nur zu Bohnen! Ernten Sie die Reste vor dem ersten Frost und trocknen Sie sie (s. S. 164/165).

Feuerbohnenpfanne

Feuerbohnen im Garten: zuerst blühen sie feuerrot, dann bieten sie breite grüne Bohnen und am Ende gesprenkelte, dicke Kerne, die sich trocknen lassen.

VEGETARISCH

ZUTATEN FÜR 4 PERSONEN
400 g Feuerbohnenschoten (ersatzweise breite Bohnen oder frische Feuerbohnenkerne) | 1 Zwiebel | 1 Knoblauchzehe | 3 Stiele Majoran | 2 EL Butter | 1 gehäufter TL Mehl zum Bestäuben | 200 ml Gemüsebrühe | 7 EL Sahne | 1 EL mittelscharfer oder scharfer Senf | Salz | Pfeffer

CA. 25 MIN. | PRO PORTION CA.
380 kcal | 23 g EW | 11 g F | 47 g KH

Bohnen gründlich waschen, putzen und rautenförmig in mundgerechte Stücke schneiden. Zwiebel und Knoblauch schälen und fein hacken. Majoran waschen und trocken schütteln, die Blättchen abzupfen.

Butter in einer großen Pfanne erhitzen, Zwiebel, Knoblauch und Bohnenstücke dazugeben. Alles mit etwas Mehl bestäuben und in ca. 3 Min. braun anbraten, dann mit Brühe ablöschen. Mit Majoran zugedeckt bei kleiner Hitze in 10–15 Min. weich garen.

Sahne mit Senf verrühren und unter die Bohnen mischen, kurz aufkochen. Bohnen mit Salz und Pfeffer würzen. Dazu passen frisches Brot oder Bratkartoffeln.

PRODUKT-TIPP
Feuerbohnen haben viele Namen. Sie werden als Trockenware auch Käferbohnen, Türkische Bohnen, Prunkbohnen oder Schminkbohnen genannt. Finden Sie keine Feuerbohnen, dann suchen Sie mal unter diesen Namen.

MACH WAS DRAUS
Brotaufstrich: Gerade kleine Hülsenfrucht-Reste sind eine ideale Grundlage für Brotaufstriche: mit gerösteten und gemahlenen Walnüssen oder Kürbiskernen anreichern, mit Chiliflocken, Salz, etwas Öl und Kräutern pikant würzen. Dann ganz nach Geschmack hacken oder pürieren.

Kichererbsenragout

Kichererbsen sind halb Gemüse, halb Sättigungsbeilage. Sie enthalten viele Kohlenhydrate, Ballaststoffe und Eiweiß. Ideal auch für Vegetarier.

VEGETARISCH

ZUTATEN FÜR 4 PERSONEN
3 Zweige Thymian | 250 g getrocknete Kichererbsen | Salz | 1 Aubergine (ca. 300 g) | 400 g Tomaten | 1 Zwiebel | 1 Knoblauchzehe | 1 Handvoll Basilikum | 4 EL Olivenöl | Pfeffer | 1 Msp. Zimtpulver

CA. 1 STD. | PRO PORTION CA.
330 kcal | 13 g EW | 14 g F | 36 g KH

Thymian waschen und trocken schütteln. Kichererbsen mit 700 ml Wasser, Salz und 1 Zweig Thymian im Schnellkochtopf (Stufe 2) in ca. 45 Min. garen. (Oder über Nacht einweichen und am nächsten Tag im Einweichwasser in einem normalen Topf in ca. 1 Std. garen. Oder ca. 600 g Kichererbsen aus der Dose verwenden). Abtropfen lassen, dabei etwas Flüssigkeit auffangen.

Aubergine waschen, putzen und würfeln. Tomaten waschen, die Stielansätze entfernen und die Tomaten in mundgerechte Stücke schneiden. Zwiebel und Knoblauch schälen und fein hacken. Basilikum waschen und trocken schütteln, die Blätter hacken. Vom übrigen Thymian die Blättchen abzupfen.

2 EL Öl in einem Topf erhitzen, Aubergine darin unter Rühren ca. 4 Min. anbraten. Übriges Öl, Zwiebel, Knoblauch und Thymian zugeben und weiterbraten, bis das Gemüse beginnt anzusetzen. Tomaten und Kichererbsen unterrühren und ca. 10 Min. schmoren. Wenn nötig, etwas Kichererbsenwasser zufügen. Das Ragout mit Salz, Pfeffer und Zimtpulver würzen. Das Basilikum unterziehen und das Ragout servieren.

KÜCHEN-TIPP
Kichererbsen können wie alle Hülsenfrüchte Blähungen verursachen. Gewürze mildern das. Bei Beschwerden das Gemüse mit 1 TL gerösteten Fenchelsamen garen.

Linsen-Spinat-Ragout

Die traditionellen Alb-Linsen aus Baden-Württemberg werden nach 50 Jahren wieder angebaut. Probieren Sie dieses regionale Rezept unbedingt mal aus.

VEGETARISCH

ZUTATEN FÜR 4 PERSONEN
4 Knoblauchzehen | 2 Zwiebeln | 1 EL Butter | gemahlener Kreuzkümmel | 200 g Tellerlinsen | 750 g Spinat | Salz | Pfeffer | frisch geriebene Muskatnuss | 150 g Schmand | 1 EL Obstessig

CA. 40 MIN. | PRO PORTION CA.
280 kcal | 17 g EW | 12 g F | 24 g KH

Knoblauch und Zwiebeln schälen und fein hacken. Butter in einem Topf erhitzen. Knoblauch, Zwiebeln und 1/2 TL Kreuzkümmel darin anbraten, bis sie bräunen. Linsen dazugeben und 300 ml Wasser angießen. Die Linsen zugedeckt bei kleiner Hitze so lange garen, bis die Flüssigkeit aufgesaugt ist.

Inzwischen den Spinat waschen, putzen, abtropfen lassen, grob hacken und unter die Linsen rühren. Mit Salz, Pfeffer und Muskat würzen und weitere 10 Min. köcheln lassen, bis die Linsen gar sind.

Ist zuviel Saft entstanden, diesen abgießen. Dann den Schmand unter das Ragout rühren. Das Ragout mit Kreuzkümmel, Salz, Pfeffer und Essig abschmecken. Dazu passen Pasta oder Kartoffeln.

VARIANTE
Statt ganz normaler Tellerlinsen eignen sich auch grüne oder Le Puy-Linsen, Chateau- oder Berglinsen. Sie sind kleiner und schneller gar (in ca. 20 Min.). Statt frischen Spinat können Sie auch 400 g TK-Blattspinat nehmen.

KÜCHEN-TIPP
Hülsenfrüchte, auch Linsen, werden beim Garen nicht weich, wenn sie in säuerlichem Milieu schwimmen. Auch salzen sollte man lieber später. Besonders stark ist der Effekt bei hartem Wasser.

Pilze frisch aus dem Wald

...schmecken einfach sensationell! Am besten trocken putzen – sie nehmen sonst Wasser auf und verlieren einen Teil ihres Aromas. Sie lassen sich auf köstliche Art haltbar machen – und entgegen allen Vorurteilen wieder aufwärmen. Zwischendurch sollten sie allerdings kühl lagern, weil sich ihr Eiweiß leicht zersetzt.

VEGETARISCH

PILZE TROCKNEN

Frische Pilze (z. B. Steinpilze, Morcheln, Krause Glucke, Totentrompete und Maronenröhrling) putzen, in Scheiben und Stücke schneiden, diese auf einen Faden auffädeln oder auf Zeitungspapier auslegen und trocknen. Für Ungeduldige gibt es den Dörrapparat. Die Pilze müssen nach dem Trocknen richtig hart sein. Erst dann in Gläsern luftdicht verschließen. Wer sie als Pulver liebt, kann die getrockneten Pilze auch mahlen.

PILZSCHMARRN

150 ml Milch mit **80 g Maismehl** verquirlen. **400 g frische Waldpilze** vom Schmutz befreien, größere in mundgerechte Stücke schneiden. **1 Zwiebel** schälen und fein würfeln. **1 Bund Petersilie** waschen, trocken schütteln, fein hacken. **2 Eier** trennen. Den Teig mit Eigelben verquirlen und **salzen**. Die Eiweiße steif schlagen und unterheben. **1 EL Butter** in einer großen beschichteten Pfanne zerlassen, die Zwiebel darin glasig dünsten. Pilze zugeben und ca. 5 Min. kräftig anbraten. Den Teig darauf verteilen und zugedeckt in ca. 5 Min. goldbraun backen. Schmarrn wenden, dabei **1 EL Butter** zufügen und weitere 5 Min. backen. Den Schmarrn mit Gabeln zerreißen und mit Petersilie bestreuen.

BUTTER-PILZ-SALAT

2 Zwiebeln schälen, halbieren und in schmale Streifen schneiden. **2 EL Rapsöl** erhitzen, Die Zwiebeln darin glasig dünsten. **100 ml Rotwein** zugießen und einige Min. einkochen lassen. Mit **2 EL Aceto balsamico, Salz** und **Pfeffer** würzen. **1 kleinen Kopf Buttersalat** putzen, waschen und in mundgerechte Stücke zupfen. **250 g junge, fleischige, schöne Pilze** wie Champignons oder Rosenseitlinge trocken säubern und in hauchdünne Scheiben hobeln. Stiele eventuell zum Trocknen beiseitelegen. Pilze und Salat locker vermischen. Das warme Dressing darüber verteilen. Dazu passt Kartoffel-Dinkel-Brot (s. S. 213).

PILZE EINFRIEREN

Frische Pilze vor dem Einfrieren blanchieren. Gegarte Pilzspeisen lassen sich ebenfalls einfrieren. Gut geeignet sind: Champignons, Steinpilze, Pfifferlinge, Morcheln, Maronen und Pfefferröhrling. Wichtig! Gefrorene Pilze nie lange auftauen, sondern frisch aus dem Eis verarbeiten.

PILZE IN ESSIGLAKE

1 kg Pilze putzen. **500 ml Weißweinessig** mit **1 TL Salz, Kräutern** (z. B. **je 1 Zweig Rosmarin, Thymian** und **6 Lorbeerblätter**) und **300 ml Wasser** aufkochen. Pilze zugeben und 4–5 Min. sprudelnd kochen, dann in Gläser füllen. Gläser fest verschließen und dunkel lagern. Wer noch mehr Geschmack möchte, kann z. B. **1 geschälte Zwiebel** und **Knoblauchzehen** sowie **1 Chilischote** mitkochen. Wenn die Pilze verzehrt sind, den Essig für Dressings verwenden.

PILZE IN ÖL

1 kg Pilze putzen. **800 ml Wasser** mit **1 TL Salz, 1 TL Pfefferkörnern, einigen Nelken** (ersatzweise **Koriander**- oder **Pimentkörner, Wacholderbeeren, 1 Chilischote, 1 Zweig** Kräuter wie **Rosmarin, Thymian oder Salbeiblätter**) ca. 3 Min. kochen. Pilze abgießen – den Sud auffangen und als Grundlage für Suppen oder Saucen verwenden. Pilze vollständig auskühlen und abtropfen lassen. Dann mit Gewürzen in Gläser füllen und alles mit einem guten **Olivenöl** vollständig bedecken. Beim Einfüllen darauf achten, dass sich keine Luftblasen bilden und die Pilze vollständig von dem Öl umspült werden. Die Gläser fest verschließen, dann kühl und dunkel lagern.

Jeweils von links nach rechts - oben: Pilze trocknen, Pfifferlinge, Pilzschmarrn. Mitte: Nebelkappe, Rosensaitling. Unten: Butterpilzsalat, Parasol, Pilze in Öl

Ente mit Quitten und Maronen

Das säuerlich-feine Aroma der Quitte passt bestens zu Salbei und Ente – die Garzeit ebenfalls. Die milden Maronen geben nicht nur der Füllung die Basis, sondern auch der Sauce die cremige Bindung.

ZUTATEN FÜR 4 PERSONEN

1 bratfertige Ente (ca. 2 kg)
Salz
1 TL 5-Gewürze-Pulver
250 g Quitten
1 Handvoll Salbeiblätter
150 g Zwiebeln
1 EL Rapsöl
1 gehäufter TL Chiliflocken (Pul Biber)
200 g gegarte Maronen
3 EL Aceto balsamico
250 ml milder Rotwein
2–3 EL Sahne
Holzspießchen (oder Küchengarn)

CA. 1 STD. 50 MIN. + 45 MIN. BRATEN
PRO PORTION CA.
1130 kcal | 75 g EW | 75 g F | 30 g KH

Ente waschen, den Beutel mit Innereien entnehmen. Flomen (Innereifett) an der Brustöffnung herausziehen und beiseitelegen. Salz und 1/2 TL 5-Gewürze-Pulver mischen und die Ente damit außen und innen einreiben. Quitten waschen, abreiben und in schmale Spalten schneiden, dabei Kerngehäuse, Stiel und dunkle Stellen entfernen. Salbei waschen und trocken tupfen. Zwiebeln schälen und achteln.

Etwa 2 EL Flomen klein hacken, mit Öl in einer Pfanne auslassen. Zwiebeln und Salbei dazugeben und kräftig anbraten. Quitten und 1/2 TL 5-Gewürze-Pulver zugeben und 3–4 Min. schmoren, kräftig mit Salz und Chiliflocken würzen. Maronen und Essig zugeben und mitschmoren, bis alle Zutaten heiß sind.

Ente mit Quittenmasse füllen, übrige Masse beiseitestellen. Öffnung mit Spießchen verschließen. Ente mit der Brustseite nach unten in einen Bräter geben, 1/2 Tasse Wasser zufügen und im Ofen (Mitte) bei 180° Umluft ca. 40 Min. braten.

Ente wenden und mit übriger Füllung umlegen. Austretendes Fett gelegentlich darüberschöpfen. Wenn nötig, etwas Wasser in den Bräter gießen. Ente 1 weitere Std. braten (die Kerntemperatur sollte ca. 80° betragen). Dann die Hitze auf 160° Umluft reduzieren, Ente in weiteren 15 Min. knusprig braten. Ente im abgeschalteten Ofen warm halten. Fond mit Wein loskochen, mit einem Fettabtrenner entfetten. Fond und mitgeschmorte Füllung pürieren und mit Sahne verrühren. Eventuell etwas Wasser unterrühren. Sauce mit Ente und Füllung servieren.

MACH WAS DRAUS

Schmalz: Auf 1 Teil Entenflomen oder -bratfett 1 Teil fetten Speck, 1/2 Teil Apfel mit Schale und 1/4 Teil Zwiebel fein hacken. Fett und Speck auslassen, Apfel und Zwiebel darin ca. 5 Min. schmoren. Mit Majoran, Salz und Pfeffer würzen. Kühl lagern.

Entenklein-Cassoulet

Der französische Bohneneintopf wird traditionell den ganzen Tag über geschmort. Versuchen Sie es einmal in 1 Stunde und mit diesem Rezept – köstlich!

ZUTATEN FÜR 4 PERSONEN
250 g getrocknete weiße Bohnen | mindestens 400 g Entenklein (Flügel, Gerippe und Beine) | 1–2 Möhren | 1 ganzer Staudensellerie | 1 Lauch | 1 Bund Petersilie | 3 Zweige Thymian (oder 2 Lorbeerblätter) | 3 Knoblauchzehen | 80 g Entenbratenfett | 2 EL Tomatenmark | Chiliflocken | Salz | 1 kleine Dose geschälte Tomaten (400 g Inhalt) | 60 g Semmelbrösel

CA. 1 STD. + 20 MIN. BACKEN
PRO PORTION CA.
620 kcal | 36 g EW | 31 g F | 37 g KH

Weiße Bohnen am Vortag in 700 ml Wasser einweichen.

Das Entenklein wenn nötig waschen und zerteilen. Das Gemüse waschen, putzen und würfeln. Petersilie und Thymian waschen und trocken schütteln. Knoblauch schälen und klein schneiden.

Die Hälfte Entenfett in einem Topf erhitzen, Entenklein darin rundum kräftig anbraten. Gemüse, Tomatenmark und Knoblauch dazugeben und ca. 5 Min. schmoren. Bohnen samt Einweichwasser, Chiliflocken und Thymian zufügen und zugedeckt ca. 30 Min. kochen. Ist das Wasser aufgesogen, eventuell 250 ml Wasser zugießen. Alles salzen.

Das Entenklein herausnehmen, das Fleisch von den Knochen lösen. Die Tomaten grob zerdrücken. Mit Saft, Fleisch und Petersilie unter die Bohnen mischen. Bohnenmischung in eine Auflaufform (ca. 35 cm Ø) füllen. Das Cassoulet mit Semmelbrösel bestreuen. Übriges Entenfett zerlassen und darüberträufeln. Im Backofen (Mitte) bei 220° Umluft in 25–35 Min. knusprig braun überbacken.

MACH WAS DRAUS
Statt Entenklein lassen sich die Reste vom Entenbraten (s. S. 192) und Entenfett verwerten!

Kürbis-Enten-Lasagne

Der sanfte Kürbis ist so kalorienarm, dass er bestens mit der aromatischen, gehaltvollen Ente und den Nudeln harmoniert.

ZUTATEN FÜR 4–6 PERSONEN
2 Entenbrüste (à ca. 300 g) | 2 Zweige Rosmarin | Salz | Pfeffer | ca. 1 kg Hokkaido-Kürbis | 3 reife Tomaten | 1/2 TL Nelkenpulver | 200 g saure Sahne (20 % Fett) | 250 g Lasagneblätter (ohne Vorkochen) | 50 g Semmelbrösel | 50 g gemahlene Haselnüsse | Öl für die Form

CA. 35 MIN. + 45 MIN. BACKEN
BEI 6 PERSONEN PRO PORTION CA.
555 kcal | 28 g EW | 28 g F | 40 g KH

Haut samt Fettschicht von den Entenbrüsten abtrennen und beiseitelegen. Das Fleisch quer zur Faser in dünne Streifen schneiden. Den Rosmarin waschen, trocken schütteln und grob hacken. Den Rosmarin mit Salz, Pfeffer und Entenstreifen mischen.

Den Kürbis waschen, putzen, entkernen und in dünne Scheiben hobeln, am besten mit der Küchenmaschine. Tomaten waschen und die Stielansätze entfernen, die Tomaten in schmale Spalten schneiden. Tomaten mit Kürbis mischen. Mit Salz, Pfeffer und Nelkenpulver kräftig würzen. Die saure Sahne ebenfalls würzen.

Eine Auflaufform (ca. 35 x 24 cm) einfetten. Kürbismischung, Entenbrust und etwas saure Sahne, Lasagneblätter und wieder Kürbismischung im Wechsel einschichten, bis alles verbraucht ist. Mit Gemüse abschließen.

Entenhaut in Würfel schneiden. Semmelbrösel, Nüsse und Haut mischen und die Lasagne damit gleichmäßig bestreuen. Im Ofen (Mitte) bei 180° Umluft ca. 50 Min. backen.

VARIANTE
Sie können statt Tomaten auch 1–2 säuerliche Äpfel dazugeben. Einfach wie im Rezept in schmale Spalten schneiden und mit dem Kürbis einschichten.

Wels-Paprikasch

Dieser Süßwasserfisch wird umweltverträglich gehalten und ist sehr empfehlenswert, auch weil sein Fleisch ähnlich fleischig und würzig ist wie das eines Karpfens. Paprikaschoten, Zwiebeln, Knoblauch und Kürbiskern(öl) passen bestens dazu.

ZUTATEN FÜR 4 PERSONEN
400 g Zwiebeln
2 Knoblauchzehen
3 rote Paprikaschoten
1 EL Kürbiskernöl
2 EL Kürbiskerne
3 EL edelsüßes Paprikapulver
100 ml Apfelsaft
Salz | Pfeffer
1 TL Chiliflocken (Pul Biber)
600 g Welsfilet
2 EL Rapsöl
1 Bund Petersilie
200 g Schmand

CA. 45 MIN. | PRO PORTION CA.
550 kcal | 29 g EW | 40 g F | 16 g KH

Zwiebeln und Knoblauch schälen und fein hacken. Die Paprikaschoten halbieren, putzen, waschen und in Streifen schneiden. Kürbiskernöl in einem großen Topf erhitzen, Zwiebeln, Paprikastreifen und Kürbiskerne darin scharf anbraten, 1 EL Paprikapulver zugeben und kurz mitbraten. Mit Apfelsaft und 400 ml Wasser ablöschen. Gemüse mit Salz, Pfeffer und Chiliflocken würzen und zugedeckt bei kleiner Hitze ca. 20 Min. schmoren.

Inzwischen Welsfilet in große Stücke schneiden, leicht mit Salz und Pfeffer würzen und in 2 EL Paprikapulver wenden. Das Öl in einer Pfanne erhitzen, den Fisch darin rundherum in 3–5 Min. scharf anbraten.

Petersilie waschen, trocken schütteln und fein hacken. Mit Schmand unter die Paprikasauce rühren. Die Fischstücke dazugeben und zugedeckt bei kleiner Hitze in ca. 5 Min. gar ziehen lassen. Dazu passen Nudeln.

VARIANTE
50 g Speckwürfel mit Zwiebeln und Paprikastreifen braten. Sie bringen ein würziges Aroma in die Sauce.

GUT ZU WISSEN
Paprikasch kommt aus der österreichisch-ungarischen Küche und bezeichnet ein gulaschartiges Gericht – gewürzt mit Paprikapulver und abgeschmeckt mit Schmand. In Ungarn wird es oft auch mit Karpfen zubereitet: Die Teichwirtschaft war dort weit verbreitet. Ein würziger Fisch eignet sich für das Gericht am besten.

Welsfilet mit Rettichschaum

Wels ist ein großer Fisch und wird nur als Filet angeboten. Hier gibt es dazu Meerrettich satt: Auf der Basis von frischem, gedünstetem schwarzem Rettich wird mit frisch geriebenem Meerrettich und Schmand ein sahniger Schaum zubereitet.

ZUTATEN FÜR 4 PERSONEN

1/2 Bio-Zitrone
600 g Welsfilet
(ersatzweise Karpfen- oder Lachsfilet)
1 TL Ingwerpulver
weißer Pfeffer aus der Mühle
400 g schwarzer Rettich
100 g Butter
Salz
50 g frischer Meerrettich
1 Bund Petersilie
100 g Schmand

CA. 45 MIN. | PRO PORTION CA.
520 kcal | 25 g EW | 44 g F | 5 g KH

Zitronenhälfte waschen und abtrocknen, die Schale abreiben und den Saft auspressen. Welsfilet mit 2 EL Zitronensaft beträufeln, mit Ingwerpulver und Pfeffer würzen.

Für den Rettichschaum den Rettich schälen und zuerst in Scheiben, dann in Würfel schneiden. 70 g Butter in einem Topf zerlassen, den Rettich darin ca. 5 Min. andünsten, mit etwas Salz und Zitronenschale würzen. Den Rettich zugedeckt bei kleiner Hitze in weiteren 15 Min. weich dünsten.

Inzwischen den Meerrettich schälen und fein reiben. Die Petersilie waschen, trocken schütteln und fein hacken. Den Rettich mit Meerrettich, Schmand und etwas Zitronensaft schaumig pürieren. Bei Bedarf etwas Wasser hinzufügen. Die Petersilie unterheben und mit Salz abschmecken.

Übrige Butter in einer beschichteten Pfanne erhitzen und das Welsfilet darin auf jeder Seite in ca. 5 Min. goldbraun braten. Den Fisch mit dem Rettichschaum servieren. Passt sehr gut zu neuen Pellkartoffeln oder Reis.

TIPP
Der Rettichschaum passt auch zu Pellkartoffeln, Räucherforelle, Tafelspitz oder Schäufele.

Schweinepfeffer süßsauer

Gerade die gut durchwachsenen Teile vom Schwein sind besonders saftig und eignen sich bestens für einen Eintopf mit Herbstgemüse.

ZUTATEN FÜR 4 PERSONEN
2 Knoblauchzehen | 500 g Schulter- oder Nackenfleisch vom Schwein | Salz | Pfeffer | 300 g Zwiebeln | 400 g Pastinaken | 300 g Äpfel (z. B. Boskop) | 400 g Hokkaido-Kürbis | 2 EL Rapsöl | 1 TL brauner Zucker | 1/2 TL Pimentkörner | 1/2 TL Nelken | 1/2 TL Chiliflocken (Pul Biber) | 2 EL Apfelessig | 1 EL mittelscharfer Senf

CA. 1 STD. 20 MIN. | PRO PORTION CA.
450 kcal | 24 g EW | 27 g F | 26 g KH

Den Knoblauch schälen und fein hacken. Das Fleisch in mundgerechte Stücke schneiden, kräftig mit Knoblauch, Salz und Pfeffer würzen. Zwiebeln und Pastinaken schälen, Äpfel und Kürbis waschen. Die Zwiebeln vierteln und in dünne Scheiben schneiden. Pastinaken und Kürbis grob würfeln. Die Äpfel in schmale Spalten schneiden.

Das Öl in einem großen Topf erhitzen, das Fleisch darin ca. 10 Min. kräftig braten, den Zucker darüberstreuen und kurz karamellisieren lassen. Die Zwiebeln zugeben und kurz mitbraten. Pastinaken und Kürbis unterrühren, dann mit 500 ml Wasser ablöschen. Das Fleisch mit Salz, Pimentkörnern, Nelken und Chiliflocken würzen und zugedeckt bei mittlerer Hitze ca. 30 Min. köcheln lassen.

Ca. 5 Min. vor dem Garzeitende die Apfelspalten zugeben und mitgaren. Den Eintopf mit Essig, Salz, Pfeffer und Senf abschmecken.

KÜCHEN-TIPPS
- Wer das Gemüse nicht so weich mag, gibt die Kürbiswürfel erst 15 Min. vor dem Garzeitende zu.
- Pimentkörner und Nelken vor dem Verzehr aus dem Eintopf entfernen. Das ist einfacher, wenn man die Gewürze in ein Tee-Ei füllt und darin mitkocht.

Traubenkraut mit Rippchen

Sauerkraut und Lauch bringen mit Vitamin C und Senfölen Ihr Immunsystem so richtig auf Trapp. Die Rippchen liefern bei wenig Fleisch viel Aroma!

BILD RECHTS

ZUTATEN FÜR 4 PERSONEN
800 g Schweinerippchen | Salz | Pfeffer | 2 EL Butterschmalz | 1 Stange Lauch | 500 g mildes frisches Sauerkraut | 300 g rote Weintrauben ohne Kerne | 1 Handvoll frische Weinblätter (nach Geschmack) | 200 ml trockenen Weißwein | 1 Lorbeerblatt |

CA. 50 MIN. | PRO PORTION CA.
490 kcal | 22 g EW | 34 g F | 15 g KH

Rippchen, wenn nötig, waschen und trocken tupfen. Die Rippchen voneinander trennen, salzen und pfeffern. 2 EL Butterschmalz in einem Topf erhitzen, die Rippchen darin auf jeder Seite in 4–5 Min. knusprig braten und beiseitestellen.

Den Lauch putzen, seitlich einschneiden und gründlich waschen, längs vierteln und in ca. 1 cm breite Stücke schneiden. Das Sauerkraut grob hacken. Die Trauben und nach Geschmack die Weinblätter waschen. Die Trauben abzupfen und die Weinblätter in schmale Streifen schneiden, dabei die Stiele entfernen.

Lauch im restlichen Bratensaft glasig dünsten, dann mit dem Wein ablöschen und Lorbeerblatt dazugeben. Rippchen, Sauerkraut, Lauch, Weinblätter und Trauben abwechselnd in einen hohen Topf schichten, dabei mit Salz und Pfeffer würzen. Den Eintopf zugedeckt bei kleiner Hitze ca. 30 Min. schmoren.

VARIANTE
Statt Sauerkraut frischen Weißkohl hobeln. Zum Schluss mit Zitronensaft oder Essig abschmecken.

KÜCHEN-TIPP
Wenn das Sauerkraut sehr sauer ist, statt Weißwein besser mit Apfelsaft ablöschen, so bekommt der Eintopf eine etwas mildere Note.

Rosmarin-Schweinebraten

Ein Braten braucht etwas Zeit. Er sollte mindestens 1 kg wiegen, um saftig zu bleiben. Nach dem Garen einen Teil für den nächsten Tag beiseitelegen.

BILD LINKS

ZUTATEN FÜR 6–8 PERSONEN
4 Zweige Rosmarin | 3 Knoblauchzehen | 1,2 kg Schweinebraten (Nacken) | Salz | Pfeffer | 2 EL Olivenöl | 200 ml Roséwein | 400 g Zwiebeln | 400 g Falläpfel | 1 TL Rohrzucker | ca. 2 Prisen Zimtpulver | Küchengarn

CA. 2 STD. | BEI 8 PERSONEN PRO PORTION CA.
220 kcal | 14 g EW | 13 g F | 8 g KH

Rosmarin waschen und trocken schütteln. Knoblauch schälen und durch eine Knoblauchpresse drücken. Den Braten abwaschen und trocken tupfen. Mit Salz, Pfeffer und Knoblauch einreiben. Mit Küchengarn umwickeln und dabei die Rosmarinzweige fixieren.

Das Öl in einer Kasserolle erhitzen, den Braten darin von allen Seiten 10–15 Min. anbraten, Wein angießen. Den Braten zugedeckt bei kleiner Hitze ca. 45 Min. schmoren. Wenn die Flüssigkeit verdunstet ist, immer wieder 100 ml Wasser angießen. Das Fleisch zwischendurch einmal wenden.

Die Zwiebeln schälen, halbieren und in Streifen schneiden. Die Äpfel schälen, halbieren, entkernen und in schmale Spalten schneiden. Zwiebeln und Äpfel in die Kasserolle geben, mit Zucker und Zimtpulver bestreuen und weitere 45 Min. schmoren.

Den Braten herausheben und aufschneiden. Einen Teil für den nächsten Tag beiseitestellen. Apfel-Zwiebelgemüse mit Zimtpulver, Salz und Pfeffer würzen und zum Braten reichen. Dazu passen Kartoffelklöße.

MACH WAS DRAUS
- **Ragout mit Pilzen** (s. rechts) ist eine Möglichkeit der Resteverwertung.
- **Aufschnitt:** Übrigen Braten dünn aufschneiden und zu Kartoffel-Dinkel-Brot (s. S. 213) und grünem Tomatenchutney (s. S. 218) oder Rettichschaum (s. S. 197) servieren.

Ragout mit Pilzen

Der übrige Braten vom Vortag lässt sich bestens mit würzigen eiweißreichen Pilzen zu einem neuen Gericht verarbeiten. Das spart Zeit und Energie.

ZUTATEN FÜR 4 PERSONEN
Bratenreste vom Vortag | 700 g Pilze | 1 Knoblauchzehe | 1 Stange Lauch | 1 Bund Petersilie | 1 Zweig Rosmarin | 1/2 Bio-Zitrone | 1 EL Olivenöl | Salz | Pfeffer | frisch geriebene Muskatnuss | 1 TL Mehl | 100 g Sahne

CA. 35 MIN. | PRO PORTION CA.
430 kcal | 31 g EW | 32 g F | 5 g KH

Bratenfleisch vom Vortag in mundgerechte Stücke schneiden. Pilze putzen und in Scheiben schneiden. Knoblauch schälen und fein hacken. Lauch putzen, seitlich bis zur Mitte einschneiden, gründlich waschen und in fingerdicke Stücke schneiden. Petersilie und Rosmarin waschen und trocken schütteln. Petersilie fein hacken. Die Rosmarinadeln grob hacken. Die Zitronenhälfte waschen und abtrocknen, die Schale abreiben und den Saft auspressen.

Öl in einer Pfanne erhitzen, Lauch und Rosmarin darin kurz andünsten. Pilze und Knoblauch unterrühren, mit Salz, Pfeffer und Muskat kräftig würzen und ca. 5 Min. braten. Mit Mehl bestäuben. Zitronenschale und -saft unter die Pilze rühren. Sahne zugeben und die Pilze zugedeckt weitere 5 Min. dünsten.

Bratenreste und Petersilie zugeben, eventuell etwas Wasser zugießen. Ragout erwärmen, salzen, pfeffern und servieren. Dazu passen Reis oder Bandnudeln.

SAISON-TIPP
Zuchtpilze wie Champignons, Kräuterseitlinge oder Shiitake gibt es das ganze Jahr über. Waldpilze haben dagegen eine relativ kurze Saison, die im Sommer beginnt und im Herbst ihren Höhepunkt hat. Folgende Pilze sind besonders gängig und für die Küche geeignet: Pfifferlinge, Maronenröhrlinge, Goldröhrlinge, Morcheln, Krause Glucke, Totentrompete, Birkenpilz, Steinpilze, Leberpilze. Die beiden letzten Sorten schmecken auch roh ausgezeichnet. Wer unsicher ist, sollte das Sammelgut von einem Pilzkenner kontrollieren lassen (s. auch S. 190/191).

Reh-Graupen-Topf

Reh besteht nicht nur aus Rücken und Keule, sondern hat noch jede Menge Fleisch auf den Rippen und an den Vorderläufen, die etwas sehnig sind und nur kleine Stücke ergeben. Die sind perfekt für Ragout und Eintopf.

ZUTATEN FÜR 4 PERSONEN
500 g Ragout vom Reh
1 Stück frischer Ingwer (ca. 3 cm)
Salz | Pfeffer
2 Zwiebeln
2 EL Rapsöl
2 Lorbeerblätter
3 Nelken
200 ml Rotwein
700 g Rotkohl
150 g Graupen
1 Bio-Orange
1 EL rotes Johannisbeergelee
Worcestersauce

CA. 1 STD. 45 MIN.
PRO PORTION CA.
390 kcal | 34 g EW | 8 g F | 39 g KH

Fleischstücke bei Bedarf in mundgerechte Stücke schneiden. Ingwer schälen und durch eine Knoblauchpresse drücken. Fleischstücke mit Salz, Pfeffer und Ingwer vermengen. Zwiebeln schälen, halbieren und in Streifen schneiden.

Öl in einem großen Topf erhitzen, Fleisch darin von allen Seiten anbraten. Zwiebeln zugeben, mit Lorbeerblättern und Nelken würzen. Alles zugedeckt bei mittlerer Hitze ca. 10 Min. schmoren, bis der Fond ansetzt. Mit 200 ml Rotwein ablöschen und weitere 20 Min. schmoren.

Inzwischen den Rotkohl waschen, den Strunk entfernen und den Kohl in feine Streifen schneiden. Zusammen mit den Graupen zum Fleisch geben, 800 ml Wasser zugießen und aufkochen. Orange heiß waschen, abtrocknen, die Schale abreiben und ebenfalls zum Ragout geben. Das Ragout, salzen, pfeffern und weitere 50 Min. schmoren.

Orange schälen und in kleine Stücke schneiden. Ca. 5 Min. vor dem Garzeitende die Orangenstücke zum Ragout geben. Ragout mit Gelee und Worcestersauce abschmecken.

KÜCHEN-TIPPS
• Statt Rotwein eignet sich auch Orangensaft. Wichtig ist etwas Säure, damit der Kohl seine schöne Farbe behält.
• Sehr sehniges Fleisch am besten durch den Fleischwolf drehen und wie im Rezept angegeben verarbeiten.

Helles Wildragout

Wild eignet sich vorzüglich für Ragouts. Das zarte Muskelfleisch enthält kaum Fett und ist aromatisch. Es wird mit würzenden Zutaten und Knochen lange gegart, bis die Sehnen mürbe sind. Aus der Brühe entsteht dann die cremige Sauce.

ZUTATEN FÜR 4 PERSONEN

1 kg Rehrippchen bzw. -ragout mit Knochen (500 g ohne Knochen)
1 Petersilienwurzel
400 g Möhren
2 Zwiebeln
1 Lorbeerblatt
1 Zweig Thymian
Salz | 1 TL Pfefferkörner
4 Pimentkörner
400 g Pastinaken
100 ml weißer Dessertwein (z. B. Muskateller, Morio Muskat)
2 Sardellen in Öl
2 EL Butter
2 EL Mehl
80 g Sahne
Worcestersauce

CA. 35 MIN. + 1 STD. 30 MIN. GAREN
PRO PORTION CA.
350 kcal | 32 g EW | 13 g F | 22 g KH

Die Rippchen waschen und trocken tupfen. Petersilienwurzel und 1 Möhre putzen, schälen und grob zerteilen. Zwiebeln schälen und das Lorbeerblatt in 1 Zwiebel stecken. Den Thymian waschen und trocken schütteln.

1,5 l Wasser mit den Rippchen, Salz, Pfeffer- und Pimentkörnern, Zwiebel mit Lorbeerblatt, der zerkleinerten Möhre und Petersilienwurzel aufkochen. Die Rippchen zugedeckt bei kleiner Hitze in ca. 1 Std. 30 Min. gar ziehen lassen.

Inzwischen die übrigen Möhren und Pastinaken putzen, schälen und in ca. 1,5 cm große Würfel schneiden. Die restliche Zwiebel in feine Würfel schneiden.

Ist das Fleisch mürbe, alles durch ein Sieb gießen, die Brühe auffangen und das Gemüse durch das Sieb passieren. Die Brühe mit Salz und Pfeffer abschmecken, den Wein zugeben und aufkochen. Möhren und Pastinaken zugeben und zugedeckt in ca. 15 Min. halb garen. Inzwischen das Fleisch von den Knochen lösen und klein schneiden.

Die Sardellen abtropfen lassen. Die Butter in einem Topf zerlassen, die Zwiebelwürfel darin glasig dünsten, das Mehl darüberstäuben und hell anschwitzen. Sardellen zugeben. Mit der Gemüse-Wein-Mischung angießen, alles glatt rühren und das Gemüse weitere 10 Min. garen. Sahne, Worcestersauce und Fleisch dazugeben und heiß werden lassen.

VARIANTE

Statt Möhren und Pastinaken passen auch Champignons oder Pfifferlinge zum Ragout. Die Pilze mit den Zwiebelwürfeln andünsten und in 10 Min. garen.

Wildterrine mit Pilzen

Die weniger edlen Teile wandern durch den Fleischwolf in die Farce, die edlen werden zur Einlage. Vor dem Anschnitt die Terrine etwa 1 Tag ziehen lassen. Kühl gelagert bleibt sie etwa 10 Tage frisch.

ZUTATEN FÜR 10 – 12 PERSONEN
100 ml Portwein
100 g Sahne
50 g getrocknete Morcheln
100 g altbackenes Brot
30 g getrocknete Steinpilze
1,2 kg Wildbret ohne Knochen
400 g Leber
500 g durchwachsener Speck
2 kleine Zwiebeln
1 Knoblauchzehe
1 Bund Thymian
2 Lorbeerblätter
Salz | schwarzer Pfeffer
Backpapier für die Form

CA. 30 MIN. + 1 STD. 30 MIN. GAREN
BEI 12 PERSONEN PRO PORTION CA.
490 kcal | 35 g EW | 35 g F | 6 g KH

Portwein und Sahne getrennt erwärmen. Morcheln mit Portwein übergießen und einweichen. Brot mit Sahne übergießen. Steinpilze zerbröseln, dazugeben und ziehen lassen. Aus einem 500 g-Stück Wildfleisch Stücke von ca. 2 cm Ø schneiden. Leber und Speck in Stücke schneiden. Zwiebeln und Knoblauch schälen.

Das übrige Wildfleisch im Wechsel mit Leber- und Speckstücken durch die grobe Scheibe des Fleischwolfes drehen. Diese Mischung mit Zwiebeln, Knoblauch und eingeweichtem Brot durch die feine Scheibe des Fleischwolfs drehen.

Thymian waschen und trocken schütteln, die Blättchen abstreifen. Lorbeerblätter fein zerbröseln. Morcheln abtropfen lassen, dabei den Portwein auffangen und durch ein Haarsieb gießen. Thymian, Lorbeerblätter, Salz, Pfeffer, Morcheln und Portwein unter das Fleisch mischen.

Ofen auf 170° Umluft vorheizen. Eine Kasten- oder Pastetenform (ca. 3 l Inhalt) mit Backpapier auslegen. Die Hälfte des Fleischteiges in die Form geben, die Form mehrfach aufstoßen. Fleischstücke einlegen und übrigen Fleischteig darauf verteilen. Die Form nochmals aufstoßen. Ein tiefes Backblech ca. 1 cm hoch mit kochendem Wasser füllen, in den Backofen (unten) schieben. Terrine hineinsetzen und in ca. 1 Std. 30 Min. garen.

Terrine herausnehmen und beschweren. Nach ca. 30 Min. die Flüssigkeit abgießen und für Saucen auffangen. Wieder beschweren und erkalten lassen.

KÜCHEN-TIPP
Wichtig ist das Beschweren der Terrine nach dem Garen. Dafür ein Brettchen mit dem Innendurchmesser der Form sägen, auf das Fleisch legen und z. B. mit großen Konservendosen beschweren.

Zwetschgenknödel

Früher als Arme-Leute-Essen bekannt, sind die süßen Knödel heute eine Delikatesse. Sie lassen sich mit variablen Füllungen leicht zubereiten.

VEGETARISCH

ZUTATEN FÜR 12 STÜCK
450 g mehligkochende Kartoffeln | 200 g Mehl (Type 1050) | 60 g Butter | 1 Ei (Größe S) | Salz | 12 Zwetschgen | 80 g Semmelbrösel | Zucker | Schmand

CA. 50 MIN. | PRO STÜCK CA.
150 kcal | 4 g EW | 5 g F | 17 g KH

Kartoffeln im Schnellkochtopf (Stufe 1) in ca. 12 Min. garen. Dann pellen, noch heiß durch die Kartoffelpresse in eine Schüssel drücken und abkühlen lassen. Mit Mehl, 1 EL Butter, Ei und 1 Prise Salz zu einem geschmeidigen Teig verkneten. Den Teig zu einer Rolle formen und in 12 gleich große Stücke teilen.

Die Zwetschgen waschen und trocken tupfen. Die Teigstücke flach drücken, je 1 Zwetschge damit umwickeln und den Teig zu einer Kugel formen.

Salzwasser in einem Topf aufkochen. Die Knödel darin bei kleiner Hitze ca. 10 Min. ziehen lassen, bis sie an der Oberfläche schwimmen. Knödel mit einer Schaumkelle herausheben und kurz abtropfen lassen.

Inzwischen die restliche Butter in einer Pfanne zerlassen, die Semmelbrösel darin goldbraun rösten und die Knödel darin rundherum 2–3 Min. braten. Nach Geschmack mit Zucker und Schmand servieren.

VARIANTE
Sie können die Klöße auch mit Aprikosen (Marillen), Mirabellen oder anderen kleinen, festen Früchten füllen. Wer mag, kann an die Stelle des Kerns einen Würfelzucker in die Frucht geben – vor allem bei sauren Früchten.

SAISON-TIPP
Die späten, festen Zwetschgen eignen sich für die Knödel besonders gut. Wenn es diese nicht mehr gibt, stattdessen eingeweichte Trockenpflaumen oder getrocknete Aprikosen pur verwenden.

Topfenknödel mit Kompott

Topfen ist in der österreichisch-ungarischen Küche der Quark. Mit Ei und Nüssen wird er zu einem süßen Hauptgericht. Als Sauce gibt es Kompott dazu.

VEGETARISCH

ZUTATEN FÜR 4 PERSONEN
500 g Magerquark | 3 Eier | Salz | 2 Päckchen Vanillezucker | 1 Msp. abgeriebene Schale von 1 Bio-Zitrone | 150 g Mehl (Type 1050) | ca. 50 g Semmelbrösel | 300 g Zwetschgen | 2 Birnen | ca. 1 EL Zucker | 1/2 TL Zimtpulver | 40 g gemahlene Haselnüsse

CA. 50 MIN. | PRO PORTION CA.
480 kcal | 29 g EW | 12 g F | 52 g KH

Quark in einem Haarsieb abtropfen lassen. Mit Eiern, 1 Prise Salz, Vanillezucker und Zitronenschale in einer Schüssel verrühren. Mehl zufügen und untermengen. Soviel Semmelbrösel zugeben, dass eine formbare Masse entsteht. Die Masse ca. 30 Min. quellen lassen.

Inzwischen das Obst waschen. Zwetschgen entkernen, Birnen vierteln und ebenfalls entkernen. Beides grob zerkleinern. In einem Topf mit 2 EL Wasser und Zucker bei kleiner Hitze ca. 10 Min. kochen. Mit Zimtpulver und eventuell etwas Zucker abschmecken.

In einem großen Topf reichlich Salzwasser aufkochen. Mit zwei feuchten Esslöffeln ca. 30 Nocken abstechen oder kleine Knödel formen und im kochenden Salzwasser bei kleiner Hitze in 8–10 Min. gar ziehen lassen.

Inzwischen die Nüsse in einer beschichteten Pfanne rösten, bis sie duften. Knödel herausheben, abtropfen lassen und im Kompott mit Nüssen bestreut servieren.

VARIANTEN
- Anstatt Birnen können Sie für das Kompott Äpfel verwenden. Wer mag, gibt noch frische Trauben dazu.
- Topfenknödel schmecken auch in Butter gebraten mit etwas Zucker und Mohn bestreut.

Erntefrisch, süß aufgetischt

Desserts müssen nicht kompliziert sein. Im Gegenteil – frisch geerntete Früchte, neuer Wein und knackige Nüsse wirken durch ihr Aroma. Ergänzt werden Sahne oder Gewürze. Das kann man nicht kaufen, sondern nur selber machen. Wenn die Zutaten stimmen!

VEGETARISCH

KARAMELLAPFELSPALTEN

500 g Äpfel waschen, schälen, vierteln und entkernen. **2 EL Zucker** mit **2 EL Butter** in einer großen beschichteten Pfanne erhitzen und den Zucker karamellisieren lassen. Wenn er zu bräunen beginnt, die Apfelviertel zugeben und bei kleiner Hitze in ca. 10 Min. weich schmoren. Mit **1/2 TL Zimtpulver** abschmecken. Warm oder kalt mit flüssiger Sahne servieren.

HAGEBUTTEN-CREME

200 g Sahne steif schlagen. **2 mürbe, süße Äpfel** (z. B. Cox Orange) waschen, fein reiben und mit **100 g Hagebuttenmark** (s. S. 217) vermischen. Die Sahne unterziehen und nochmals **100 g Hagebuttenmark** spiralig darüberziehen. Schmeckt auch mit Quittenmark: Dann nur 1 Apfel und mehr Quittenmark nehmen.

MARONEN-CREME

125 g blanchierte, geschälte Maronen (s. S. 264) mit **200 ml Milch, 2 EL Rohrzucker**, dem Mark von **1/4 Vanilleschote** samt Vanilleschote und **1 TL Kaffeepulver** in ca. 10 Min. weich garen. Dabei gelegentlich umrühren. Vanilleschote entfernen. Maronenmasse pürieren, ca. **50 ml Espresso** zugeben und abkühlen lassen. Inzwischen **2 Birnen waschen**, halbieren und entkernen. **100 g Sahne** mit **1 Päckchen Vanillezucker** halb steif schlagen. Das Püree mit der Sahne auf den Birnen anrichten und mit Kaffeepulver bestreuen. Die Creme schmeckt auch mit Birnenkompott.

NUSSPUDDING

600 ml Milch mit **1 Prise Salz** aufkochen. **60 g Vollkorngrieß, 3 EL Rohrzucker** und **40 g geröstete gemahlene Haselnüsse** unterrühren und den Grieß bei kleiner Hitze ca. 5 Min. quellen lassen. Eine Puddingform (ca. 1 l Inhalt) kalt ausspülen und den Pudding hineinfüllen. Den Pudding in den Kühlschrank stellen und in mindestens 3 Std. kalt werden lassen. Inzwischen **400 g Pflaumen** waschen, halbieren und entsteinen. Mit 4 EL Wasser in einem Topf in 5–6 Min. weich garen. Die Pflaumen mit dem Pürierstab pürieren, mit **1 EL Rohrzucker** und **1/2 TL Zimtpulver** würzen und kalt stellen. Den erkalteten Pudding stürzen und mit Pflaumenpüree übergießen.

TRAUBENGRANITA

Etwa **800 g süße rote Weintrauben** entsaften oder kurz pürieren und durch ein Sieb passieren. Den Saft in eine flache, kältebeständige Form füllen und ins Tiefkühlfach stellen, dabei jede Stunde mit einer Gabel durchrühren. So entstehen die granitatypischen Eiskristalle. Wenn das Eis gefroren ist, mit einem Löffel oder Eisportionierer aus der Schale lösen, in 4 Gläser füllen und mit **je 100 ml neuem Süßen** aufgießen.

WEINGELEE MIT TRAUBEN

6 Blatt weiße Gelatine in kaltem Wasser ca. 5 Min. einweichen. **400 ml Weißwein** aufkochen und von der Herdplatte nehmen. Die tropfnasse Gelatine unterrühren, bis sie sich aufgelöst hat. Die Flüssigkeit nach und nach in **200 ml hellen Traubensaft** einrühren. **400 g rote Weintrauben** und **1 Handvoll kleine Basilikumblätter** waschen. Die Trauben halbieren und entkernen, mit den Basilkumblättern in eine Schale schichten. Gelee darübergießen und mindestens 2 Std. kalt stellen. Mit einem Schneebesen durchrühren, dabei mit **1 EL Sekt** aufschäumen. Sofort servieren.

Zwiebelkuchen

Diese typische Herbstspezialität aus den südlichen Weingegenden Deutschlands zeigt sich hier mit frischen Pfifferlingen und Walnusskernen von seiner edlen Seite. Dazu gibt es traditionell Federweißen – den frischen Wein.

VEGETARISCH

ZUTATEN FÜR 1 BACKBLECH (CA. 30 STÜCKE)

Für den Teig:
400 g Mehl (Type 1050)
1 Päckchen Trockenhefe
1/2 TL Zucker
Salz
8 EL Olivenöl

Für die Füllung:
1 kg Zwiebeln
250 g Pfifferlinge
300 g Cocktailtomaten

Für den Guss:
3 Zweige Rosmarin
2 Knoblauchzehen
3 Eier
200 g saure Sahne
Salz | Pfeffer
80 g Walnusskerne

CA. 40 MIN. + 20 MIN. BACKEN
PRO STÜCK CA.
115 kcal | 4 g EW | 6 g F | 12 g KH

Mehl mit Hefe, Zucker und 1 gehäuften TL Salz in einer Schüssel mischen. Ca. 250 ml lauwarmes Wasser dazugeben und alles mit den Knethaken des Handrührgeräts zu einem Teig verarbeiten. 6 EL Öl zugeben und unterkneten, bis ein glatter, weicher, formbarer Teig entsteht. Den Teig abdecken und an einem warmen Ort ca. 30 Min. gehen lassen.

Inzwischen die Zwiebeln schälen, halbieren und in feine Streifen schneiden. Pilze trocken putzen und je nach Größe halbieren. Tomaten waschen, nach Belieben die Stielansätze entfernen und die Tomaten mit einer Gabel einstechen.

Für den Guss Rosmarin waschen und trocken schütteln, die Nadeln abstreifen und fein hacken. Knoblauch schälen und ebenfalls hacken. Eier mit saurer Sahne, Rosmarin und Knoblauch verquirlen, kräftig salzen und pfeffern. Den Backofen auf 200° Umluft vorheizen. Ein Backblech mit übrigem Öl einfetten.

Teig noch einmal durchkneten und auf dem Blech ausrollen, dabei einen kleinen Rand hochziehen. Zwiebeln, Tomaten, Pfifferlinge und Nüsse auf dem Teig verteilen und den Guss darübergießen. Im Ofen (Mitte) bei 180° Umluft ca. 40 Min. backen. Schmeckt warm und kalt.

VARIANTEN

Hefeteig und Guss wie im Rezept oben beschrieben zubereiten.
Spinatkuchen: 4–5 Zwiebeln und 3 Knoblauchzehen schälen und fein hacken. 2 kg Blattspinat waschen, putzen und in einem Dämpfeinsatz über Dampf zusammenfallen lassen. Mit Salz, Pfeffer und Muskat würzen. 2 EL Butter zerlassen, Zwiebeln und Knoblauch darin glasig dünsten. Mit Spinat auf dem Teig verteilen. Den Guss darübergießen und den Kuchen wie den Zwiebelkuchen backen.
Mit Schinken & anderem Gemüse: Wer es fleischig mag, kann statt Nüsse Schinkenwürfel auf dem Teig verteilen. Den Belag mit verschiedenen Pilzen, Gemüsesorten oder Kapern variieren. Und den Guss mit anderen Gewürzen wie Bohnenkraut oder Thymian würzen.

Kartoffel-Dinkel-Brot

Besonders saftig und vollwertig – verbreitet einen Duft wie in der Backstube. Lauwarm verzehrt ein besonderer Genuss, den nur selbst gebackenes Brot bietet. Kartoffeln sorgen für Saftigkeit beim eher trockenen Dinkel, weil sie Wasser binden.

VEGETARISCH

ZUTATEN FÜR 1 KASTENFORM VON CA. 30 CM LÄNGE (CA. 21 SCHEIBEN)

250 g mehligkochende Kartoffeln
800 g Dinkelmehl (Type 1050)
2 Päckchen Trockenhefe
200 g Buttermilch
1 TL Honig
100 g Walnusskerne
3 TL Salz
Mehl zum Arbeiten
1 TL Rapsöl und Mehl für die Form

CA. 30 MIN. + 1 STD. 30 MIN. GEHEN + 1 STD. BACKEN
PRO SCHEIBE CA.
180 kcal | 8 g EW | 4 g F | 28 g KH

Kartoffeln mit Schale in wenig Wasser in 15–20 Min. weich garen. Das Mehl in einer Schüssel mit der Trockenhefe mischen.

Die Kartoffeln pellen und noch heiß durch die Presse in eine Schüssel drücken. Mit Buttermilch und Honig verrühren. Die lauwarme Mischung zum Mehl geben und langsam mit den Händen unterarbeiten, dabei so viel lauwarmes Wasser (ca. 300 ml) zugeben, bis ein fester, formbarer Teig entsteht, der nicht mehr klebt. Den Teig zur Kugel formen, mit Mehl bestäuben und abgedeckt bei Zimmertemperatur ca. 1 Std. gehen lassen, bis sich das Volumen verdoppelt hat.

Eine Kastenform einfetten und mit etwas Mehl bestäuben. Die Walnusskerne grob hacken und mit dem Salz unter den Teig kneten. Den Teig in die Form setzen und abgedeckt an einem warmen Ort ca. 30 Min. gehen lassen.

Eine feuerfeste Schüssel mit Wasser auf den Boden des kalten Backofens stellen. Das Brot im Ofen (unten) bei 200° Umluft ca. 1 Std. backen.

VARIANTEN

- Anstelle der Nüsse 100 g braun gebratene Zwiebelwürfel, getrocknete Tomaten oder frische grüne und schwarze Oliven unter den Teig kneten.
- Statt Buttermilch Wasser, Sauerkrautsaft oder Molke verwenden.

MACH WAS DRAUS

Gekochte Kartoffeln vom Vortag lassen sich in dem Brot super verwerten. Dann einfach die Buttermilch erwärmen und den Teig wie im Rezept beschrieben zubereiten.

Quittengelee

Quitten enthalten soviel Pektin und Säure, dass sie mit Zucker gelieren. So wird das feine Aroma nicht von der Zitronensäure des Gelierzuckers übertönt.

VEGETARISCH

ZUTATEN FÜR 3 GLÄSER À 200 ML
2 kg Quitten | 1 Bio-Zitrone | ca. 500 g Zucker | 1 Zweig Rosmarin | 1 EL Obstler

CA. 1 STD. 15 MIN. | PRO GLAS CA.
930 kcal | 3 g EW | 3 g F | 216 g KH

Quitten waschen, putzen, halbieren und grob zerteilen. Zitrone heiß waschen und abtrocknen, die Schale spiralig abschälen und den Saft auspressen. Quitte mit Zitronenschale und 1,5 l Wasser in einem Schnellkochtopf (Stufe 1) in ca. 30 Min. garen.

Ein ausreichend großes Sieb mit einem Mull- oder feinem Küchentuch auslegen. Die Quitten mit der Flüssigkeit hineingießen. Die Zitronenschale entfernen. Die Quitten vorsichtig ausdrücken, damit der Saft klar bleibt. Die weichen Quitten für das Quitten-Walnuss-Konfekt (s. rechts) beiseitestellen.

Rosmarin waschen und trocken schütteln. Mit Zitronen- und Quittensaft vermengen. Auf 1 Teil Saft 1/2 Teil Zucker geben. Saft mit Zucker in einem Topf verrühren, bei mittlerer Hitze 5–10 Min. kochen lassen. Wenn der Saft rötlich wird und auf dem Zuckerthermometer (s. S. 101) 125° erreicht hat, ist das Gelee fertig.

Für die Gelierpobe einen Tropfen Gelee auf einen kalten Teller geben und schräg halten: der Saft sollte gelieren. Ist er zu fest, etwas Flüssigkeit zugeben. Ist er zu flüssig, kurz weiterkochen.

Rosmarin entfernen. Gelee in saubere Twist-Off-Gläser füllen. Die Gläser verschließen und das Gelee erkalten lassen. Hält sich mehrere Monate.

Quitten-Walnuss-Konfekt

Das Quittenmark, das beim Geleekochen übrig bleibt, gibt mit Zucker gemischt ein feines Konfekt. Und die Nüsse nehmen ihm etwas von der Süße.

VEGETARISCH

ZUTATEN FÜR 1 BACKBLECH (CA. 100 STÜCK)
1,5 kg gekochtes Quittenmark | 1 Bio-Zitrone | 750 g Zucker | 350 g Walnusskerne | Öl für das Backblech

CA. 1 STD. + 1–2 TAGE TROCKNEN | PRO STÜCK CA.
60 kcal | 1 g EW | 2 g F | 9 g KH

Das Quittenmark von Stielen und schwarzen Blütenansätzen befreien, dann durch die »Flotte Lotte« oder ein Sieb streichen. Zitrone heiß waschen und abtrocknen, die Schale spiralig abschälen und den Saft auspressen. Das Mus mit Zucker, Zitronenschale und Zitronensaft mischen und in einem Topf bei kleiner Hitze unter Rühren in 15–20 Min. dick einkochen, bis die Masse rötlich wird. Das Zuckerthermometer sollte knapp unter 125° anzeigen.

250 g Walnusskerne grob und 100 g fein hacken. Die grob gehackten Nüsse unter die Masse ziehen. Die Zitronenschale entfernen. Ein Backblech mit Backpapier auslegen und einfetten. Die Masse darauf verteilen, mit einem Teigschaber glatt streichen und über Nacht trocknen lassen.

Wenn die Oberfläche trocken ist, auf eine mit 50 g fein gehackten Nüssen bestreute Arbeitsfläche stürzen. Die feuchte Unterseite mit den übrigen fein gehackten Nüssen bestreuen und andrücken. In ca. 2 cm große Würfel schneiden. Mit einem Leinentuch abgedeckt noch mindestens eine Nacht trocknen lassen. Sind die Würfel nicht mehr klebrig, das Konfekt in einer Blechdose kühl und trocken aufbewahren.

VARIANTEN
Sie können auch Haselnüsse oder Sesamsamen für das Konfekt verwenden. Wer mag, belegt die einzelnen Konfektstücke mit 1 Walnusshälfte.

Falscher Ingwer

Kürbis nimmt hier Ingweraroma an und wird gleichzeitig kandiert. Das Rezept stammt aus Großmutters Zeit, als frischer Ingwer rar war.

VEGETARISCH

ZUTATEN FÜR 1 EINMACHGLAS À 250 ML
400 g Kürbisfleisch (Hokkaido) | 350 g Farinzucker (s. Tipp) | 50 g Traubenzucker | 2 EL Ingwerpulver | je 1 TL gemahlener Zimt, Piment, Nelken und Muskatnuss

CA. 20 MIN. + 2 TAGE ZIEHEN | PRO GLAS CA.
1680 kcal | 3 g EW | 0 g F | 414 g KH

Kürbisfleisch in kleinfingerdicke Stäbchen schneiden. Diese in ca. 250 ml Wasser 6–7 Min. blanchieren, dann herausnehmen und abtropfen lassen.

Farinzucker und Traubenzucker unter den Sud rühren, bis sie sich aufgelöst haben. Die Kürbisstäbchen in eine flache kleine Auflaufform (ca. 28 cm Ø) legen, mit den Gewürzen bestreuen und abgedeckt über Nacht stehen lassen.

Am nächsten Tag den Sud offen 15–20 Min. kochen, bis er Fäden zieht (Zuckerthermometer 105°), dann heiß über die Kürbisstäbchen gießen, abdecken und über Nacht stehen lassen. Am nächsten Tag die Kürbisstäbchen herausnehmen. Den Sirup offen einkochen lassen. Mit den Kürbisstäbchen mischen.

Das Ganze in ein Einmachglas füllen. Das Glas gut verschließen. Den falschen Ingwer mindestens 1–2 Monate ziehen lassen. Je länger er im sirupähnlichen Sud liegt, desto intensiver schmeckt er.

MACH WAS DRAUS
Wenn die Stäbchen aufgegessen sind, den aromatischen Sirup zum Würzen von Punsch oder Desserts verwenden.

PRODUKT-TIPP
Farinzucker ist ein gelber bis dunkelbrauner feinkristalliner Zucker, der aus Zuckerablaufsirup hergestellt wird. Man verwendet ihn vorwiegend für Backwaren und Süßigkeiten.

Holunderbeerensirup

VEGETARISCH

ZUTATEN FÜR 3 FLASCHEN À 500 ML
1 kg Holunderbeeren | ca. 750 g Zucker | 1 Zitrone

CA. 30 MIN. | PRO FLASCHE CA.
1180 kcal | 9 g EW | 6 g F | 272 g KH

Holunderbeeren waschen, verlesen und in einen Topf geben. Beeren knapp mit Wasser bedecken, aufkochen und zugedeckt ca. 5 Min. sprudelnd kochen lassen. Eine Schüssel oder einen Topf und ein sauberes Küchen- oder Mulltuch bereitlegen. Holunderbeeren in das Tuch geben und die Flüssigkeit in der Schüssel auffangen. Beeren auspressen. Holundersaft abmessen (ergibt ca. 750 ml Saft) und mit der gleichen Menge Zucker aufkochen und offen ca. 10 Min. kochen lassen. Saft der Zitrone auspressen und durch ein Sieb dazugeben. Sirup in Flaschen füllen. Flaschen verschließen. Schmeckt mit Wasser verdünnt heiß und kalt.

Zwetschgenröster

VEGETARISCH

ZUTATEN FÜR 2 GLÄSER À 300 ML
2 kg reife Zwetschgen | Zimtpulver, gemahlene Nelken, gemahlener Piment oder Lebkuchengewürz | Zucker

CA. 30 MIN. + 3 – 4 STD. KOCHEN | PRO GLAS CA.
440 kcal | 5 g EW | 2 g F | 92 g KH

Zwetschgen waschen, halbieren, entkernen und mit dem Pürierstab grob zerkleinern. In einen Bräter geben und offen im Ofen (Mitte) bei 140° Umluft ca. 2 Std. garen, bis ein streichfähiges Mus entstanden und die Flüssigkeit größtenteils verkocht ist. Dabei alle 20–30 Min. umrühren. Anschließend fein pürieren. Nach Geschmack mit Zimtpulver, gemahlenen Nelken, gemahlenem Piment oder Lebkuchengewürz und etwas Zucker abschmecken. Den Zwetschgenröster in saubere Twist-Off-Gläser füllen. Gläser fest verschließen. Gekühlt mindestens 1 Monat haltbar.

Hagebuttenmark

VEGETARISCH

ZUTATEN FÜR 1 GLAS À 300 ML
500 g Hagebutten | ca. 160 g Zucker

CA. 25 MIN. | PRO GLAS CA.
1110 kcal | 18 g EW | 3 g F | 241 g KH

Hagebutten waschen, eventuell Stiele und Blättchen entfernen. Hagebutten mit 400 ml Wasser im Schnellkochtopf (Stufe 1) in ca. 10 Min. sehr weich kochen (ca. 1 Std. im normalen Kochtopf). Früchte durch ein Sieb passieren. Das Mus abwiegen. Im Verhältnis 2 Teile Mus zu 1 Teil Zucker unter Rühren ca. 5 Min. kochen. In ein sauberes Twist-Off-Glas füllen. Das Glas verschließen. Gekühlt mindestens 4 Wochen haltbar.

PRODUKT-TIPP
Sie können die Hagebutten jeder Rosensorte nehmen – je reifer desto besser. Das Innere mit Kernen bleibt im Sieb zurück und muss nicht vorher entfernt werden. Das Mark passt nicht nur zu Desserts und als Brotaufstrich, sondern auch zu Wild, Käse und Pasteten.

Ebereschenkonfitüre

VEGETARISCH

ZUTATEN FÜR 6 GLÄSER À 300 ML
1 kg Vogelbeeren | 500 ml Apfelsaft | ca. 1 kg Zucker

CA. 55 MIN. | PRO GLAS CA.
870 kcal | 3 g EW | 3 g F | 210 g KH

Die Beeren waschen und von den Stielen befreien. Mit Apfelsaft aufkochen. Die Beeren zugedeckt 15 – 20 Min. kochen, bis sie weich sind. Die Beeren durch ein Sieb streichen. Das Mus auswiegen und mit genauso viel Zucker aufkochen und offen bei großer Hitze 10 – 15 Min. sprudelnd kochen lassen, bis es zu gelieren beginnt (ein Tropfen sollte auf einem kalten Teller gelieren). Die Konfitüre in saubere Twist-Off-Gläser füllen. Die Gläser fest verschließen.

PRODUKT-TIPP
Die wilde Eberesche ist bitter. Nur Sorten der Mährischen Eberesche (s. auch S. 165) sind nicht bitter. Machen Sie zuvor eine kleine Kostprobe.

Scharfe Zucchini

VEGETARISCH

ZUTATEN FÜR 2 GLÄSER À 1 L
1 kg Zucchini | 1 rote Paprikaschote | 1 Gemüsezwiebel | 1 Stück Meerrettich | 200 ml Apfelessig | 1 EL Rohrzucker | 1 EL Senfkörner | 1 EL Salz | 1 EL Pfefferkörner | 1 scharfe getrocknete Chilischote

CA. 25 MIN. | PRO GLAS CA.
190 kcal | 10 g EW | 3 g F | 24 g KH

Zucchini waschen, putzen, halbieren und in fingerdicke Scheibchen schneiden. Paprikaschote halbieren, putzen, waschen und in schmale Streifen schneiden. Zwiebel schälen, vierteln und in ca. 1 cm dicke Streifen schneiden. Meerrettich waschen, schälen und in dünne Scheiben schneiden.

300 ml Wasser mit Essig, Zucker, Senfkörnern, Salz, Pfefferkörnern und Chili aufkochen. Zucchini, Paprikaschote, Zwiebel und Meerrettich dazugeben und offen bei großer Hitze ca. 7 Min. sprudelnd kochen. Gemüse und Sud in Gläser füllen. Die Gläser fest verschließen.

Suppenwürze

VEGETARISCH

ZUTATEN FÜR 4 GLÄSER À 250 ML
300 g Petersilienwurzel mit Grün | 300 g Knollensellerie | 300 g Möhren | 50 g Liebstöckel | 1 kleines Stück frischer Meerrettich | 200 g Salz

CA. 35 MIN. | PRO GLAS CA.
60 kcal | 4 g EW | 1 g F | 9 g KH

Gemüse putzen, schälen, fein raspeln und mit Salz vermischen. In Twist-Off-Gläser füllen und eine ca. 0,5 cm dicke Salzschicht daraufgeben. Die Gläser verschließen und an einem dunklen Platz aufbewahren.

VARIANTE
Die Gemüsesorten können Sie nach Belieben wählen. Am besten eignet sich aber kräftiges Wurzelgemüse.

Grünes Tomatenchutney

VEGETARISCH

ZUTATEN FÜR 5 GLÄSER À 300 ML
500 g reife grüne Tomaten | Salz | 250 g Äpfel (z. B. Boskop) | 250 g Zwiebeln | 3 getrocknete Chilischoten | 200 g Rohrohrzucker | 200 ml Apfelessig | 2 rote Paprikaschoten

CA. 55 MIN. | PRO GLAS CA.
230 kcal | 2 g EW | 1 g F | 52 g KH

Tomaten waschen und die Stielansätze entfernen. Die Tomaten in sehr feine Scheiben schneiden, in ein Sieb geben, mit Salz bestreuen und abtropfen lassen. Die Scheiben abspülen.

Äpfel waschen, vierteln und entkernen. Zwiebeln schälen und halbieren. Zwiebeln und Äpfel fein hacken. Alle vorbereiteten Zutaten mit Salz, Chili, Zucker und Essig in einem Topf aufkochen, dann offen bei kleiner Hitze ca. 20 Min. köcheln lassen, bis die Flüssigkeit verdampft ist.

Paprikaschoten in 3–4 Spalten teilen, putzen, waschen und auf ein Blech legen. Dann unter dem Backofengrill 5–10 Min. garen, bis die Haut gebräunt ist und Blasen wirft. Herausnehmen, mit feuchtem Küchenpapier bedecken und kurz ruhen lassen. Die Paprikaspalten häuten und in schmale Streifen schneiden.

Paprikastreifen zum Chutney geben und 5–10 Min. mitkochen, bis das Chutney eingedickt ist. Chili entfernen. Die heiße Masse in saubere Gläser füllen. Die Gläser fest verschließen. Dazu passt Kurzgebratenes, Hackbällchen, Falafel, Würstchen oder Käse.

GARTEN-TIPP
Vor dem ersten Frost hängen meist noch grüne (unreife) Tomaten an den Stauden. Diese in kleinen Mengen mit verwerten. Der Tomatingehalt in der Chutneymasse sinkt durch die Verdünnung stark und ist daher im Chutney in kleinen Mengen unbedenklich. Fast frei von Tomatin sind reife grüne Tomatensorten wie Green Zebra.

WINTER

Winter

Wie gut, dass Kälte und deftige Genüsse zusammenfallen! Traditionell kommen Wurzeln und Knollen jetzt groß heraus: Pastinaken und Rüben, Schwarzwurzeln und Topinambur, Petersilienwurzeln und Meerrettich, Knollensellerie, Rote Bete und Möhren sind jetzt derb, aber knackig. Neben Kartoffeln sind Süßkartoffeln eine super Alternative. Grün- und Rosenkohl sowie Feldsalat schmecken erst nach dem ersten Frost so richtig gut. Dazu kommen Koch- und Schmorfleisch vom Rind, Schweine- oder Gänseschmalz. Wie das alles verträglich wird? Mit den wunderbaren Winter-Gewürzen!

FRÜCHTE	GEMÜSE	KRÄUTER
Äpfel	Brokkoli	Bohnenkraut
Birnen	Champignons	Petersilie
Mandarinen	Chicorée	Rosmarin
Orangen	Chinakohl	Salbei
Haselnüsse	Feldsalat	Schnittlauch
Maronen	Grünkohl	Thymian
Walnüsse	Knollensellerie	
	Kürbis	
	Lauch	
	Möhren	
	Pastinaken	
	Petersilienwurzeln	
	Rosenkohl	
	Rote Bete	
	Rotkohl	
	Rübchen	
	Schwarzwurzeln	
	Spitzkohl	
	Staudensellerie	
	Steckrüben	
	Süßkartoffeln	
	Topinambur	
	Winterspinat	
	Wirsing	

Von oben links im Uhrzeigersinn: Salbei, Rosmarin und Thymian, Pastinaken, Rotkohl, Forellen.

Abwechslungsreiche Winterküche

Grünkohl schmeckt erst, wenn er Frost bekommen hat. Wenn Sie ihn im Garten angebaut haben, können Sie ihn im Winter stehen lassen und nach und nach ernten.

Winterküche muss nicht eintönig sein! Schöpfen Sie aus der Fülle der alten Gemüsesorten. Und entdecken Sie die Vielfalt von Gewürzen. Denn die schmecken nicht nur wunderbar, sondern machen das Essen auch vielfältiger und bekömmlicher. Das spielt gerade bei schwer verdaulicher Kost wie Kohl und Hülsenfrüchten eine wichtige Rolle.

WARUM WINTERGEMÜSE SO DERB IST

Je später der Erntezeitpunkt, desto kräftiger sind die Pflanzenfasern, die dem Gemüse Struktur geben. Die späten Kartoffeln haben eine dicke Schale und sind sehr stärkereich. Der Winterspinat oder -kohl hat viel härtere Blätter und stärkere Rippen als die frühen Sorten. Auch beim Wurzelgemüse oder beim Feldsalat lässt sich das beobachten. So kann die Pflanze leichtem Frost standhalten und ist bei längerer Lagerung vor dem Welken, also dem Austrocknen, geschützt. Das heißt auch: Wintergemüse hat besonders viel unverdauliche Ballaststoffe. Diese füttern die Darmbakterien und erhöhen dadurch die Immunabwehr – können aber blähen. Da helfen Gewürze. Es gibt Wintergemüse, das sogar besser schmeckt, wenn es Frost bekommen hat: Rosen- und Grünkohl, aber auch Früchte wie Schlehen. Denn durch tiefe Temperaturen wird der Umbau von Traubenzucker zu Stärke gebremst – der Zuckergehalt steigt, der Kohl schmeckt lieblicher. Auch Bitterstoffe gehen zurück. Das spielt sich aber nur ab, solange die Pflanze nicht geerntet ist.

DAS GROSSE SCHLACHTEN

Traditionell wurde im Winter geschlachtet, weil man das Vieh nicht durchfüttern konnte. Außerdem waren Fleisch, Wurst und Sülzen bei niedrigen Temperaturen haltbarer. Und schließlich konnte man bei Kälte ein paar Kalorien mehr gut gebrauchen! Geblieben ist für uns eine Vorliebe für deftige Spezialitäten, und die kann man im Winter bestens ausleben. Es muss nicht alles Filet und mager sein! Knochen landen in der Suppe, Schmalz gibt Schmorgerichten ein tolles Aroma, Sülze geliert mit Schweinepfoten besonders köstlich und auch derbe Teile werden butterzart, wenn man ihnen Zeit zum Garen gibt. So wird alles verwertet und das ist gut so. Solche Fleischgerichte sind und sollten etwas Besonderes sein.

WAS GEWÜRZE KÖNNEN

Sie werden ähnlich genutzt wie Kräuter, sind aber im Gegensatz zu ihnen in der Regel getrocknet und haltbar. Sie enthalten eine Vielzahl von Aromen und Wirksubstanzen, die zu den Bioaktivstoffen zählen.

Wurzelgemüse lassen sich gut lagern. Am besten im kühlen Keller in einer Kiste mit feuchtem Sand. Die Blätter werden vorher entfernt.

Einige von ihnen haben eine antibakterielle Wirkung. Dementsprechend wurden sie immer schon zum Marinieren und Konservieren von Lebensmitteln eingesetzt: Senfkörner in Essiggurken, Wacholderbeeren in Sauerkraut oder Muskatnuss und -blüte in Würsten und Pasteten. Die meisten Gewürze regen die Verdauung an und wirken gegen Blähungen wie Kümmel im Weißkohl oder Kreuzkümmel in Kichererbsenpaste und Linsenbrei (Dal). Sie sorgen für Abwechslung, machen Appetit, stärken die Abwehrkräfte und regen die Durchblutung an, sodass einem richtig warm wird – in der kalten Jahreszeit ideal.

REGIONAL ODER INTERNATIONAL?

Schon im Mittelalter gab es einheimische Gewürze wie Senfkörner, Wacholderbeeren, Kümmel und Meerrettich. Aus dem Mittelmeerraum und Balkan kamen dann Koriander, Anis, Fenchel und Lorbeerblätter dazu. Richtig spannend wurde es mit den Gewürzen des Orients: Pfeffer, Nelken, Kardamon und Zimt, Ingwer, Zitronengras, Sternanis, Kreuzkümmel, Muskatnuss und -blüte, Szechuanpfeffer, Kurkuma und Safran wurden zur begehrten Handelsware. Aus der Neuen Welt kamen Piment, Paprikapulver, die Chili- und Vanilleschote dazu. Schon die Aufzählung macht klar: Sich nur auf einheimische Ware zu beschränken, wäre ziemlich traurig und auch nicht sinnvoll. Denn Gewürze sind auch per Schiff transportfähig, werden nur in kleinen Mengen gebraucht und sind eine wichtige Einkunftsquelle in ihren Herkunftsländern. Greifen Sie also mit gutem Gewissen zu.

SELBER MAHLEN UND MISCHEN

Wer seine Gewürze kühl und dunkel lagert – also am besten nicht direkt über dem Herd – der hat lange Freude an ihnen. Vor allem, wenn sie unzerkleinert in ihrem möglichst dunklen Schatzkästchen ruhen. Denn einmal gemahlen, verfliegt das Aroma schnell, weil das Pulver Licht, Luft und Wärme eine größere Angriffsfläche bietet. In der Küche der Großmütter fand sich nur eine ganze Muskatnuss, die frisch über dem Topf gerieben wurde, Pfeffer und Wacholder wurden frisch gestoßen – überhaupt spielten Mörser und Stößel in der Gewürzküche eine große Rolle. Heute haben wir es einfacher: noch nie war das Angebot an Gewürzmühlen so groß. Für Pfeffer hat man am besten seine Stammmühle, für Muskat eine kleine Reibe. Die anderen Gewürze kann man sich nach Bedarf jeweils frisch zerkleinern. Dabei ist es für die Aromafreisetzung günstiger, die Gewürze sehr fein zu schneiden und nicht – wie es üblich ist – zu mahlen. Dafür benötigt man ein besonders scharfes Mahlwerk, möglichst mit einstellbarem Mahlgrad. Wichtig ist, dass die Mühle zerlegt und gereinigt werden kann, da mitunter kein Pulver, sondern eine Paste entsteht.

Karpfen aus regionaler Teichwirtschaft gehören aus ökologischer und kulinarischer Sicht zu den empfehlenswerten Fischen.

Außer Currypulver, Lebkuchengewürz oder dem chinesischen 5-Gewürze-Pulver sind fertige Gewürzmischungen überflüssig. Sie sind im Grunde ein Fertigprodukt und enden häufig in einer dunklen Schrankecke – vor allem, wenn das Etikett mit der Bezeichnung verschwunden ist. Vor dem Mischen sollte man die einzelnen Komponenten kennen, Gewürze solo gerochen, geschmeckt und verwendet haben. Dann entwickelt sich wie von selbst ein Gespür für den besten Mix. Wobei die traditionelle Verwendung ein guter Einstieg ist.

Falsche Wirsingwähe

Dieser Gemüsekuchen hat einen Boden aus Wirsing statt aus Teig. Die Wintersorten des Wirsings haben ein herzhafteres Aroma als der Frühwirsing und liefern reichlich Vitamin C als Erkältungskiller.

ZUTATEN FÜR 4 PERSONEN

1 kleiner Wirsing (ca. 750 g)
1 Apfel (z. B. Boskop)
1 Zwiebel
1 Knoblauchzehe
Salz | Pfeffer
frisch geriebene Muskatnuss
2–3 EL Rapsöl
200 ml Milch
200 g Sahne
2 Eier
1 Messlöffel (ca. 2 g) Johannisbrotkernmehl (aus dem Reformhaus)
150 g frisch geriebener würziger Hartkäse (z. B. Manchego oder Parmesan)
50 g Schinkenwürfel (ersatzweise grob gehackte Walnüsse oder 150 g Mettenden in Würfeln)
Öl für die Form

CA. 35 MIN. + 45 MIN. BACKEN
PRO PORTION CA.
520 kcal | 27 g EW | 40 g F | 12 g KH

Den Wirsing waschen und ca. 12 Blätter vom Strunk schneiden. Die Rippen der Blätter flach schneiden. Den Rest vierteln. Die Wirsingviertel und -blätter in einem Dämpfeinsatz über Dampf in 10–12 Min. vorgaren.

Inzwischen Strunk und Rippenreste fein hacken. Apfel waschen und mit Schale rund um das Kerngehäuse grob raspeln. Zwiebel und Knoblauch schälen und ebenfalls fein würfeln. Eine große feuerfeste Form (ca. 35 x 28 cm) mit Öl einfetten.

Die Form mit den Wirsingblättern überlappend auslegen, dabei leicht mit Salz, Pfeffer und Muskat würzen. Die Wirsingviertel in schmale Streifen schneiden und auf den Blättern verteilen.

Milch mit Sahne, Eiern, Johannisbrotkernmehl, Salz, Pfeffer und Muskat verquirlen. Käse, Schinkenwürfel, Apfelraspel, Zwiebel, Knoblauch und gehackte Kohlreste unterrühren. Die Mischung auf den Blättern verteilen. Die Blattränder mit Öl einpinseln.

Die Wähe im Backofen (Mitte) bei 200° Umluft ca. 45 Min. backen. Eventuell mit Backpapier abdecken, damit die Wähe nicht zu dunkel wird. Dann im ausgeschalteten Ofen ca. 10 Min. ruhen lassen. Dazu passen Bauern- oder Roggenvollkornbrot sowie Pellkartoffeln.

MACH WAS DRAUS

Strunk und Blattrippen können beim Kohl immer mit verwendet werden, aber klein gehackt, weil sie länger garen als die Blätter. Bleibt bei großen Köpfen etwas übrig, kann man diese derben Teile auch einfrieren und für Gemüsebrühe verwenden (s. S. 121).

Rosenkohl mit Kürbis

VEGETARISCH

ZUTATEN FÜR 4 PERSONEN
500 g Rosenkohl (geputzt ca. 400 g) | 700 g Hokkaido-Kürbis (geputzt ca. 500 g) | 1 Zwiebel | 2 EL Rapsöl | 2 TL Currypulver | Salz | Pfeffer | 150 g Joghurt

CA. 40 MIN. | PRO PORTION CA.
140 kcal | 7 g EW | 7 g F | 11 g KH

Rosenkohl waschen, putzen und halbieren. Kürbis waschen, entkernen und in ca. 2 cm große Würfel schneiden. Zwiebel schälen und fein würfeln.

Öl in einem Topf erhitzen, Currypulver und Zwiebel darin kurz anbraten. Rosenkohl und Kürbis dazugeben und ca. 3 Min. andünsten. Sobald das Gemüse beginnt anzusetzen, 50 ml Wasser zugießen. Das Gemüse salzen und pfeffern. Dann zugedeckt bei kleiner Hitze in ca. 12 Min. garen.

Den Joghurt unterrühren und ca. 2 Min. ziehen lassen. Mit Currypulver, Salz und Pfeffer kräftig abschmecken.

Rotkohl mit Kirschen

VEGETARISCH

ZUTATEN FÜR 4 PERSONEN
800 g Rotkohl | 3 Schalotten | 1 kleines Glas Schattenmorellen (175 g Abtropfgewicht) | 1 EL Butter- oder Gänseschmalz | Salz | Pfeffer | 5 Wacholderbeeren

CA. 40 MIN. | PRO PORTION CA.
70 kcal | 3 g EW | 2 g F | 9 g KH

Rotkohl waschen, putzen, vierteln und in dünne Streifen schneiden. Schalotten schälen, halbieren und in Streifen schneiden. Kirschen in ein Sieb abgießen, dabei den Saft auffangen. Schmalz erhitzen, Schalotten darin glasig dünsten. Kirschsaft zugießen, mit Salz und Pfeffer würzen und offen in ca. 5 Min. sirupartig einkochen lassen. Rotkohl, Kirschen und Wacholderbeeren unterrühren, salzen, pfeffern und aufkochen. Zugedeckt bei kleiner Hitze in ca. 20 Min. garen, dabei hin und wieder umrühren.

Grünkohl mit Äpfeln

VEGETARISCH

ZUTATEN FÜR 4 PERSONEN
800 g Grünkohl | 1 Zwiebel | 2 Äpfel (z. B. Boskop) | 1 TL gemahlener Koriander | 2 EL Butter | Salz | Pfeffer

CA. 1 STD. | PRO PORTION CA.
110 kcal | 5 g EW | 5 g F | 10 g KH

Grünkohl waschen, putzen und grob hacken. Die Zwiebel schälen und fein würfeln. Äpfel waschen, halbieren, entkernen und in schmale Spalten schneiden.

Koriander in einem Topf trocken erhitzen. Butter zugeben und zerlassen, Zwiebel darin glasig dünsten. Apfelspalten hinzufügen und ca. 3 Min. braten.

Den Grünkohl untermischen, salzen und zugedeckt bei mittlerer Hitze ca. 30 Min. schmoren. Bei Bedarf etwas Wasser (oder Apfelsaft) zugießen. Grünkohl mit Salz und Pfeffer abschmecken.

Orangen-Lauch-Weißkohl

VEGETARISCH

ZUTATEN FÜR 4 PERSONEN
600 g Weißkohl | 1 Stange Lauch | 2 Bio-Orangen | 1 rote Chilischote | 2–3 EL Rapsöl | 5-Gewürze-Pulver | Salz

CA. 45 MIN. | PRO PORTION CA.
120 kcal | 3 g EW | 7 g F | 11 g KH

Weißkohl waschen, vierteln, putzen und in feine Streifen schneiden. Lauch putzen, seitlich einschneiden, gründlich waschen und in Streifen schneiden. 1 Orange heiß waschen und abtrocknen, die Schale abreiben und den Saft auspressen. Übrige Orange schälen und in Segmente teilen. Chilischote längs halbieren, entkernen, waschen und fein würfeln.

Öl in einem Wok erhitzen, den Kohl darin mit 5-Gewürze-Pulver ca. 5 Min. braten. Lauch, Chili, Salz und Orangenschale zugeben und ca. 3 Min. mitbraten. Orangensaft angießen. Kohl mit Salz und 5-Gewürze-Pulver würzen und zugedeckt ca. 5 Min. schmoren. Bei Bedarf etwas Wasser zugießen. Orangensegmente unterheben und erhitzen.

Rosenkohltaschen

Warum fertigen Blätterteig kaufen, wenn er so einfach selbst gemacht werden kann – hier mit Schmalz und Rosenkohlfüllung. Dazu passen Bier und Wein.

ZUTATEN FÜR 35 STÜCK
200 g fetter Speck | 250 g Mehl (Type 1050) | 1 TL Butter | 1/2 TL Salz | 50 ml trockener Weißwein | 35 Rosenkohlröschen | 8 Zweige Thymian | 1 Eigelb | Mehl zum Arbeiten

CA. 1 STD. 10 MIN. + 50 MIN. KÜHLEN + 30 MIN. BACKEN | PRO STÜCK CA.
70 kcal | 2 g EW | 4 g F | 6 g KH

Die Speckschwarte abschneiden und den Speck fein würfeln. In einem Topf bei kleiner Hitze auslassen, bis knusprige »Grammerln« übrig bleiben. Das entstandene Schmalz kalt stellen.

Mehl, Butter, Salz, Wein und 100 ml kaltes Wasser mit den Händen zu einem festen Teig verkneten. Den Teig auf einer bemehlten Arbeitsfläche ca. 1/2 cm dick ausrollen und mit dem Schmalz bestreichen. Die Teigplatte einmal zusammenklappen und ca. 30 Min. kalt stellen. Den Teig wieder ca. 1/2 cm dick ausrollen, zusammenklappen und ca. 20 Min. kalt stellen. Den Vorgang nach Belieben mehrmals wiederholen, umso blättriger wird der Teig.

Den Rosenkohl waschen, putzen und die Röschen von unten kreuzförmig einschneiden. Den Thymian waschen, trocken schütteln und die Blätter abzupfen. Den Backofen auf 180° Umluft vorheizen.

Aus den Teigplatten mit einem großen Glas ca. 35 Kreise (10–15 cm Ø) ausstechen, dabei den Glasrand in etwas Mehl tauchen. Teigkreise mit Thymian bestreuen und mit je 1 Röschen belegen. Den Teig darüber zusammendrehen. Taschen auf ein Blech setzen, mit Eigelb bestreichen und im Ofen (Mitte) in 20–30 Min. goldgelb backen.

Speck-Lauch-Taschen

Sie sind weniger Fett durch den fixen Quark-Öl-Teig und durch Lauch, Hüttenkäse sowie Schinkenspeck sehr saftig. Ofenfrisch schmecken sie am besten.

ZUTATEN FÜR 16 STÜCK
1 Stange Lauch | 100 g durchwachsener Speck | 2 Zweige Rosmarin | 200 g Magerquark | 5 EL Rapsöl | 250 g Mehl (Type 1050) | 3 gestrichene TL Backpulver | Salz | 150 g Hüttenkäse | Pfeffer | Mehl zum Arbeiten | Backpapier für das Backblech

CA. 1 STD. 10 MIN. | PRO STÜCK CA.
140 kcal | 6 g EW | 8 g F | 12 g KH

Für die Füllung den Lauch putzen, seitlich bis zur Mitte einschneiden, gründlich waschen und in dünne Streifen schneiden. Die Speckschwarte abschneiden. Den Speck würfeln und in einer beschichteten Pfanne bei kleiner Hitze auslassen. Den Lauch zugeben und unter Rühren ca. 5 Min. braten, dann abkühlen lassen.

Inzwischen Rosmarin waschen und trocken schütteln, die Nadeln fein hacken. Quark und Öl in einer Schüssel verrühren. Mehl und Backpulver mischen, mit Rosmarin und Salz unter den Quark kneten. Den Teig abdecken und beiseitestellen.

Die Speck-Lauch-Mischung mit dem Hüttenkäse verrühren und kräftig mit Salz und Pfeffer würzen.

Den Teig auf einer bemehlten Arbeitsfläche ca. 1/2 cm dick ausrollen. Mit einem Förmchen oder einem Glas 16 Kreise (10–15 cm Ø) ausstechen. Je 1 EL Füllung in die Mitte geben und die Teigkreise zu Halbkreisen zusammenklappen. Die Ränder mit einer Gabel andrücken.

Ein Backblech mit Backpapier auslegen. Die Teigtaschen daraufsetzen und im Backofen (Mitte) bei 180° (Umluft, ohne Vorheizen) 20–30 Min. backen.

Feldsalat mit Vinaigrette

Gemüse, das wie der Feldsalat über der Erde wächst, ergänzt sich mit seinen Inhaltsstoffen ideal mit »unterirdischen« Sorten wie Rote Bete. Am besten natürlich als Rohkost mit kalt gepresstem Öl und frischen Kräutern.

VEGETARISCH

ZUTATEN FÜR 4 PERSONEN
250 g Feldsalat
1 große Rote Bete
1 kleiner Apfel
4 EL Apfelsaft
2 Zweige Thymian
2 EL Walnussöl
2 EL Apfelessig
Salz | Pfeffer
1 TL Zuckerrübensirup

CA. 20 MIN. | PRO PORTION CA.
100 kcal | 2 g EW | 5 g F | 10 g KH

Feldsalat putzen, gründlich waschen und abtropfen lassen. Rote Bete waschen, schälen und fein reiben. Apfel waschen, abtrocknen, halbieren, entkernen und fein würfeln. Rote Bete und Apfel mit Apfelsaft beträufeln.

Thymian waschen und trocken schütteln, die Blätter abzupfen und hacken. Für das Dressing das Öl mit Essig, 2 EL Wasser, Thymian, Salz, Pfeffer und Sirup verrühren. Die Vinaigrette mit Rote Bete und Apfelstücken vermengen.

Feldsalat mit dem Dressing auf Tellern anrichten und servieren. Passt zu Wildgerichten oder Brot.

MACH WAS DRAUS

- Auch gut als kleine Vorspeise für 6 Personen.
- Mit einem kleinen, übergrillten Ziegenfrischkäse (s. S. 178) pro Person, 1 wachsweich gekochten Ei oder gehackten Walnüssen wird der Salat zu einer Mahlzeit.

SAISON-TIPP
Endivien-Salat und der nussige Feldsalat sind im Winter, wenn nicht zu strenger Frost herrscht, auch aus dem Freilandanbau zu haben. Den bitteren Endiviensalat am besten in feinste Streifen schneiden, aber nicht mit heißem Wasser überbrühen: Das zerstört den Nährwert. Beim Feldsalat das Sträußchen auch beim Entfernen der Wurzeln stehen lassen (s. S. 178). Beide Salate vor dem Putzen gründlich waschen.

Chicorée-Orangen-Salat

Bitter, süß, sauer und salzig – dieses Rezept vereint alle vier Geschmacksrichtungen und macht es dadurch sehr harmonisch. Der Mix aus Südfrucht, Chicorée und Sauerkraut aus dem Vorrat nutzt das Angebot der Wintersaison in idealer Weise.

VEGETARISCH

ZUTATEN FÜR 4 PERSONEN
150 g frisches Sauerkraut
1 Orange
2–3 Stauden Chicorée (ca. 500 g)
100 g Schmand
5 EL Orangensaft
Salz | Pfeffer
1 TL grüne Pfefferkörner
(aus dem Glas)
1 TL Ingwerpulver

CA. 20 MIN. | PRO PORTION CA.
100 kcal | 3 g EW | 6 g F | 7 g KH

Das Sauerkraut fein hacken. Die Orange mit einem Messer so schälen, dass auch die weiße Haut entfernt wird. Orange vierteln und die Viertel quer in dünne Scheiben schneiden, dabei den Saft auffangen. Chicorée waschen, putzen, längs halbieren, den Strunk entfernen und die Hälften in schmale Streifen schneiden.

Die Chicoréestreifen und Orangenstücke mischen. Das Sauerkraut mit Schmand, aufgefangenem Orangensaft, Salz, Pfefferkörnern und Ingwerpulver verrühren. Das Dressing unter den Chicorée heben und den Salat servieren.

VARIANTE
Anstelle des cremigen Dressings, können Sie den Salat auch mit einer Vinaigrette anmachen. Dafür je 2 EL Rapsöl und Apfelessig, Salz und Pfeffer verrühren und unter den Salat mischen. Schmeckt auch mit 1 Handvoll gehackten Walnüssen sehr gut.

EINKAUFS-TIPP
Frisches, nicht sterilisiertes Sauerkraut ist besonders mild. Sie finden es auf dem Markt, in Bioläden oder im Reformhaus – fragen Sie danach. Das Kraut auf keinen Fall waschen, das schwemmt wertvolle Nährstoffe aus.

Warmer Wurst-Kraut-Salat

Wurstsalat verträgt jede Menge knackiges Kraut mit etwas mildem Sauerkraut – für den Geschmack reicht dann eine kleine Menge Lyoner.

ZUTATEN FÜR 4 PERSONEN

500 g Weißkohl | 1 Zwiebel | 4 EL Walnussöl | 1 TL Koriandersamen | 3 EL Weißweinessig | 100 g mildes Sauerkraut | 1 Bund Petersilie | 200 g Lyoner in dünnen Scheiben | Salz | Pfeffer | Chiliflocken (Pul Biber)

CA. 30 MIN. | PRO PORTION CA.

290 Kcal | 8 g EW | 26 g F | 6 g KH

Den Weißkohl waschen, putzen und in feine Streifen hobeln. Die Zwiebel schälen und in feine Würfel schneiden. Das Öl in einem Topf erhitzen, Zwiebel und Koriandersamen darin glasig dünsten, mit 100 ml Wasser ablöschen. Den Weißkohl dazugeben und auf der ausgeschalteten Herdplatte ca. 5 Min. ziehen lassen. Mit Essig in einer Schüssel vermischen.

Das Sauerkraut fein hacken. Die Petersilie waschen, trocken schütteln und ebenfalls fein hacken. Die Wurst in feine Streifen schneiden. Sauerkraut, Petersilie und Wurststreifen unter den Kohl mischen. Den Salat mit Salz, Pfeffer und Chiliflocken abschmecken. Dazu passen geröstete Brotscheiben.

VARIANTEN

- Ohne Lyoner ist der Salat eine herzhafte Beilage.
- Statt Sauerkraut passen auch sauer eingelegte rote Paprikastücke dazu.

PRODUKT-TIPP

Lyoner ist eine süddeutsche Spezialität. Als Kalbslyoner ist sie besonders feinporig und hat ein zartes Aroma, ganz anders als die norddeutsche Fleischwurst. Als Alternative kommt nördlich des Mains am ehesten Mortadella in Frage.

Bohnen-Spinat-Salat

Hülsenfrüchte wie weiße Bohnen sind ein ideales Winteressen und bekommen durch getrocknete Tomaten und Blattgemüse Frische.

VEGETARISCH

ZUTATEN FÜR 4 PERSONEN

200 g weiße Bohnen | 2 Lorbeerblätter | 50 g Pinienkerne | 200 g Winterspinat | 50 g getrocknete Tomaten | 1 Schalotte | 3 Stiele Petersilie | 1 Zweig Bohnenkraut (oder getrocknetes Bohnenkraut) | 1 Knoblauchzehe | 3 EL Olivenöl | 3 EL Weißweinessig | Salz | Pfeffer

CA. 45 MIN. | PRO PORTION CA.

220 kcal | 6 g EW | 16 g F | 11 g KH

Die Bohnen mit 600 ml Wasser und Lorbeerblättern im Schnellkochtopf (Stufe 1) in ca. 40 Min. garen. Lorbeerblätter entfernen und die Bohnen in ein Sieb abgießen. Die Pinienkerne in einer beschichteten Pfanne ohne Fett rösten, bis sie duften.

Den Spinat verlesen und harte Stiele entfernen. Den Spinat waschen, abtropfen lassen und in feine Streifen schneiden. Getrocknete Tomaten ebenfalls in Streifen schneiden. Die Schalotte schälen und fein würfeln. Die Petersilie waschen, trocken schütteln und fein schneiden. Das Bohnenkraut waschen und trocken schütteln, die Blätter abzupfen.

Den Knoblauch schälen und in eine Schüssel pressen. Mit Öl, Essig, Salz und Pfeffer verrühren. Bohnen mit Spinat, Tomaten, Schalotte, Petersilie und Bohnenkraut mischen und das Dressing untermischen. Den Salat mit Pinienkernen bestreuen.

PRODUKT-TIPP

Wenn es schnell gehen soll, weiße Bohnen aus der Dose abtropfen lassen und wie beschrieben zubereiten, eventuell etwas kräftiger würzen. Wer mag, kann nach Geschmack etwas Bohnenwasser verwenden.

Linsen-Spitzkohl-Salat

Der Salat ist blitzschnell zubereitet, da rote Linsen bereits geschält sind. Mit dem zarten Spitzkohl ist er ausgesprochen gut verträglich.

ZUTATEN FÜR 4 PERSONEN
1 Zwiebel | 4 EL Olivenöl | 1 TL gemahlener Kreuzkümmel | 200 g rote Linsen | 250 g Spitzkohl | 1 Bund Petersilie | 50 g kleine luftgetrocknete Salami | 3 EL Aceto balsamico | 1 TL Pesto (aus dem Glas) | Salz | Pfeffer

CA. 30 MIN. | PRO PORTION CA.
305 kcal | 16 g EW | 16 g F | 24 g KH

Die Zwiebel schälen und würfeln. 2 EL Öl in einem Topf erhitzen, Zwiebel und Kreuzkümmel darin dünsten, bis die Zwiebel glasig ist. Die Linsen zugeben, mit 250 ml Wasser ablöschen und zugedeckt bei mittlerer Hitze in ca. 12 Min. bissfest garen.

Inzwischen den Spitzkohl waschen, putzen und in dünne Streifen scheiden. Die Petersilie waschen, trocken schütteln und fein hacken. Die Salami in hauchdünne Scheiben schneiden.

Das übrige Öl mit Essig, Pesto, Salz und Pfeffer verrühren. Das Dressing mit dem Spitzkohl unter die Linsen mischen. Den Salat mit Salz und Pfeffer abschmecken. Petersilie und Salami untermischen.

VARIANTEN
- Für die Vinaigrette anstelle von Aceto balsamico und Olivenöl Zitronensaft und Kürbiskernöl verwenden.
- Schmeckt auch mit einem Dressing aus Saft und Schale von 1/2 Bio-Orange, 2 EL Crème fraîche, 1 TL scharfem Senf und 1 cm fein gehacktem Ingwer.
- Statt Spitzkohl schmeckt auch Weißkohl oder Eisbergsalat.

Pastinaken-Soufflé

Das himmlisch lockere, würzige Soufflé schmeckt am besten frisch aus dem Ofen, denn es fällt schnell zusammen. Mit einem Salat wird's zur Hauptmahlzeit.

ZUTATEN FÜR 4 PERSONEN
400 g Pastinaken | 1 Knoblauchzehe | 2 EL Butter | 1 EL Mehl (Type 1050) | 100 ml Orangensaft | 1 TL Salz | Cayennepfeffer | 1 Bund Petersilie | 4 EL frisch geriebener Parmesan | 2 EL körniger Senf | 4 Eier | Butter für die Form

CA. 40 MIN. + 20 MIN. BACKEN | PRO PORTION CA.
230 kcal | 11 g EW | 14 g F | 15 g KH

Die Pastinaken waschen, schälen und in kleine Würfel schneiden. Den Knoblauch schälen und hacken. Die Butter in einem Topf zerlassen, beides darin kurz andünsten und mit dem Mehl bestäuben. Bevor das Gemüse beginnt sich anzusetzen, Orangensaft und 300 ml Wasser angießen. Pastinaken mit Salz und Cayennepfeffer würzen und zugedeckt bei mittlerer Hitze in ca. 15 Min. weich dünsten.

Inzwischen den Backofen auf 220° Umluft vorheizen und eine hohe Auflaufform (ca. 3 l Inhalt und 20 cm Ø) mit Butter einfetten.

Die Pastinaken in einer Rührschüssel pürieren und etwas abkühlen lassen. Die Petersilie waschen, trocken schütteln und fein hacken. Mit Parmesan und Senf unter das Püree ziehen. Das Püree mit Salz und Cayennepfeffer würzig abschmecken.

Die Eier trennen. Die Eiweiße sehr steif schlagen. Erst die Eigelbe, dann den Eischnee unter das Püree ziehen. Die Masse in die Form füllen. Im Backofen (Mitte) in ca. 20 Min. goldbraun backen, sofort servieren.

PRODUKT-TIPP
Pastinaken schmecken mild und fast süßlich. Deshalb eignen sie sich prima für süßsaure Zubereitungen. Ihr hoher Gehalt an Inulin, einem Ballaststoff, regt die Verdauung an. Deshalb sind Pastinaken auch in der Babykost sehr beliebt.

Scharfe Pfannen-Rübchen

Winterzeit ist Rübenzeit! Das Rezept zeigt das heimische Gemüse von seiner Glanzseite – mit Honig glasiert und mit Chili scharf gewürzt.

VEGETARISCH

ZUTATEN FÜR 4 PERSONEN
1 kg kleine Rübchen (z. B. Teltower Rübchen, Herbstrüben, Butterrüben oder Steckrüben) | 4 Zweige Rosmarin | 30 g weiche Butter | Salz | Chiliflocken | 1 EL Honig | 200 ml Apfelsaft |

CA. 35 MIN. | PRO PORTION CA.
170 kcal | 2 g EW | 7 g F | 24 g KH

Die Rübchen waschen, putzen, schälen und vierteln. Größere Rübchen in Achtel schneiden. Den Rosmarin waschen und trocken schütteln.

Butter in einer Pfanne erhitzen, Rübchen und Rosmarin darin 3–5 Min. andünsten. Etwas Salz, Chiliflocken, Honig und Apfelsaft zugeben. Rübchen zugedeckt bei kleiner Hitze in ca. 10 Min. garen. Wenn nötig, etwas Saft zugeben. Kurz vor dem Garzeitende die Kochflüssigkeit offen bei großer Hitze einkochen lassen. Dabei das Gemüse mehrmals schwenken. Rosmarin entfernen und die Rübchen mit Salz und Chiliflocken abschmecken.

PRODUKT-TIPP
Das Angebot an Rüben ist regional unterschiedlich – eine gute Auswahl gibt es auf dem Wochenmarkt und im Bioladen. Die zarten Teltower Rübchen sind im Norden stärker vertreten, die orangefarbenen, runden Butterrüben mit ihrem leichten Bittergeschmack im Süden. Die riesigen, süßlichen Steckrüben und die weiß-lila Winterrüben gibt es überall. Sie alle sind Basenbildner und haben eine mild anregende Wirkung auf die Verdauung. So sind sie wichtiger Bestandteil vieler Entschlackungskuren und gerade zum winterlichen Jahresbeginn ein ideales Fastengemüse.

Wildschweingulasch

Sauerkraut, Zwiebeln und Knoblauch geben dem Gulasch mehr Würze und verlängern es auf eine leichte Art. Paprikapulver macht's noch pikanter.

ZUTATEN FÜR 4 PERSONEN
600 g Wildschweinfleisch (von Schulter oder Brust) | 3 Zwiebeln | 2 Knoblauchzehen | 400 g frisches Sauerkraut | 2 EL Butter- oder Schweineschmalz | 2 TL edelsüßes Paprikapulver | Tomatenmark | Salz | Pfeffer | 150 g saure Sahne

CA. 1 STD. 30 MIN. | PRO PORTION CA.
370 kcal | 33 g EW | 24 g F | 5 g KH

Das Fleisch trocken tupfen und in ca. 3 cm große Stücke schneiden. Die Zwiebeln schälen, halbieren und in Streifen schneiden. 1 Knoblauchzehe schälen und fein hacken. Das Sauerkraut grob hacken.

Das Schmalz in einem großen Topf erhitzen, Zwiebeln, Paprikapulver und Tomatenmark darin kurz anbraten. Fleisch dazugeben und ca. 3 Min. mitbraten. Mit Knoblauch, Salz und Pfeffer kräftig würzen. Das Fleisch zugedeckt bei mittlerer Hitze ca. 30 Min. schmoren. Wenn der ausgetretene Fleischsaft verkocht ist und das Gericht beginnt anzusetzen, 200 ml heißes Wasser angießen. Sauerkraut zufügen und ca. 30 Min. mitschmoren. Wenn nötig 200 ml heißes Wasser zugießen, damit das Gulasch nicht ansetzt.

Inzwischen übrigen Knoblauch schälen, mit einem Messer zerdrücken und mit der sauren Sahne verrühren. Knoblauchsahne unter das mürbe Fleisch rühren. Gulasch salzen und pfeffern. Dazu passen Kartoffeln, Schupfnudeln (Rezept rechts) oder Bandnudeln.

VORRATS-TIPP
Bereiten Sie das Gulasch in der doppelten Menge zu: Es lässt sich gut einfrieren.

VARIANTE
Mit normalem Schweinefleisch sinkt die Garzeit auf insgesamt ca. 45 Min., mit Hirsch- oder Rindfleisch schmort das Gulasch etwa 1 Std. 30 Min. – 2 Std.

Schupfnudeln

Sie sind schneller fertig als Sie denken – köstlich, vollwertig durch Kartoffel und Ei und mit Kraut ein Klassiker. Wichtig: wirklich mehlige Kartoffeln.

VEGETARISCH

ZUTATEN FÜR 4 PERSONEN
500 g mehligkochende Kartoffeln | 1 Ei | 80 g Mehl | Salz | frisch geriebene Muskatnuss

CA. 30 MIN. | PRO PORTION CA.
155 kcal | 6 g EW | 2 g F | 29 g KH

Die Kartoffeln waschen und samt Schale im Schnellkochtopf (Stufe 1) in ca. 15 Min. garen.

Die Kartoffeln herausnehmen und heiß pellen, dann durch die Kartoffelpresse drücken und ausdampfen lassen. Ei und Mehl unter die Kartoffeln kneten. Den Kartoffelteig mit Salz und Muskat würzen und mit den Händen zu zigarrenförmigen Röllchen formen.

Die Schupfnudeln offen in leicht siedendem Salzwasser garen, bis sie an der Oberfläche schwimmen. Mit einer Schaumkelle herausnehmen und abtropfen lassen. Die Schupfnudeln mit dem Wildschweingulasch (Rezept links) anrichten und servieren.

VARIANTE
Krautschupfnudeln: Die Schupfnudeln wie beschrieben zubereiten. **1 Zwiebel** schälen und würfeln. **1 Apfel** waschen, entkernen und raspeln. **500 g Sauerkraut** ausdrücken und grob hacken. **50 g durchwachsenen Speck** klein würfeln, in einer Pfanne auslassen und knusprig braten. Die Zwiebeln hinzufügen und glasig dünsten. 1 EL Butter, Sauerkraut und Apfelraspel dazugeben und ca. 15 Min. braten, dann beiseitestellen. **2 EL Butter** zerlassen, die Schupfnudeln darin unter gelegentlichem Wenden goldbraun braten. Das Sauerkraut untermischen, alles **salzen** und **pfeffern**.

Erbsensuppe

Ein superschnelles Rezept für den Schnellkochtopf! Alle Zutaten einfach rein, Deckel drauf und nach etwa 30 Minuten ist die Suppe fertig.

ZUTATEN FÜR 4–6 PERSONEN
3 Zwiebeln | 1 Stange Lauch | 1/2 Knollensellerie | 100 g durchwachsener Speck | 200 g Kassler | 1 EL Rapsöl | 250 g grüne getrocknete Schälerbsen | 3 Lorbeerblätter | 1 TL getrockneter Majoran | Salz | Pfeffer | 2 EL Weißweinessig

CA. 1 STD. 10 MIN. | BEI 6 PERSONEN PRO PORTION CA.
190 kcal | 7 g EW | 14 g F | 10 g KH

Die Zwiebeln schälen und in feine Würfel schneiden. Den Lauch putzen, seitlich bis zur Mitte einschneiden, gründlich waschen und in feine Streifen schneiden. Den Knollensellerie schälen und ebenfalls fein würfeln.

Speck und Kassler in kleine Würfel schneiden. Das Rapsöl in einem Schnellkochtopf erhitzen, beides darin ca. 1 Min. anbraten. Erbsen, Zwiebeln, Lauch und Sellerie dazugeben und ca. 2 Min. andünsten.

1,25 l Wasser angießen. Lorbeerblätter und Majoran dazugeben, den Deckel fest verschließen und alles auf Stufe 2 ca. 30 Min. kochen lassen. Die Suppe mit Salz, Pfeffer und Essig abschmecken und servieren.

KÜCHEN-TIPP
Der Schnellkochtopf ist ideal zum Zubereiten von Hülsenfrüchten. Im normalen Kochtopf brauchen die Erbsen ca. 1–1 Std. 30 Min., um weich zu werden.

VARIANTE
Erbsensuppe aus Erbswurst: Zwiebeln, Lauch und Sellerie wie beschrieben waschen und zerkleinern. 5 Stück Erbswurst (1 Stück à 25 cm) in 1, 25 l kaltem Wasser auflösen. Speck in einem Topf auslassen, das Gemüse darin andünsten. Mit Erbswurst ablöschen. Alles aufkochen und zugedeckt bei kleiner Hitze ca. 10 Min. köcheln lassen.

Grünkohl mit Mettenden

Dieser norddeutsche Klassiker gehört in die Winterküche wie der Schnee zum Winter. Und ohne Mettenden wird das Gemüse vegetarisch.

ZUTATEN FÜR 4 PERSONEN
1 kg Grünkohl (geputzt ca. 800 g) | 2 Zwiebeln | 600 g Süßkartoffeln | 2 EL Rapsöl | 2 TL Salz | Pfeffer | frisch geriebene Muskatnuss | 3 Pimentkörner | 4 Mettenden

CA. 1 STD. 10 MIN. | PRO PORTION CA.
340 kcal | 17 g EW | 24 g F | 15 g KH

Den Grünkohl putzen, waschen, den harten Strunk entfernen (für Gemüsebrühe s. S. 121 aufheben!) und die Blätter in feine Streifen schneiden. Die Zwiebeln schälen und fein würfeln. Die Süßkartoffeln waschen, schälen und in ca. 1,5 cm große Würfel schneiden.

Das Öl in einem Schmortopf erhitzen, die Zwiebeln darin braun anbraten. Den Grünkohl dazugeben und kurz andünsten. Mit Salz, Pfeffer und 1 Msp. Muskat würzen. Süßkartoffeln und Pimentkörner unterrühren. Alles zugedeckt bei kleiner Hitze in ca. 20 Min. garen. Die Mettenden dazugeben und ca. 20 Min. mitschmoren. Bevor der Kohl beginnt anzusetzen, nach und nach 500 ml Wasser angießen. Den Grünkohl mit Salz und Pfeffer würzen und servieren.

VARIANTEN
Statt Rapsöl eignet sich Schmalz oder Bratenfett von Ente, Gans oder Schwein zum Dünsten. Schmeckt auch mit »normalen« Kartoffeln.

KÜCHEN-TIPP
Wenn Sie tiefgekühlten Grünkohl verwenden, entsteht oft viel Garflüssigkeit. Dann 2–3 EL Haferflocken zum Binden unter den Kohl rühren und einmal aufkochen.

Linsen-Chinakohl-Topf

Dieser süßsaure Linsentopf ist durch das zarte Gemüse – rote Linsen, Chinakohl und Petersilienwurzel – leicht verdaulich und fix fertig.

VEGETARISCH

ZUTATEN FÜR 4 PERSONEN
250 g Petersilienwurzeln | 5 getrocknete Aprikosen | 1 kg Chinakohl | 1 Zwiebel | 2 EL Rapsöl | 250 g rote Linsen | Salz | 1 TL Chiliflocken (Pul Biber) | Pfeffer | 3 EL Sojasauce | 200 g Schafskäse (Feta)

CA. 40 MIN. | PRO PORTION CA.
400 kcal | 28 g EW | 16 g F | 36 g KH

Die Petersilienwurzeln waschen, putzen, schälen und fein würfeln. Die Aprikosen ebenfalls fein würfeln. Den Chinakohl waschen, putzen und in feine Streifen schneiden. Zwiebel schälen und in Ringe schneiden.

Das Öl in einem großen Topf erhitzen, Zwiebelringe, Petersilienwurzeln und Aprikosen darin ca. 4 Min. dünsten, bis die Zwiebelringe glasig sind. Linsen, 300 ml Wasser und etwas Salz dazugeben und alles zugedeckt bei mittlerer Hitze ca. 5 Min. garen. Den Chinakohl untermischen und weitere 10 Min. garen.

Inzwischen den Schafskäse in ca. 1 cm große Würfel schneiden. Den Eintopf mit Chiliflocken, Pfeffer und Sojasauce würzen. Den Schafskäse untermischen und den Eintopf sofort servieren.

Lasagne mit Wintergemüse

Hier vereinen sich zwei klassische Wintergemüse: Die Béchamelsauce wird mit Schwarzwurzeln gekocht und statt Tomaten schmoren geraspelte Rote Bete in der Bolognese. Eine aparte Mischung, die nicht nur optisch eine Abwechslung bietet.

ZUTATEN FÜR 6 PERSONEN
5 EL Rapsöl
3 leicht gehäufte EL Mehl (Type 1050)
700 ml Milch (1,5 % Fett)
500 g Schwarzwurzeln
Salz | weißer Pfeffer
frisch geriebene Muskatnuss
500 g Rote Bete
2 Zwiebeln
300 g Rinderhackfleisch
schwarzer Pfeffer
200 ml Rotwein
180 g Lasagneblätter
(ohne Vorkochen)
100 g frisch geriebenen Käse
(z. B. Hartkäsereste von Emmentaler, Greyerzer oder Gouda)
Öl für die Form

CA. 55 MIN. + 30 MIN. BACKEN
PRO PORTION CA.
490 kcal | 27 g EW | 23 g F | 40 g KH

2 EL Öl in einem Topf erhitzen, das Mehl darin 1–2 Min. anschwitzen. Die Milch dazugießen und bei kleiner Hitze unter ständigem Rühren ca. 10 Min. köcheln lassen. Die Schwarzwurzeln waschen, schälen, in ca. 2 cm lange Stücke schneiden und unter die Sauce rühren. Mit Salz, weißem Pfeffer und Muskat würzen. Die Schwarzwurzeln zugedeckt bei kleiner Hitze in ca. 10 Min. garen.

Die Rote Bete waschen, schälen und mit der Küchenmaschine grob raspeln. Die Zwiebeln schälen und fein würfeln. 2 EL Öl in einem Topf erhitzen, die Zwiebeln darin glasig dünsten. Das Hackfleisch unterrühren, mit Salz und schwarzem Pfeffer würzen und braun anbraten. Rote Bete dazugeben und ca. 2 Min. mitgaren, dann mit Wein ablöschen. Die Sauce kräftig mit Salz und schwarzem Pfeffer würzen.

Eine ovale Auflaufform (ca. 55 x 25 cm) mit Öl einfetten. Dann nacheinander Hackfleischsauce, Béchamelsauce und Lasagneblätter einschichten, bis alles aufgebraucht ist. Mit Béchamelsauce abschließen. Die Lasagne mit Käse bestreuen und im Backofen (Mitte) bei 180° (Umluft, ohne Vorheizen) in ca. 30 Min. goldbraun überbacken.

SERVIER-TIPP
200 g Schmand mit der abgeriebenen Schale von 1 Bio-Zitrone, Salz und Pfeffer verrühren und extra zur Lasagne reichen.

Chicorée-Süßkartoffel-Auflauf

Die süßlichen Kartoffeln passen bestens zum bitteren Chicorée. Sie garen schneller und werden deshalb wie der Chicorée roh eingeschichtet. Das spart Zeit und Arbeit. Der kräftige Gorgonzola hält mit seinem Schmelz und Aroma alles zusammen.

VEGETARISCH

ZUTATEN FÜR 4 PERSONEN
800 g orangefarbene Süßkartoffeln
3 Stauden Chicorée (à ca. 170 g)
300 ml Milch
50 g Sahne
Salz | Pfeffer
1 TL edelsüßes Paprikapulver
1 TL Currypulver
frisch gemahlene Muskatnuss
150 g Gorgonzola
1 EL Butter für die Form

CA. 20 MIN. + 35 MIN. BACKEN
PRO PORTION CA.
435 kcal | 14 g EW | 22 g F | 46 g KH

Die Kartoffeln waschen und schälen und in Scheiben hobeln. Den Chicorée waschen, längs in Viertel schneiden und den harten Strunk entfernen.

Eine Auflaufform (ca. 30 x 22 cm) mit Butter einfetten. Die Kartoffelscheiben dachziegelartig in die Form legen. Die Chicoréeviertel zwischen die Kartoffelscheiben legen.

Die Milch mit der Sahne verrühren, mit 1 TL Salz, Pfeffer, Paprikapulver, Currypulver und Muskat kräftig würzen und über den Auflauf gießen. Den Gorgonzola in Stückchen schneiden und auf dem Gemüse verteilen.

Den Auflauf im Backofen (Mitte) bei 180° (Umluft, ohne Vorheizen) in 30–35 Min. überbacken.

VARIANTEN
- Wer keine Süßkartoffeln mag oder bekommt, kann auch mehligkochende Kartoffeln verwenden.
- Noch würziger schmeckt der Chicorée, wenn Sie ihn vorher mit etwas Butter in einer Pfanne auf jeder Seite ca. 2 Min. anbraten.
- Anstatt des Gorgonzolas können Sie auch andere kräftige Käsesorten wie Munster oder Tilsiter verwenden.

Wintergemüse-Pie

Sellerie, Pilze, Thymian, Knoblauch, Linsen und Portwein bilden das würzige Gegengewicht zur cremigen Polenta. Ein wunderbar wärmendes Gericht, in dem man auch mal ein paar Reste aus dem Kühlschrank unterbringen kann.

VEGETARISCH

ZUTATEN FÜR 4 PERSONEN

2 Zwiebeln
4 Stangen Staudensellerie
500 g Champignons
3 Zweige Thymian
1 Knoblauchzehe
2 EL Rapsöl
Salz | Pfeffer
50 g kleine Berglinsen
100 ml Portwein
500 ml Milch
200 g Polenta (Instant)
150 g saure Sahne
20 g Butter
Rapsöl für die Form

CA. 50 MIN. + 30 MIN. BACKEN
PRO PORTION CA.
500 kcal | 16 g EW | 21 g F | 55 g KH

Die Zwiebeln schälen und würfeln. Den Staudensellerie waschen, putzen, eventuell entfädeln und in ca. 1/2 cm dicke Scheibchen schneiden. Die Champignons trocken säubern und je nach Größe halbieren oder vierteln. Thymian waschen und trocken schütteln, die Blättchen abzupfen. Knoblauch schälen und fein hacken. Eine große runde Auflaufform (ca. 28 cm Ø) mit Öl einfetten.

2 EL Öl in einer Pfanne erhitzen, Zwiebeln und Staudensellerie darin bei kleiner Hitze ca. 5 Min. andünsten. Mit Salz, Pfeffer, Knoblauch und Thymian würzen. Die Champignons dazugeben und ca. 2 Min. mitdünsten. Die Linsen unterrühren und mit Portwein ablöschen. Alles einmal aufkochen und die Gemüsemischung in die Form geben.

Milch und Polenta in einem Topf aufkochen, mit 1 TL Salz würzen und die Polenta zugedeckt bei kleiner Hitze ca. 5 Min. köcheln lassen. Den Topf beiseitestellen und die saure Sahne unter die Polentamasse ziehen.

Die Polenta auf dem Gemüse verstreichen und die Butter in Flöckchen darauf verteilen. Im Backofen (Mitte) bei 180° (Umluft, ohne Vorheizen) ca. 40 Min. backen. Dazu passt Feldsalat mit Vinaigrette, Chicoréesalat oder Endiviensalat.

VARIANTEN

- Statt Linsen eignen sich auch 50 g gehackte Nüsse (z. B. Haselnüsse oder Mandeln).
- Die Polentakruste wird noch knuspriger, wenn Sie 50 g frisch geriebenen Parmesan untermischen.

Die cremige Seite der Kartoffel

Mehligkochende Kartoffelsorten sind eine echte Winterspezialität: Erst die späten Sorten haben die typisch harte Schale und viel Stärke eingelagert. Deshalb Winterkartoffeln immer schälen oder pellen. Sie sind ideale Grundlage für Brei und Püree. Vielfältig kombiniert sind sie eine ideale Beilage zu Kurzgebratenem oder Schmorgerichten wie Gulasch.

VEGETARISCH

KARTOFFEL-WURZEL-STAMPF

Für 2–3 Personen

200 g Herbstrübchen waschen, schälen und in kleine Würfel schneiden. **300 g mehligkochende Kartoffeln** schälen und grob würfeln. Beides in einen Topf geben und mit **wenig Wasser** und **1 Prise Salz** zugedeckt in 15–20 Min. weich garen. Dann die restliche Flüssigkeit offen einkochen lassen. Alles mit einem Kartoffelstampfer grob zerstampfen. Dann nach und nach **100 g Schmand** unterrühren. Mit **Salz, frisch geriebener Muskatnuss** und **1/2 TL gemahlenem Korianderpulver** würzen.

KARTOFFELBREI

Für 2–3 Personen

500 g mehligkochende Kartoffeln schälen, in ca. 3 cm dicke Stücke schneiden und in einem Topf mit **100 ml Wasser** und **1/2 TL Salz** zugedeckt in 15–20 Min. garen. Sie dürfen nicht anbrennen, es sollte kaum Wasser übrig bleiben. **50 ml Milch** erwärmen, dazugeben und alles mit einem Kartoffelstampfer zu Püree verarbeiten. Abschließend mit einem Schneebesen **1 EL Butter** unterrühren. Den Kartoffelbrei mit **1 Prise Salz** und **frisch geriebener Muskatnuss** würzen.

LAUCH-KARTOFFEL-STAMPF

Für 2–3 Personen

300 g mehligkochende Kartoffeln waschen und mit Schale in wenig Wasser zugedeckt in 20–25 Min. garen. **200 g Lauch** putzen, seitlich bis zur Mitte einschneiden, gründlich waschen und in Streifen schneiden. **1 Knoblauchzehe** schälen und fein hacken. **1 EL Rapsöl** in einem Topf erhitzen, den Lauch darin ca. 4 Min. andünsten. Den Knoblauch dazugeben, alles mit **2 TL Currypulve**r bestäuben und weitere 2 Min. dünsten. Die Kartoffeln pellen, vierteln und zum Lauch geben. Kartoffeln und Lauch mit einem Kartoffelstampfer grob zerdrücken und dabei **125 ml Milch** einfließen lassen. Mit **Salz** und **Currypulver** abschmecken.

SÜSSKARTOFFELMUS

Für 2–3 Personen

500 g Süßkartoffeln schälen, halbieren und in einem Topf geben. Mit **wenig Wasser** und **1 TL Salz** zugedeckt in 20–25 Min. garen, bis das Wasser fast vollständig verkocht ist. Wenn nötig, zwischendurch **etwas Wasser** nachgießen. Die Kartoffeln mit dem Pürierstab fein pürieren. Nach und nach **2 EL Walnussöl** unterrühren. Das Mus mit **1 Prise Salz** und **1 TL 5-Gewürze-Pulver** würzen und mit einem Schneebesen luftig aufschlagen.

KÜCHEN-TIPP

Süßkartoffeln enthalten viel weniger Eiweiß als Kartoffeln – deshalb kann man sie auch wie Möhren mit dem Pürierstab zermusen. Bei Kartoffeln klappt das nicht – sie werden zu klebrigem Kleister.
Die Kartoffeln lieber mit Schale kochen, pellen und durch ein grobes Sieb oder die Kartoffelpresse drücken. Oder die Kartoffeln schälen, klein schneiden und in wenig Flüssigkeit garen. Dann unter Zugabe von Flüssigkeit einfach zerstampfen.

KARTOFFELSCHNEE

Für 2–3 Personen

500 g mehligkochende Kartoffeln waschen und mit Schale in **wenig Wasser** zugedeckt in 15–20 Min. garen. **3 Zwiebeln** schälen und in feine Würfel schneiden. In einem Topf **2 EL Olivenöl** (eventuell mit Chili) erhitzen, die Zwiebelwürfel darin unter Rühren knusprig braun braten. Die Kartoffeln abgießen, dann noch warm pellen und durch eine Kartoffelpresse drücken. Mit dem Schneebesen **150 ml kräftige Gemüsebrühe** unterschlagen und die Zwiebeln unterziehen. Den Kartoffelschnee mit **Pfeffer, Salz** und **frisch geriebener Muskatnuss** würzen.

Siedefleisch mit Semmelkren

Leicht durchwachsenes Siedefleisch ist ganz besonders saftig – und es verträgt das Garen im Schnellkochtopf. Der Semmelkren wird milder, wenn der Meerrettich noch einmal aufgekocht wird.

ZUTATEN FÜR 6 PERSONEN
2 Knoblauchzehen
1 Bund Suppengemüse
1,2 kg Rinderbrust oder Schulter
4 Wachholderbeeren
2 Lorbeerblätter
1 getrocknete rote Chilischote
Salz
100 g altbackenes Brot oder Brötchen
50 g frischer Meerrettich
1 Bund Schnittlauch
100 g Sahne
Pfeffer

CA. 1 STD. 30 MIN. | PRO PORTION CA.
640 kcal | 38 g EW | 49 g F | 12 g KH

Knoblauch schälen und mit einem Messer leicht zerdrücken. Suppengemüse waschen, putzen und schälen. Petersilienblätter hacken und die Stängel beiseitelegen.

Ca. 1,5 l Wasser (oder Brühe aus dem Grundrezept unten) im Schnellkochtopf aufkochen. Fleisch, Knoblauch, Suppengemüse, Petersilienstängel sowie die restlichen Gewürze hinzufügen. Den Deckel fest verschließen und das Fleisch auf Stufe 2 ca. 1 Std. köcheln lassen.

Inzwischen Brot oder Brötchen in Würfel schneiden. Meerrettich waschen, schälen und fein reiben oder im Blitzhacker zermusen. Den Schnittlauch waschen, trocken schütteln und in feine Röllchen schneiden.

Den Schnellkochtopf ausdampfen lassen, öffnen und das Fleisch herausheben und warm halten. Die Brühe durch ein Sieb gießen und auffangen.

Das Brot in den Schnellkochtopf geben, 400 ml heiße Brühe darüberschöpfen und Sahne dazugeben. Mit dem Schneebesen durchrühren. Meerrettich, Schnittlauch und Petersilie unterrühren und die Sauce mit Salz und Pfeffer würzen, eventuell etwas Brühe hinzufügen und einmal aufkochen. Das Fleisch in Scheiben schneiden und mit Semmelkren servieren. Dazu passen Petersilienkartoffeln.

Grundrezept Knochenbrühe

Für 6 Personen: **Ca. 800 g Knochen** (darunter ein paar Markknochen) waschen und beiseitelegen. **1 Bund Suppengemüse** waschen, die Petersilienblätter fein hacken. Möhren und Sellerie schälen und grob würfeln. Lauch putzen, seitlich einschneiden, waschen und in ca. 5 cm lange Stücke schneiden. **1 Zwiebel** schälen und mit **2 Lorbeerblättern** spicken. **1 EL Rapsöl** im Schnellkochtopf erhitzen, Knochen und Gemüse darin in ca. 5 Min. leicht anrösten. 3 l kaltes Wasser dazugießen, gespickte Zwiebel, **1 TL Pfefferkörner**, **1 EL Salz** oder **2 EL Suppenwürze** (s. S. 218) zugeben. Deckel fest verschließen und alles auf Stufe 2 ca. 30 Min. köcheln lassen. Die Brühe abgießen und nach Rezept weiterverarbeiten oder einfrieren.

Was die Brühe nahrhaft macht

Nockerl, Knöpfle oder auch Klößchen: Egal wie sie heißen, sie bestehen meist aus Getreide und werden vom Ei zusammengehalten. So sind Klößchen eine tolle Verwertungsmöglichkeit für altbackenes Brot, Suppengemüse oder Knochenmark. Sie sorgen dafür, dass die Brühe satt macht, und sind im Nu frisch fertig.

ZWIEBACKKLÖSSCHEN

4 Zwiebäcke fein reiben oder im Blitzhacker fein zerkleinern. **40 g weiche Butter** und **2 Eier** cremig rühren. Die Zwiebackbrösel, **Salz** und **frisch geriebene Muskatnuss** unterziehen. Mit einem feuchten Teelöffel Portionen abstechen, diese zu Klößchen formen und in der köchelnden Brühe ziehen lassen, bis sie an der Oberfläche schwimmen.

EIERSTICH

2 Eier, 60 ml Milch und **2 EL Sahne** verquirlen. Mit **1 Prise Salz, Pfeffer** und **frisch geriebener Muskatnuss** würzen. Eine runde Auflaufform (ca. 3 cm hoch, ca. 20 cm Ø) mit **1 TL Butter** einfetten. Wasser ca. 2 cm hoch in einen großen Topf geben und aufkochen. Die Eiermasse in die Form geben und in den Topf stellen, mit einem Teller abdecken und die Masse in ca. 20 Min. stocken lassen. Eierstich herausnehmen und mit einem Messer vom Rand lösen. Eierstich stürzen, in Stücke schneiden und in der heißen Suppe servieren.

SUPPENGEMÜSE-KNÖPFCHEN

2 Eier in einer Schüssel verrühren. Nach und nach **150 g Mehl** (Type 1050), **50 g Hartweizengrieß, 150 g gekochtes, püriertes Suppengemüse** (aus der Brühe) und **1 TL Salz** unterrühren, sodass ein zähflüssiger Teig entsteht. Den Teig ca. 15 Min. ruhen lassen. Dann in eine Kartoffelpresse füllen und kurz drücken, sodass wenig Teig ins kochende Wasser oder in die Brühe gelangt. Eventuell den Teig mit dem Messer abschneiden. Die Knöpfchen darin ziehen lassen, bis sie an der Oberfläche schwimmen, dann herausnehmen. So fortfahren, bis der Teig aufgebraucht ist. Kurz vor dem Servieren in die heiße Brühe geben.

GRIESSNOCKERLN

40 g weiche Butter mit einem Schneebesen cremig rühren. **40 g Vollkorngrieß, 1 Ei, 1 TL Salz** und **frisch geriebene Muskatnuss** unterrühren. Den Grieß ca. 15 Min. quellen lassen. Mit zwei feuchten Teelöffeln Nockerln abstechen und in der köchelnden Brühe ca. 5 Min. ziehen lassen.

FEURIGE MARKKLÖSSCHEN

30 g Rindermark fein hacken, in einer beschichteten Pfanne auslassen und kalt stellen. Das erkaltete Mark und **1 Ei** in einer Schüssel mit dem Schneebesen schaumig schlagen. **40 g Semmelbrösel, 1 TL frisch gehackten Rosmarin** und **1/2 gehackte rote Chilischote** dazugeben, sodass ein fester Teig entsteht. Mit **Salz, Pfeffer** und **frisch geriebener Muskatnuss** würzen. Die Masse mit feuchten Händen zu walnussgroßen Klößchen formen. Die Klößchen in der köchelnden Brühe ca. 10 Min. ziehen lassen, bis sie an der Oberfläche schwimmen.

FRITTATEN

Für den Teig **2 kleine Eier** mit **60 g Mehl** (Type 1050) und **100 ml Milch** verrühren. **1/2 Bund Petersilie** waschen, trocken schütteln und fein hacken. Mit **1 Prise Salz** unter den Teig rühren. Aus dem Teig 6 dünne Pfannkuchen backen. Dafür in einer beschichteten Pfanne **je 1 TL Rapsöl** erhitzen, etwas Teig hineingeben und bei mittlerer Hitze auf jeder Seite 2–3 Min. backen. Die Pfannkuchen herausnehmen, aufrollen und in dünne Streifen schneiden. Kurz vor dem Servieren in die heiße Brühe geben.

PARMESANKLÖSSCHEN

2 Eier mit einem Schneebesen schaumig schlagen. **100 g Magerquark, 60 g Semmelbrösel** und **40 g frisch geriebenen Parmesan** unterrühren. Mit **1 EL Pesto** (aus dem Glas), **Salz, Pfeffer** und **frisch geriebene Muskatnuss** würzen. Den Teig mit zwei feuchten Teelöffeln zu Klößchen formen und die Klößchen in der köchelnden Brühe ca. 5 Min. ziehen lassen. Dann herausnehmen.

Geschmorte Beinscheibe

Es muss nicht immer Kalbshaxe sein: Langsam geschmort und mit kräftigem Gemüse schmeckt schlichtes Rindfleisch herrlich würzig!

ZUTATEN FÜR 6 PERSONEN
1,5 kg Rinderbeinscheibe
Salz | Pfeffer
2–3 EL scharfer Senf
3 EL Tomatenmark
1 Zwiebel
2 Knoblauchzehen
1 Zweig Thymian
4 EL Rapsöl
500 ml milder Rotwein
500 g Möhren
1 Staude Staudensellerie
500 g Champignons
1 Bund Petersilie

CA. 2 STD. 35 MIN. | PRO PORTION CA.
460 kcal | 48 g EW | 21 g F | 8 g KH

Die Fleischscheiben waschen, trocken tupfen und von der Hautseite her mit einem Messer etwas einschneiden. Das Fleisch salzen und pfeffern, mit Senf und Tomatenmark bestreichen. Zwiebel und Knoblauch schälen und fein hacken. Den Thymian waschen und trocken schütteln.

Das Öl in einem Schmortopf erhitzen, das Fleisch darin portionsweise auf beiden Seiten anbraten, bis es braun ist. Herausnehmen und beiseitestellen. Zwiebel und Knoblauch im Bratfett kurz andünsten, mit Wein aufgießen. Fleisch und Thymian zugeben und zugedeckt bei mittlerer Hitze in ca. 1 Std. 30 Min. garen.

Inzwischen die Möhren putzen, schälen, längs halbieren und in mundgerechte Stücke schneiden. Den Staudensellerie waschen, putzen, eventuell entfädeln und in ca. 1,5 cm breite Stücke schneiden, die Blätter hacken. Die Pilze trocken säubern und je nach Größe ganz lassen, halbieren oder vierteln.

Möhren und Staudensellerie zum Fleisch geben und ca. 15 Min. schmoren. Die Pilze zufügen und ca. 15 Min. schmoren. Eventuell zwischendurch etwas heißes Wasser dazugeben.

Das Fleisch herausnehmen, vom Knochen lösen und klein schneiden. Petersilie waschen, trocken schütteln, hacken und mit dem Fleisch unter das Gemüse rühren. Mit Salz und Pfeffer würzen. Dazu passen Spätzle, Nudeln oder Kartoffeln.

PRODUKT-TIPP
Alle aktiven und beanspruchten Körperteile wie Hals, Schulter und Brust, Vorder- und Hinterhesse, Hüfte, Schale und Bäckchen sind nicht nur muskulös, sondern stark von Bindegewebe und Sehnen durchzogen. Das macht diese preiswerten Teile ungeeignet zum Kurzbraten, dafür sind sie ideal zum Schmoren und Kochen. Denn während Muskeleiweiß bei ca. 70° gart und schnell trocken wird, braucht Bindegewebe ca. 80° und Zeit, um sich in Gelatine zu lösen. Und genau das macht Schmorfleisch so saftig. Gut, wenn es dann noch durchwachsen ist: Die Fettadern schmelzen und machen den Braten erst recht saftig.

Meerrettichfleisch

Die ätherischen Öle im Meerrettich wirken antibakteriell und regen die Magensaftproduktion an. Die Wurzel kann bis in den Winter in der Erde bleiben und nach Bedarf geerntet werden. Hier macht er das Fleisch beim Garen zart und mürbe.

ZUTATEN FÜR 6 PERSONEN

800 g dünn geschnittenes Rouladenfleisch (ca. 6 Scheiben)
Salz | Pfeffer
100 g frischer Meerrettich
300 g Pastinaken
500 g saure Sahne
100 g Sahne
60 g Butter für die Form

CA. 40 MIN. + 2 STD. 15 MIN. GAREN
PRO PORTION CA.

360 kcal | 11 g EW | 25 g F | 21 g KH

Das Rouladenfleisch dünn klopfen und auf beiden Seiten salzen und pfeffern. Meerrettich und Pastinaken waschen, schälen und grob reiben. Beides mit der sauren Sahne und Sahne verrühren.

Eine flache Auflaufform (ca. 30 x 22 cm) mit der Butter einfetten. Fleischscheiben und Meerrettichsahne abwechselnd in die Form schichten, bis alles verbraucht ist. Dabei mit dem Rouladenfleisch beginnen und das Fleisch mit Meerrettichsahne bestreichen.

Das Fleisch im Backofen (Mitte) bei 150° (Umluft, ohne Vorheizen) in ca. 2 Std. 15 Min. garen. Dazu passt Lauch-Kartoffel-Stampf (s. S. 247) oder Brokkoligemüse.

VARIANTE

Zwiebelfleisch: 800 g Fleisch wie im Rezept beschrieben dünn klopfen, **salzen** und **pfeffern. 600 g Zwiebeln** schälen, halbieren und in feine Streifen schneiden. **2 EL Rapsöl** in einer Pfanne erhitzen, Zwiebeln, **2 EL edelsüßes Paprikapulver** und **1 EL scharfes Paprikapulver** darin kräftig anbraten, bis die Zwiebeln braun sind. Zwiebeln und Fleisch wie im Rezept beschrieben einschichten. Mit einer Schicht Zwiebeln abschließen. Im Backofen (Mitte) bei 150° (Umluft, ohne Vorheizen) in ca. 2 Std. 15 Min. garen.

Gans mit Rotkohlfüllung

Das Braten im Bratbeutel hält die Gans schön saftig und den Backofen sauber. Alternativ können Sie die Gans auch in einem Bräter garen.

ZUTATEN FÜR 6–8 PERSONEN
1 bratfertige Gans (5–6 kg)
Salz | weißer Pfeffer
Ingwerpulver
800 g Rotkohl
2 Bio-Orangen
2 EL Orangenmarmelade
150 g Maronen (vorgekocht)
1 EL Mehl
500 ml Gänsefond
Holzspieße (oder Küchengarn)
Bratbeutel

CA. 1 STD. 15 MIN. + 4 STD. BRATEN
BEI 8 PERSONEN PRO PORTION CA.
1800 kcal | 81 g EW | 156 g F | 16 g KH

Fettflomen aus der Gans nehmen und 20 g fein hacken (aus dem Rest Schmalz zubereiten, s. S. 192). Gans außen mit Salz und innen mit Salz, Pfeffer und 1 EL Ingwerpulver würzen.

Rotkohl waschen, putzen und in feine Streifen hobeln. Gehacktes Fett zerlassen, Rotkohl darin ca. 5 Min. andünsten. Mit Salz, Pfeffer und Ingwerpulver würzen. 1 Orange waschen, mit Schale vierteln und in dünne Scheiben schneiden. Mit Rotkohl, Marmelade und Maronen vermischen, die Mischung salzen und pfeffern. Die Gans damit füllen, die Öffnung mit Spießen verschließen.

Die Gans in einen Bratbeutel stecken, beide Enden verschließen, Beutel einstechen und mit dem Rücken nach unten auf den kalten Rost setzen. Im Backofen (unten) bei 160° (Umluft, ohne Vorheizen) ca. 4 Std. braten.

Den Saft der übrigen Orange auspressen. Den Bratensaft aus dem Bratbeutel in eine Pfanne geben. Beutel entfernen. Die Gans im ausgeschalteten Ofen ziehen lassen.

Den Fond mit einem Fettabtrenner entfetten. Das Fett in Schraubgläser füllen. Orangensaft und Mehl verrühren. Brat- und Gänsefond aufkochen, Orangensaft mit Mehl einrühren, alles offen ca. 10 Min. kochen lassen. Mit Salz und Pfeffer würzen. Den Rotkohl aus der Gans in eine Schüssel geben. Die Gans portionsweise mit Sauce servieren.

MACH WAS DRAUS
Kartoffelsuppe für 6: Karkasse und Gansreste grob zerkleinern. Mit **Hals, 2 l Wasser, Salz, 1 TL Pfefferkörnern, 1 Handvoll Beifuß** und **1 EL Wacholderbeeren** im Schnellkochtopf (Stufe 2) ca. 30 Min. kochen. Brühe absieben. Fleischreste von den Gerippen lösen. **500 g mehligkochende Kartoffeln, 200 g Knollensellerie** und **1 Möhre** schälen und klein schneiden. **1 Stange Lauch** putzen, seitlich bis zur Mitte einschneiden, gründlich waschen und in Streifen schneiden. Alles in die Brühe geben. Falls vorhanden, **Herz, Magen und Leber** zugeben und auf Stufe 1 in ca. 15 Min. garen. Innereien herausnehmen. Suppe pürieren, salzen und pfeffern. Gänsefleisch und Innereien zugeben und heiß werden lassen.

Schweinesülze

Ein klassisches »Arme-Leute-Essen«, das Sie auf Vorrat machen können. Zum Gelieren reicht die natürliche Gelatine in den Pfoten. Am besten schmeckt die Sülze mit einer Vinaigrette mit fein gehackten Zwiebeln und Petersilie.

ZUTATEN FÜR 10 PERSONEN
1 kg Schweinepfoten und Schweinebacken (eventuell beim Metzger vorbestellen)
1 Möhre
1 Zwiebel
1 Bio-Zitrone
2 Lorbeerblätter
10 Wacholderbeeren
1 Nelke
1 TL Pimentkörner
1 TL Pfefferkörner
2 Zweige Thymian
2 TL Salz
ca. 50 ml Weißweinessig

CA. 1 STD. 40 MIN. + 6 STD. GELIEREN
PRO PORTION CA.
160 kcal | 4 g EW | 15 g F | 2 g KH

Schweinepfoten und -backen waschen und trocken tupfen. Die Möhre putzen, schälen und grob zerkleinern. Die Zwiebel mit Schale halbieren. Die Zitrone heiß waschen und abtrocknen, die Schale mit einem Sparschäler dünn abschälen und den Saft auspressen und beiseitestellen.

Fleisch mit Möhre, Zwiebel, Zitronenschale und Gewürzen in einen Schnellkochtopf geben. Mit ca. 1 l Wasser aufgießen, bis das Fleisch bedeckt ist. Alles mit Salz und Essig würzen. Den Deckel fest verschließen.

Alles aufkochen und auf Stufe 1 ca. 1 Std. garen. Den Topf vom Herd nehmen und ca. 30 Min. stehen lassen. Dann den Topf öffnen. Ein Sieb mit einem Mulltuch auslegen, die Brühe abgießen und auffangen und erkalten lassen.

Inzwischen das Fleisch von den Knochen lösen. Dann mit den knorpeligen Teilen und der Schwarte in kleine Stücke schneiden und kalt stellen. Erstarrtes Fett von der Brühe abheben und zur Weiterverwendung in den Kühlschrank stellen. Das Gelee in einem Topf erneut aufkochen. Mit Salz, Zitronensaft und Essig sehr kräftig abschmecken. Das Gelieren schluckt viel Aroma.

Das Fleisch in die Brühe geben und kurz ziehen lassen. Alles in eine Kastenform (ca. 1,5 l Inhalt) geben und zum Gelieren ca. 6 Std. kalt stellen. Zum Servieren die Sülze auf eine Servierplatte stürzen und in Scheiben schneiden.

VORRATS-TIPP
Bei 8° bleibt die Sülze mindestens 2 Wochen frisch. Die Sülze nicht einfrieren, das Gelee wird sonst wieder flüssig.

Gemüsesülze

Die Gemüsesülze ist etwa 2 Wochen haltbar und verträgt eine gehaltvollere Beilage wie Senfsahne (s. S. 277) oder Semmelkren (s. S. 249). Das Gemüse sollte relativ weich sein, damit es sich gut schneiden lässt.

ZUTATEN FÜR 10 PERSONEN
2 lange Möhren (à 100 g)
3 Stangen Staudensellerie
200 g kleine Champignons
200 g Brokkoli
1 Bio-Zitrone
500 ml trockener Weißwein
Salz
1 TL Pfefferkörner
1 EL Senfkörner
2 Lorbeerblätter
20 g getrocknete Steinpilze
1 Bund Petersilie
12 Blatt weiße Gelatine
50 g Kapern (aus dem Glas)
2 TL Worcestersauce
3 hart gekochte Eier

CA. 1 STD. 30 MIN. + 6 STD. GELIEREN
PRO PORTION CA.
85 kcal | 6 g EW | 2 g F | 4 g KH

Das Gemüse waschen. Möhren putzen und schälen. Staudensellerie putzen und eventuell entfädeln. Die Blätter beiseitelegen. Pilze putzen und die Stiele herausdrehen. Brokkoli waschen, putzen und in kleine Röschen teilen. Den Strunk schälen. Die Zitrone heiß waschen und abtrocknen, die Schale abschälen und den Saft auspressen.

Den Wein mit 2 TL Salz, Gewürzen, getrockneten Steinpilzen und Zitronenschale aufkochen. Möhren, Staudensellerie, Brokkolistrunk und Pilzstiele dazugeben und zugedeckt bei mittlerer Hitze in 25–30 Min. garen, bis das Gemüse weich ist. Die Pilzstiele entfernen. Brokkolistrunk fein würfeln. Möhren, Staudensellerie und Brokkoliwürfel beiseitelegen.

Die Petersilie waschen, trocken schütteln und fein hacken. Die Gelatine in kaltem Wasser ca. 5 Min. einweichen. Den Gemüsesud durch ein Sieb gießen und auffangen.

Den Gemüsesud aufkochen, Brokkoliröschen und Pilzköpfe darin in ca. 10 Min. garen. Gemüse herausnehmen und abtropfen lassen. Zitronensaft und Kapernsud zum Gemüsesud geben (es sollte knapp 1 l sein, sonst mit Wasser auffüllen), kräftig mit Worcestersauce würzen, salzen und aufkochen. Die Gelatine tropfnass dazugeben und auflösen. Den Sud abkühlen lassen.

Die Eier pellen und in Viertel schneiden. Eine dünne Schicht Gemüsesud in eine Kastenform oder Schüssel (ca. 2,5 l Inhalt) gießen, ca. 10 Min. erkalten lassen. Gemüse, Kapern, Petersilie und Eier gleichmäßig in der Form oder Schüssel verteilen und mit dem restlichen Gemüsesud bedecken. Die Sülze zum Gelieren ca. 6 Std. kalt stellen. Zum Servieren die Sülze stürzen und in ca. 2 cm dicke Scheiben schneiden.

Forelle in Rotwein

Forellen liefern leicht verdauliches Eiweiß und wenig Fett. Kaufen Sie am besten heimische Forellen bei Ihrem Fischhändler.

ZUTATEN FÜR 2 PERSONEN

2 Forellen (à ca. 250 g, küchenfertig)
Salz | Pfeffer
2 Zwiebeln
250 g Champignons
1 Zweig Thymian
1 Knoblauchzehe
1 Nelke
25 g durchwachsener Speck
2 EL weiche Butter
150 ml Rotwein
150 ml Gemüsebrühe
1 Lorbeerblatt
2 TL Mehl

CA. 45 MIN. | PRO PORTION CA.
380 kcal | 30 g EW | 20 g F | 9 g KH

Die Forellen waschen und trocken tupfen, dann innen und außen mit Salz und Pfeffer würzen. Die Zwiebeln schälen, halbieren und in feine Streifen schneiden. Die Pilze trocken säubern, je nach Größe vierteln oder halbieren. Den Thymian waschen und trocken schütteln. Den Knoblauch schälen und mit der Nelke spicken.

Den Speck fein würfeln und mit 1 EL Butter in einem großen Topf auslassen. Die Zwiebeln darin in 5–10 Min. glasig dünsten. Die Champignons zugeben und mitdünsten, bis beides beginnt anzusetzen, dann Wein und Brühe angießen. Mit Salz, Pfeffer, Lorbeerblatt, Thymian und gespicktem Knoblauch würzen.

Das Mehl mit 1 EL Butter verrühren und in Flöckchen unter die Flüssigkeit rühren. Die Forellen dazugeben und zugedeckt bei kleiner Hitze ca. 5 Min. simmern lassen. Die Forellen wenden und weitere 5 Min. simmern lassen, dann herausnehmen und auf einer Platte anrichten.

Knoblauch mit Nelke, Thymian und Lorbeerblatt entfernen. Das Rotweingemüse mit Salz und Pfeffer abschmecken, in eine Schale geben und extra zu den Forellen reichen. Dazu passen Pellkartoffeln oder Kartoffelschnee (s. S. 247).

PRODUKT-INFO

Forelle ist ein Süßwasserfisch und lebt nur in ganz sauberen Bächen oder Zuchtteichen. Er gilt zudem als Wanderer zwischen Süßwasser zum Ablaichen und Salzwasser zum Heranwachsen. Diese Meeres-Forellen sind den Lachsen sehr ähnlich. Die Bezeichnung »Lachsforelle« ist jedoch keine biologische, sondern eine Handelsbezeichnung für große, rote Forellen mit einem Gewicht über 1,5 kg. In unseren Teichen werden meist Bachforellen gezogen. Mit einem Gewicht von 250–300 g haben sie die ideale Portionsgröße für eine Person. Viele Forellenhöfe züchten auch den Saibling, dessen Fleisch eine rosa Färbung hat. Alle diese Fische gibt es aus einheimischen, biologischen Aquakulturen.

Karpfen mit Cidresauce

Karpfen hat ein würziges, mürbes Fleisch. Das verträgt sich bestens mit dem Räuchergeschmack des Specks, der feinen Säure des Cidre und der kräftigen Schärfe des Meerrettichs. Dieses sehr würzige Gericht überzeugt auch Fleischfans!

ZUTATEN FÜR 4–6 PERSONEN

1 Karpfen (ca. 1,5 kg)
Salz | Pfeffer
1 kleine Stange Lauch
350 g Kochäpfel (z. B. Boskop)
1 Bund Petersilie
1 Stück frischer Meerrettich (ca. 5 cm)
2 Lorbeerblätter
40 g fetter Speck in hauchdünnen Scheiben
250 ml herber Cidre
ca. 150 ml Gemüsebrühe
2 EL Schmand
ca. 10 g Butter für die Form

CA. 35 MIN. + 25 MIN. BACKEN
PRO PORTION CA.
270 kcal | 24 g EW | 14 g F | 9 g KH

Den Karpfen waschen und trocken tupfen, innen und außen salzen und pfeffern. Den Lauch putzen, seitlich bis zur Mitte einschneiden, gründlich waschen und in schmale Streifen schneiden. Die Äpfel waschen, halbieren, entkernen und in ca. 1 cm breite Spalten schneiden. Die Petersilie waschen, trocken schütteln und hacken. Den Meerrettich schälen, 1 Stück (ca. 1 cm) davon in dünne Scheiben schneiden und den Rest fein reiben.

Eine feuerfeste Form (ca. 35 x 27 cm) mit Butter einfetten. Den Fisch mit Lorbeerblättern, Meerrettichscheiben, einem Teil der Lauchringe und Apfelspalten füllen und in die Form legen. Den Rest von Lauch, Äpfeln und Meerrettich um den Fisch legen.

Die Speckscheiben auf dem Karpfen verteilen. Cidre und Brühe in die Form gießen. Den Karpfen im Backofen (unten) bei 180° (Umluft, ohne Vorheizen) in ca. 25 Min. garen.

Den Karpfen aus dem Sud heben und warm halten. Den Sud mit Äpfeln und Lauch pürieren. Schmand und Petersilie unterrühren. Die Sauce mit Salz und Pfeffer abschmecken und zum Karpfen reichen. Dazu passen Kartoffeln.

VARIANTE

800 g kleine, festkochende Kartoffeln schälen und mit den Äpfeln und dem Lauch in den Sud geben. Nach ca. 25 Min. Garzeit die Kartoffeln und den Karpfen aus dem Sud heben und wie im Rezept beschrieben fertigstellen.

Karpfen in Bierteig

Zuchtkarpfen wird vom WWF empfohlen. Er wird auch zunehmend als Filet an der Frischfischtheke angeboten. Nach ungarischer Art mit viel Paprika und etwas Chili gewürzt und in Bierteig ausgebacken schmeckt er ausgesprochen herzhaft.

ZUTATEN FÜR 4 PERSONEN
80 g Mehl (Type 1050)
1 Ei
ca. 80 ml dunkles Bier (z. B. Bockbier)
Salz
400 g Karpfenfilets
1 EL edelsüßes Paprikapulver
1 TL Chiliflocken
4–5 EL Butterschmalz zum Ausbacken

CA. 50 MIN. | PRO PORTION CA.
320 kcal | 22 g EW | 18 g F | 14 g KH

Das Mehl bis auf 1 EL mit Ei, Bier und 1 Prise Salz zu einem glatten Teig verrühren. Den Bierteig ca. 30 Min. ruhen lassen. Sollte der Teig zu dick sein, noch etwas Bier unterrühren.

Inzwischen die Karpfenfilets waschen, trocken tupfen, enthäuten und in 4–6 Stücke schneiden und auf beiden Seiten leicht salzen. Das übrige Mehl mit Paprikapulver und Chiliflocken vermischen und die Fischstücke darin wenden. Überschüssiges Mehl abklopfen.

Das Butterschmalz in einer großen beschichteten Pfanne erhitzen. Die Karpfenstücke nacheinander durch den Bierteig ziehen und im Butterschmalz auf beiden Seiten in 2–4 Min. goldbraun backen. Die Karpfenstücke herausnehmen, auf einem Rost abtropfen lassen und heiß servieren. Dazu passen Süßkartoffelstampf (s. S. 247) und Salat.

MACH WAS DRAUS
Bleibt von dem Bierteig etwas übrig, dann können Sie z. B. rohe Zwiebelscheiben, vorgegarte Rote Bete in Scheiben oder Rübenscheiben durch den Teig ziehen und ausbacken.

Maronenkroketten

Maronen sind durch ihren hohen Gehalt an Kohlenhydraten Kartoffeln und Nüssen ähnlich. So ergeben sie hier knusprige und nussig schmeckende Kroketten.

VEGETARISCH

ZUTATEN FÜR 35 – 40 STÜCK
400 g gegarte Maronen (ca. 550 g rohe Maronen mit Schale) | 2 Eier | 100 g Schmand | 150 ml Milch | Salz | ca. 50 g Semmelbrösel | 250 g Butterschmalz zum Ausbacken

CA. 40 MIN. | BEI 40 STÜCK PRO STÜCK CA.
70 kcal | 1 g EW | 5 g F | 4 g KH

Warme Maronen mit einer Gabel fein zerdrücken, kalte mit dem Pürierstab zermusen. Die Eier trennen. Eigelbe, Schmand und Milch unter das Maronenpüree rühren. Mit 1 Prise Salz würzen. Die Eiweiße steif schlagen und unter die Kastanienmasse heben. Aus der Masse mit einem Teelöffel Klößchen abstechen und vorsichtig in den Semmelbröseln wälzen.

Das Butterschmalz in einem hohen Topf erhitzen. Die Kroketten in das heiße Fett geben und in ca. 2 Min. rundherum goldbraun backen. Dann herausnehmen und auf einem Rost abtropfen lassen. Dazu passen Zimtzucker und Birnenkompott oder auch Kalbsragout.

KÜCHEN-TIPP
Maronen garen: Die rohen Maronen auf der runden Seite einmal einschneiden und in einem Topf mit kochendem Wasser in 10–15 Min. garen. Maronen, die an der Oberfläche schwimmen, wegwerfen. Sie sind oft wurmstichig. Die Maronen herausnehmen und von der Schnittstelle aus schälen. Sie schmecken mild, wenn Sie die harte Schale und das braune Häutchen abziehen. Mit Häutchen sind sie etwas herber und pelziger.

Fruchtige Hefeklöße

Hefeteig gart auch im Dampf zu zarten Klößen. Überraschung: Im Inneren des feinen Nussteigs verbirgt sich eine saftige Mandarine.

VEGETARISCH

ZUTATEN FÜR 4 STÜCK
175 ml Milch | 1 EL Butter | 1 Päckchen Trockenhefe | 220 g Mehl (Type 1050) | 90 g gemahlene Haselnüsse | 2 EL Zucker | 1 Päckchen Vanillezucker | 1 Prise Salz | 4 Mandarinen | 2 Bio-Orangen | 1 Stück frischer Ingwer (ca. 3 cm) | 1/4 TL Johannisbrotkernmehl (aus dem Reformhaus) | 1–2 EL Quittengelee | Puderzucker zum Bestäuben (nach Belieben)

CA. 50 MIN. | PRO STÜCK CA.
480 kcal | 13 g EW | 19 g F | 63 g KH

Milch und Butter erwärmen. Hefe mit Mehl, Nüssen, Zucker, Vanillezucker und Salz in einer Schüssel mischen. Die lauwarme Milch dazugeben und alles mit den Händen zu einem weichen Teig verkneten. Abgedeckt an einem warmen Ort ca. 30 Min. gehen lassen.

Inzwischen die Mandarinen schälen und rundum mit einer Gabel einpieksen. Den Hefeteig in 4 Portionen teilen. Jede Mandarine mit Teig umhüllen und zu einem Kloß formen. Die Hefeklöße in einem Dämpfeinsatz über Dampf in ca. 15 Min. garen.

Die Orangen heiß waschen und abtrocknen. Die Schale von 1 Orange abreiben und den Saft auspressen. Übrige Orange mit einem Messer so schälen, dass die weiße Haut mit entfernt wird. Die Orange vierteln und die Viertel in dünne Scheiben schneiden, dabei den Saft auffangen. Den Ingwer schälen und fein reiben.

Orangensaft und -schale mit Ingwer und Johannisbrotkernmehl in einem Topf verrühren, aufkochen und bei kleiner Hitze ca. 2 Min. kochen lassen. Orangenstücke und Quittengelee zugeben. Die Klöße nach Belieben mit Puderzucker bestäuben, die Sauce dazu reichen.

Reisauflauf mit Baiser

Das ist Milchreis auf die ganz besondere Art. Die Baiserhaube erinnert an eine weiße Winterlandschaft und zergeht auf der Zunge.

VEGETARISCH

ZUTATEN FÜR 4–6 PERSONEN
1 Vanilleschote | 800 ml Milch | Salz | 200 g Milchreis | 1 großes Glas gezuckerte Schattenmorellen (680 g Füllmenge) | 4 Eier | 60 g Zucker | ca. 100 g Mandelblättchen | 1 EL Butter für die Form

CA. 1 STD. 15 MIN. | BEI 6 PERSONEN PRO PORTION CA.
440 kcal | 14 g EW | 19 g F | 51 g KH

Vanilleschote längs aufschneiden. Mit Milch, 1 Prise Salz und Reis in einem Topf aufkochen und bei kleiner Hitze ca. 20 Min. köcheln lassen. Die Vanilleschote entnehmen, das Mark herauskratzen und zum Reis geben. Die Schattenmorellen mit 200 ml Saft unter den noch nicht ganz ausgequollenen Milchreis geben.

Eine flache Auflaufform (ca. 35 x 24 cm) mit Butter einfetten. Inzwischen die Eier trennen. Die Eigelbe unter den Reis ziehen. Den Reis in die Form füllen und glatt streichen. Die Eiweiße steif schlagen, den Zucker einrieseln lassen und weiterschlagen, bis er sich gelöst hat. Den Eischnee auf dem Reis verteilen und mit Mandelblättchen bestreuen.

Im Backofen (Mitte) bei 170° (Umluft, ohne Vorheizen) ca. 35 Min. backen. Auflauf eventuell mit Backpapier abdecken, damit das Baiser nicht zu dunkel wird.

MACH WAS DRAUS
Kirschsauce: Bereiten Sie aus dem restlichen Kirschsaft eine Sauce zu: Dafür **1 EL Zucker** mit **1 EL Wasser** karamellisieren lassen. Mit **Kirschsaft** ablöschen und ca. 5 Min. köcheln lassen. Nach Geschmack mit **Zimtpulver, gemahlenen Nelken** oder **Kardamom** würzen. **1/2 TL Johannisbrotkernmehl** (aus dem Reformhaus) mit **3 EL kaltem Wasser** anrühren und die Sauce damit andicken. Die Sauce mit **2 EL Sahne** verfeinern und extra servieren.

Bratapfelgratin

Für alle, die Bratäpfel nicht nur als Dessert, sondern auch einmal als Hauptspeise genießen wollen, kommt dieses Rezept gerade richtig.

VEGETARISCH

ZUTATEN FÜR 4 PERSONEN
300 ml Apfelsaft | Salz | 100 g Maisgrieß | 200 g Sahne | 4 große oder 6 kleine Äpfel (ca. 780g) | 3 EL Quittengelee | 4 EL gehackte ungeschälte Mandeln | 2 Eier | 2 EL Honig | 1 TL Backpulver | 1/2 TL Zimtpulver | 1 Prise Anispulver | 200 g Magerquark | Butter für die Form

CA. 25 MIN. + 45 MIN. BACKEN | PRO PORTION CA.
625 kcal | 15 g EW | 33 g F | 65 g KH

Den Apfelsaft mit 1 Prise Salz und Maisgrieß in einem Topf aufkochen und zugedeckt bei kleiner Hitze ca. 5 Min. köcheln lassen. Die Sahne unterziehen und die Masse abkühlen lassen.

Inzwischen die Äpfel waschen und mit einem Ausstecher jeweils das Kerngehäuse entfernen. Quittengelee und Mandeln verrühren und die Äpfel damit füllen.

Die Eier trennen. Eigelbe, Honig, Back-, Zimt- und Anispulver und Quark verrühren und die Masse unter den Maisgrieß rühren. Die Eiweiße steif schlagen.

Eine runde Auflaufform (ca. 25 cm Ø) mit Butter einfetten. Eischnee unter die Maisgrießmasse heben. Die Masse in die Form füllen. Die Äpfel hineinsetzen.

Im Backofen (unten) bei 170° (Umluft, ohne Vorheizen) ca. 45 Min. backen. Das Gratin eventuell mit Backpapier abdecken, damit es nicht zu dunkel wird. Dazu passt Vanillesauce (s. S. 156).

Scheiterhaufen

Wohin mit dem alten Brot? Diese Frage erübrigt sich bei diesem leckeren Dessert, das herrlich duftet und im Gläschen serviert wird.

VEGETARISCH

ZUTATEN FÜR 8 TWIST-OFF-GLÄSER À 300 ML
6 altbackene Brötchen (ersatzweise ca. 200 g Toastbrot oder Baguette) | 500 ml Milch | Salz | 50 g Honig | 1 Päckchen Vanillezucker | 3 Eier | 3 Birnen (ca. 500 g) | 150 g Preiselbeermarmelade | 8 EL gehackte Nüsse (z. B. Mandeln, Pinienkerne oder Haselnüsse) | Butter für die Gläser

CA. 1 STD. | PRO GLAS CA.
330 kcal | 8 g EW | 15 g F | 40 g KH

Die Brötchen in Scheiben schneiden. Milch, 1 Prise Salz, Honig, Vanillezucker und Eier verquirlen. Die Hälfte davon über die Brotscheiben träufeln.

Die Birnen waschen, vierteln und entkernen. Die Viertel quer in dünne Scheiben schneiden.

Die Gläser mit wenig Butter einfetten und in Schichten halbvoll füllen. Dabei abwechselnd eine Lage Brötchen, eine Lage Birnenscheiben und 1 TL Preiselbeermarmelade einschichten. Mit einer Lage Brötchen enden. Übrige Eiermilch darübergießen und mit je 1 EL Nüsse bestreuen.

Im Backofen (Mitte) bei 180° (Umluft, ohne Vorheizen) ca. 30 Min. backen. Ca. 10 Min. vor dem Garzeitende die Schraubdeckel im Ofen mit erhitzen. Gläser und Deckel herausnehmen und die Gläschen sofort verschließen. Dunkel gelagert sind die Scheiterhaufen viele Monate haltbar und lassen sich nach Wunsch nochmals erhitzen. Wer die Scheiterhaufen gleich isst, braucht keine Deckel.

SERVIER-TIPP
Jedes Glas mit einem Klecks Vanillejoghurt, Joghurtsahne oder Vanillesauce (s. S. 156) auffüllen.

Preiselbeerschichtspeise

Ein Winterdessert aus dem Vorrat mit Schneewittchen-Appeal: Die säuerlichen Preiselbeeren bieten auch geschmacklich perfekten Kontrast zum süßen Schoko-Schwarzbrot-Mix und der milden Quarkcreme.

VEGETARISCH

ZUTATEN FÜR 4–6 PERSONEN
150 g Roggenvollkornbrot
1 Glas Preiselbeerkompott
(ca. 400 g Inhalt)
ca. 30 g Schokoladenreste
250 g Magerquark
2 Päckchen Vanillezucker
2 EL Orangensaft
80 g Sahne

CA. 25 MIN. + 30 MIN. KÜHLEN
BEI 6 PERSONEN PRO PORTION CA.
190 kcal | 9 g EW | 7 g F | 23 g KH

Das Vollkornbrot zerbröseln und in eine Schüssel geben. Die Preiselbeeren in ein Sieb abgießen, dabei den Saft auffangen. 100 ml davon über die Brösel träufeln. Die Schokolade fein reiben und unter die Brösel mischen.

Den Quark mit Vanillezucker und Orangensaft cremig rühren. Die Sahne steif schlagen und unterziehen

In einer großen Glasschüssel (ca. 1 l Inhalt) im Wechsel Brösel, Preiselbeeren und Quarkcreme einschichten. Mit einer Cremeschicht abschließen. Die Schichtspeise im Kühlschrank mindestens 30 Min. ziehen lassen.

VARIANTEN
- Statt Vollkornbrösel können Sie auch Bröselreste von Keksen und Kuchen verwenden – dann die Schokolade weglassen.
- Anstelle von Preiselbeeren schmecken auch Schattenmorellen aus dem Glas, Birnen- oder Quittenkompott sehr gut.

Zimtparfait mit Kompott

Dieser Klassiker darf im Winter nicht fehlen und gelingt ganz sicher. Damit sich der cremige Schmelz entfalten kann, muss das Gefrorene rechtzeitig im Kühlschrank antauen: Es ist sonst zu hart, weil es mit relativ wenig Zucker auskommt.

VEGETARISCH

ZUTATEN FÜR 4 PERSONEN
50 g Magerquark
50 g Zucker + 2 EL
1 TL Zimtpulver
(z. B. Ceylonzimt, s. Tipp)
1 EL Cognac
200 g Sahne
2 EL Orangensaft
100 ml milder Rotwein
100 g getrocknete Pflaumen

CA. 15 MIN. + 3 STD. KÜHLEN
PRO PORTION CA.
320 kcal | 4 g EW | 16 g F | 35 g KH

Den Quark, 50 g Zucker, Zimtpulver und Cognac mit dem Schneebesen cremig rühren. Die Sahne mit den Quirlen des Handrührgeräts steif schlagen und unter den Quark ziehen.

Die Masse in eine kleine Plastikbox (ca. 250 ml Inhalt) füllen und ca. 3 Std. ins Tiefkühlfach stellen.

Inzwischen für das Kompott 2 EL Zucker mit dem Orangensaft in einem Topf so lange kochen, bis der Zucker karamellisiert. Mit Wein ablöschen und getrocknete Pflaumen dazugeben. Den Topf vom Herd nehmen und das Kompott abkühlen lassen.

Das Parfait ca. 20 Min. vor dem Servieren im Kühlschrank antauen lassen. Das Kompott zum Parfait servieren.

EINKAUFS-TIPP
Kaufen Sie auch bei Gewürzen hochwertige Qualität. Bei Zimt empfehle ich Ceylonzimt. Er hat das feinere Aroma und enthält weniger Cumarin als Cassiazimt. Cumarin kann in größeren Mengen (mehr als 1 TL pro Tag) vorübergehend die Leber schädigen.

VARIANTEN
- Statt Zimtpulver 1 TL Vanillezucker, 1 TL Lebkuchengewürz oder 1 EL frisch gehackten Ingwer verwenden. Oder 1 TL Kakaopulver mit 30 g Raspelschokolade gemischt.
- Statt Pflaumensauce passt Orangensauce (s. S. 264 »Fruchtige Hefeklöße«) oder einfach Kompott dazu.

Schnell was süßes Kleines

Winterzeit ist Naschzeit! Ein kleiner feiner Vorrat von Großmutters Süßigkeiten ist ein wunderbares Mitbringsel in letzter Minute oder eine köstliche Beigabe zu Tee oder Punsch. Sie brauchen wenig Zeit und Energie und schmecken köstlich. In Blechdosen kühl aufbewahrt sind sie ewig haltbar!

VEGETARISCH

KIRSCHKUGELN

Für ca. 30 Stück

30 Sauerkirschen ohne Saft in **80 ml Kirschwasser** einlegen und ca. 1 Woche ziehen lassen. **60 g Zartbitterschokolade** fein reiben. Mit **200 g Zucker, 200 g gerösteten gemahlenen Haselnüssen** und **1 Eiweiß** (Eigelb für die Lebkuchen verwenden) verkneten, dabei eventuell etwas **Kirschwasser** zugeben. Kirschen gut abtropfen lassen. Jede Kirsche dünn mit Teig umhüllen und zu einer Kugel formen. Kugeln vorsichtig in **etwas Zucker** wälzen und 2 Tage auf einem Kuchengitter trocknen lassen. Gekühlt sind die Kirschkugeln 6–8 Wochen haltbar.

SCHOKO-MÜSLI-WÜRFEL

Für ca. 32 Stück

25 g Sesamsamen, 50 g Kürbiskerne und **25 g Sonnenblumenkerne** in einer Pfanne rösten, bis sie duften. Alles grob hacken. Je **25 g Cornflakes, Pop-Amaranth** und **kernige Haferflocken** untermischen. **100 g Vollmilch- und 50 g Bitterkuvertüre** über dem heißen Wasserbad schmelzen lassen. Müslimischung mit einem Holzlöffel einrühren. Die Masse in eine Auflaufform (ca. 20 x 20 cm) ca. 2 cm dick streichen und im Kühlschrank fest werden lassen. Masse auf ein Brett stürzen. Mit einem Messer in ca. 32 Würfel schneiden, dabei das Messer in heißes Wasser tauchen.

KEKSKUCHEN

Für 1 Backblech

250 g weiche Butter mit **125 g Rohrzucker, abgeriebener Schale von 1 Bio-Zitrone** und **1 Prise Salz** schaumig rühren. **100 g gemahlene Pistazien, 50 g fein gehacktes Zitronat** und **250 g Mehl** unterrühren. 10 Min. kräftig schlagen (am besten mit der Küchenmaschine). 1 kleines Backblech mit **1 EL Butter** einfetten und **1 EL Mehl** darüberstreuen. Teig fingerdick daraufstreichen und im Backofen (Mitte) bei 160° (Umluft, ohne Vorheizen) in 15–20 Min. goldbraun backen. Noch heiß in mundgerechte Stücke (z. B. Rauten) schneiden. **100 g Puderzucker** und **1–2 TL Zitronensaft** glatt rühren. Die Stücke mit Guss, **gehackten Pistazien** und **Zitronat** verzieren.

LEBKUCHEN

Für 1 Backblech

300 g Mehl (Type 1050), **1 TL Backpulver** und **100 g gemahlene Haselnüsse** mischen. **200 g Datteln** (ohne Kerne) fein hacken. Mit **100 g flüssigem Honig, 50 ml Rum, 1 Ei, 1 Eigelb, 3 TL Lebkuchengewürz** und **1 Prise Salz** mischen. Die Masse unter die Mehlmischung kneten und über Nacht bei Zimmertemperatur ruhen lassen. Am nächsten Tag den Teig auf einer bemehlten Arbeitsfläche ca. 1 cm dick ausrollen, mit Ausstecher (z. B. Sternausstecher) nach Belieben ausstechen und auf ein mit Backpapier ausgelegtes Backblech setzen. Im Backofen (Mitte) bei 160° (Umluft, ohne Vorheizen) 15–20 Min. backen. Lebkuchen abkühlen lassen. Dann mit **100 g Aprikosenkonfitüre** (oder Hagebuttenkonfitüre) bestreichen und ca. 30 Min. ruhen lassen. **200 g Bitterkuvertüre** über dem Wasserbad schmelzen lassen. Lebkuchen damit überziehen und nach Belieben mit **Mandeln** und **Belegkirschen** verzieren. Die Lebkuchen mindestens 2 Wochen in einer Blechdose lagern.

BETHMÄNNCHEN

Für ca. 24 Stück

100 g Bulgur mit **200 ml Apfelsaft** aufkochen, dann zugedeckt ohne Hitze ca. 15 Min. quellen lassen. Bulgur mit **100 g ungeschälten Mandeln, 100 g cremigem Honig** und **1 Prise Zimtpulver** im Blitzhacker fein hacken. Von dem Teig mit einem Teelöffel kleine Portionen abstechen, diese zu Kugeln rollen und seitlich je 3 halbierte Mandeln (insgesamt **36 Mandeln**) andrücken, eventuell mit wenig Honig fixieren. Im Backofen (Mitte) bei 140° (Umluft, ohne Vorheizen) ca. 15 Min. backen. Die Bethmännchen herausnehmen und abkühlen lassen. Gekühlt sind sie ca. 4 Wochen haltbar.

Kritsch

Wurzelkuchen

Dieser saftige, vitaminreiche Winterkuchen ist eine schöne Abwechslung zu dem üppigen Plätzchenangebot in der Weihnachtszeit.

VEGETARISCH

ZUTATEN FÜR 1 SPRINGFORM CA. 24 CM Ø (CA. 12 STÜCKE)
200 g Möhren | 200 g Topinambur | 1 Bio-Orange | 50 g Walnusskerne | 100 g Mehl (Type 1050) | 1 EL Backpulver | 5 Eier | 250 g brauner Zucker | Salz | 200 g gemahlene Mandeln | Rapsöl für die Form | Puderzucker zum Bestäuben (nach Belieben)

CA. 30 MIN. + 40 MIN. BACKEN | PRO STÜCK CA.
290 kcal | 8 g EW | 15 g F | 30 g KH

Möhren und Topinambur waschen, schälen und fein raspeln. Die Orange heiß waschen und abtrocknen, die Schale abreiben und den Saft auspressen. Die Walnusskerne grob hacken. Das Mehl mit dem Backpulver mischen. Die Eier trennen. Die Eiweiße steif schlagen.

Eigelbe, Zucker und 1 Prise Salz mit den Quirlen des Handrührgeräts schaumig rühren. Zuerst Mandeln, 2 EL Orangensaft, Orangenschale, Möhren, Topinambur und Nüsse unterrühren, dann die Mehlmischung. Den Eischnee vorsichtig unter den Teig heben.

Die Form mit Öl einfetten und den Teig einfüllen. Im Backofen (Mitte) bei 180° (Umluft, ohne Vorheizen) 30–40 Min. backen. Eventuell mit Backpapier abdecken, damit die Oberfläche nicht zu dunkel wird. Herausnehmen und abkühlen lassen. Den Kuchen nach Belieben mit Puderzucker bestäuben.

Apfelbrot

Dieses süße Frühstücksbrot bleibt durch die Apfelschalen mehrere Tage schön saftig und ist ideal für die letzten Schrumpeläpfel aus dem Keller!

VEGETARISCH

ZUTATEN FÜR 2 KASTENFORMEN À 10 X 27 CM (CA. 40 STÜCKE)
1 kg Kochäpfel (z. B. Boskop) | 200 g Rohrzucker | 200 g Rosinen | 100 ml Obstler (ersatzweise Apfelsaft und einige Tropfen Rumaroma) | 200 g ungeschälte Mandeln | 500 g Mehl (Type 1050) | 1/2 Päckchen Backpulver | 1 TL Lebkuchengewürz | 1 EL Rapsöl für die Formen

CA. 20 MIN. + ÜBER NACHT ZIEHEN + 1 STD. 30 MIN. BACKEN | PRO STÜCK CA.
120 kcal | 3 g EW | 3 g F | 19 g KH

Die Äpfel waschen, vierteln, entkernen und mit der Küchenmaschine oder auf der Reibe grob raspeln. Apfelraspel mit Zucker vermengen und mindestens 2 Std. (am besten über Nacht) ziehen lassen. Rosinen mit Obstler bedecken und über Nacht einweichen.

Am nächsten Tag die Apfelmasse abtropfen, dabei den Saft auffangen. Äpfel mit Rosinen und Mandeln vermengen. Mehl, Backpulver und Lebkuchengewürz in einer Schüssel mischen und mit der Apfelmasse verrühren. Nach und nach den aufgefangenen Saft untermischen, sodass ein formbarer Teig entsteht.

Die Formen mit Öl einfetten. Jeweils die Hälfte von dem Teig in die Formen geben. Im Backofen (Mitte) bei 160° (Umluft, ohne Vorheizen) ca. 1 Std. 30 Min. backen. Eventuell mit Backpapier abdecken, damit die Oberfläche nicht zu dunkel wird. Die Apfelbrote herausnehmen, kurz ruhen lassen, dann aus den Formen stürzen und ausdampfen lassen.

VORRATS-TIPP
Das Apfelbrot bleibt mindestens 1 Woche frisch und lässt sich auch prima einfrieren.

Sauerteigbrot

Roggen braucht Sauerteig zum »Gehen«. Dadurch ist das Brot lange haltbar. Die eingeweichten Körner entwickeln beim Keimen noch mehr gesunde Nährstoffe und machen das Brot saftig!

VEGETARISCH

ZUTATEN FÜR 2 KASTENFORMEN À 10 X 27 CM (CA. 40 SCHEIBEN)

1400 g Roggenmehl (Type 1150)
150 g Naturjoghurt (1,5 % Fett)
500 g Roggenkörner
1 Würfel Hefe (42 g)
2 EL Salz
Rapsöl für die Formen
Mehl zum Arbeiten

CA. 15 MIN. + 2 TAGE SÄUERN + 14 STD. GEHEN + 1 STD. 30 MIN. BACKEN
PRO SCHEIBE CA.
155 kcal | 5 g EW | 1 g F | 32 g KH

Für den Anstellsauer 400 g Mehl mit 500 ml lauwarmem Wasser und dem Joghurt verrühren, mit etwas Mehl bestäuben und abgedeckt bei Zimmertemperatur (ca. 23°) ca. 2 Tage gehen lassen, bis sich kleine Bläschen bilden. Der Teig sollte säuerlich riechen.

Gleichzeitig die Roggenkörner in 1 l Wasser ca. 1 Tag einweichen, dann in ein Sieb abgießen und an einem luftigen Platz ankeimen lassen. Dabei morgens und abends die Körner mit Wasser kräftig abspülen – sie sollten feucht bleiben. Nach kurzer Zeit bekommen sie feine Wurzeln.

Wenn der Ansatz gesäuert ist, die Hefe in 250 ml lauwarmem Wasser auflösen und mit den Knethaken des Handrührgeräts unter den Vorteig rühren. Nach und nach das übrige Mehl und zusätzlich ca. 400 ml lauwarmes Wasser unterkneten. Dann die gekeimten Roggenkörner und das Salz unterkneten, sodass ein dicklicher Teig entsteht. Den Teig abgedeckt über Nacht bei Zimmertemperatur gehen lassen.

Die Kastenformen einfetten. Den Teig auf einer bemehlten Arbeitsfläche kneten und jeweils die Hälfte in die Formen geben. Abgedeckt ca. 2 Std. gehen lassen. Den Teig mit Wasser bestreichen und mit einer Gabel mehrmals einstechen. Ein tiefes Backblech auf den Ofenboden schieben und mit heißem Wasser füllen. Die Brote im Backofen (unten) bei 200° (Umluft, ohne Vorheizen) ca. 1 Std. 30 Min. backen, dabei nach ca. 30 Min. die Hitze auf 180° Umluft reduzieren. Ca. 15 Min. vor dem Ende der Backzeit den Ofen ausschalten und die Brote mit der Resthitze weiterbacken. Die Brote aus der Form nehmen und ausdampfen lassen. Ungekühlt ca. 2 Wochen haltbar.

PRODUKT-TIPP
Wer nicht die Geduld hat, den Sauerteigansatz selber vorzubereiten, der kann ihn auch mit Fertigsauer aus dem Reformhaus oder Bioladen ansetzen: Das beschleunigt die Herstellung.

Schalotten-Confit

VEGETARISCH

ZUTATEN FÜR 8 PERSONEN
500 g rote Zwiebeln | 2 EL Rapsöl | 1 EL Tomatenmark | 200 ml Madeirawein | 200 ml milder Rotwein | Salz | 2 EL Aceto balsamico | 1 EL Preiselbeerkonfitüre | Pfeffer

CA. 25 MIN. | PRO PORTION CA.
80 kcal | 1 g EW | 3 g F | 6 g KH

Die Zwiebeln schälen und sehr fein würfeln. Das Öl in einer beschichteten Pfanne erhitzen, die Zwiebeln darin glasig dünsten. Das Tomatenmark unterrühren und mit beiden Weinsorten ablöschen.

Die Sauce salzen und zuerst zugedeckt bei mittlerer Hitze ca. 5 Min., dann offen ca. 10 Min. köcheln lassen, bis der Saft beginnt dick zu werden. Die Sauce mit Essig, Konfitüre und Pfeffer abschmecken. Passt zu Steak, kaltem Braten, Pastete und würzigem Käse.

Pflaumencumberland

VEGETARISCH

ZUTATEN FÜR 8 PERSONEN
100 g Trockenpflaumen | ca. 150 ml Orangensaft | 2 EL Dijon-Senf | 1 Zweig Thymian | Worcestersauce | Pfeffer

CA. 15 MIN. + ÜBER NACHT EINWEICHEN
PRO PORTION CA.
40 kcal | 1 g EW | 0 g F | 8 g KH

Die Trockenpflaumen grob zerkleinern, mit dem Orangensaft verrühren und über Nacht einweichen.

Am nächsten Tag den Thymian waschen und trocken schütteln, die Blättchen abzupfen. Mit Senf, Pflaumen und Einweichflüssigkeit mit dem Pürierstab fein zermusen. Bei Bedarf etwas Orangensaft dazugeben.

Die Sauce mit Worcestersauce und Pfeffer abschmecken. Pflaumencumberland kalt zu Wild- und anderen Fleischgerichten oder zu Käse servieren.

Senfsahne mit Pfeffer

VEGETARISCH

ZUTATEN FÜR 4 PERSONEN
1 TL grüne Pfefferkörner | 4 EL scharfer Senf | 4 EL körniger Senf | 150 g Sahne

CA. 10 MIN. | PRO PORTION CA.
150 kcal | 3 g EW | 14 g F | 3 g KH

Die Pfefferkörner in einem Mörser grob zerdrücken. Mit Senf und 50 g Sahne verrühren. 100 g Sahne mit den Quirlen des Handrührgeräts aufschlagen. Dabei die Pfeffer-Senf-Mischung unter Rühren einlaufen lassen.

TIPP
Die Sauce passt zu Wiener Würstchen, Hackbällchen, Sülze und Schinken, zu hart gekochten Eiern, gedämpftem Gemüse oder Pellkartoffeln. Einen ganz anderen Charakter bekommt die Sauce, wenn Sie den scharfen Senf durch süßen ersetzen.

Orangen-Ingwer-Sauce

VEGETARISCH

ZUTATEN FÜR 4 PERSONEN
1 Zwiebel | 1 Stück frischer Ingwer (ca. 3 cm) | 1 rote Chilischote | 1 EL Rapsöl | 1 Bio-Orange | 1 EL Aprikosenkonfitüre | Salz

CA. 20 MIN. | PRO PORTION CA.
50 kcal | 1 g EW | 3 g F | 6 g KH

Die Zwiebel schälen und fein würfeln. Den Ingwer schälen und fein reiben. Die Chilischote längs halbieren, entkernen, waschen und sehr fein hacken. Öl erhitzen, Zwiebel, Chili und Ingwer darin glasig dünsten.

Die Orange heiß waschen und abtrocknen, die Schale abreiben und den Saft auspressen. Schale und Saft mit Konfitüre und Ingwerzwiebeln mischen. Die Sauce mit Salz würzen.

TIPP
Die Sauce schmeckt gut zu Reis und Hähnchenfleisch, dem Sie eine asiatische Note geben möchten. Sie ist auch als Dressing für Salate super geeignet.

Glossar

CA-LAGERUNG/CONTROLLED ATMOSPHERE-LAGERUNG

Bei der Lagerung oder dem Transport von Obst und Gemüse werden der Umgebungsluft weitestgehend Sauerstoff und Kohlendioxid entzogen. Sehr erfolgreich wird die CA-Lagerung beim Schiffstransport von Früchten (Bananen, Äpfeln, Birnen etc.) eingesetzt. Durch die Steuerung der atmosphärischen Zusammensetzung in den Laderäumen kann auf den Einsatz chemischer Konservierungsmittel weitestgehend verzichtet werden. CA-Lagerung ist aber energieintensiver als die Lagerung in einem »normalen« Kühlhaus. Bei Fertigpackungen mit Frischeerzeugnissen, die besonders empfindlich auf den Sauerstoff der Umgebungsluft reagieren, wie Fleisch oder küchenfertige Salate, wird diese Methode ebenfalls angewandt. Die Haltbarkeit kann zusätzlich verlängert werden, indem man die Verpackungen mit Stickstoff befüllt. Diese Verpackungen sind mit dem Hinweis »unter Schutzatmosphäre verpackt« gekennzeichnet.

CO_2-FUSSABDRUCK

Dieser Begriff bezeichnet die Emissionsmenge an Kohlenstoffdioxid (CO_2) in Tonnen, die durch die Verbrennung fossiler Energieträger oder die Herstellung eines Produkts verursacht wird. Der CO_2-Anteil am ökologischen Fußabdruck entspricht daher der Kategorie Energiefläche, also der Waldfläche, die benötigt wird, um alle CO_2-Emissionen aufzunehmen.

DEUTSCHES BIO-SIEGEL

Das freiwillige deutsche Siegel weist auf eine Herstellung gemäß der EU-Öko-Verordnung hin. Die Nutzung wird geregelt durch das Öko-Kennzeichengesetz und die Öko-Verordnung.

EU-BIO-LOGO

Seit dem 1. Juli 2012 müssen verpackte Bio-Lebensmittel, die nach den Richtlinien der EU-Öko-Verordnung erzeugt wurden, mit dem EU-Bio-Logo gekennzeichnet sein. Es kann mit anderen Bio-Siegeln oder Logos kombiniert werden. Darunter wird die Codenummer der zuständigen Kontrollstelle angegeben (z. B. DE-Öko-0XX), und ob die Ausgangsstoffe aus der EU stammen.

IFOAM

Bio-Lebensmittel aus nicht EU-Ländern können durch Kontrollstellen des weltweiten Öko-Dachverbands mit dem IFOAM-Zeichen zertifiziert werden.

KENNZEICHNUNG ÖKOLOGISCHER LEBENSMITTEL

Produkte, die nach den Richtlinien der EU-Öko-Verordnung erzeugt wurden und bei denen mindestens 95 Prozent der landwirtschaftlichen Zutaten aus ökologischem Landbau stammen, dürfen mit den Begriffen »biologisch«, »ökologisch« und »aus biologischem/ökologischem Anbau« gekennzeichnet werden. Bei einem Öko-Anteil zwischen 50 und 95 Prozent dürfen die Zutaten nur im Zutatenverzeichnis aufgeführt werden.

LEBENSMITTEL MONITORING

Bezeichnet ein seit 1995 gemeinsam durchgeführtes systematisches Mess- und Beobachtungsprogramm von Bund und Ländern. Dabei werden Lebensmittel und seit 2010 auch kosmetische Mittel und Bedarfsgegenstände repräsentativ für Deutschland auf Gehalte an gesundheitlich nicht erwünschten Stoffen untersucht. Das Monitoring dient dem vorbeugenden gesundheitlichen Schutz des Verbrauchers. Es wird auf der Grundlage der §§ 50–52 des Lebensmittel- und Futtermittelgesetzbuchs (LFGB) als eigenständige gesetzliche Aufgabe im Rahmen der amtlichen Überwachung durchgeführt.

MSC-MARINE STEWARDSHIP COUNCIL

Der MSC ist eine unabhängige und gemeinnützige Organisation, die seit 1997 nachhaltige Fischerei, beziehungsweise Produkte aus nachhaltiger Fischerei mit dem MSC-Siegel zertifiziert. Sie leistet somit einen Beitrag zur Erhaltung der Weltmeere. Das MSC-Siegel gibt dem Verbraucher die Möglichkeit, sich beim Kauf von Fisch und Meeresfrüchten, für die verantwortungsvolle Fischerei zu entscheiden.

ÖKOLOGISCHER FUSSABDRUCK

Der ökologische Fußabdruck ist der Flächenbedarf, der nötig wäre, um alle Rohstoffe zu produzieren, die für den Konsum und Lebensstil einer Person, eines Land oder der gesamten Erdbevölkerung benötigt werden, und um den dabei entstehenden Abfall zu entsorgen. Seine Einheit, der globale Hektar (gha), berücksichtigt auch unterschiedliche Fruchtbarkeit von Böden, um Länder oder Gebiete weltweit vergleichbar zu machen. Für die Berechnung werden sechs Flächenkategorien unterschieden. Für die Ernährung sind vor allem die Ackerfläche zur Produktion pflanzlicher Lebensmittel und Futtermittel, Weideland zur Produktion tierischer Lebensmittel und die Wasserfläche in Form von Fischgründen und Wasserverschmutzungen von Bedeutung. Hinzu kommen Waldfläche für Holz und deren Produkte, Siedlungsfläche durch Häuser und Straßen. Die Energiefläche spiegelt die Waldfläche wider, die zur Aufnahme des durch fossilen Energieverbrauch freigesetzten Kohlenstoffdioxids nötig ist. Komponenten wie Toxizität (Schwermetalle, Radioaktivität), Süßwasserentnahme oder Landdegradation (Erosion, Versalzung) können mit diesem Modell nicht berücksichtig werden. Für die Berechnung des Fußabdrucks einzelner Lebensmittel werden Sekundärprodukte (z. B. Mehl) in die äquivalente Menge des Primärprodukts (z. B. Weizen) umgerechnet. Derzeit übersteigt der Fußabdruck die vorhandenen Biokapazitäten unseres Planeten um rund 50 Prozent. Für unseren Lebensstil wären also 1,5 Erden nötig.

ÖKOLOGISCHE PFLANZENZÜCHTUNG

Die EU-Rechtsvorschriften für den ökologischen Landbau schreiben die Verwendung von Saatgut aus ökologischer Vermehrung vor. Bei einjährigen Kulturen muss dieses wenigstens ein Jahr auf einem anerkannten Biobetrieb vermehrt worden sein. Mit zunehmender Ausweitung des ökologischen Landbaus wird das Thema Pflanzenzüchtung immer wichtiger. Zum einen, um nicht auf die Verwendung von konventionell gezüchteten teilweise genveränderten Sorten angewiesen zu sein. Zum anderen bedient sie den Entwicklungsbedarf von Pflanzensorten, die robust gegenüber Krankheiten und Schädlingen sind. Außerdem werden nur noch wenige Leguminosen (Hülsenfrüchtler) konventionell gezüchtet, die für den Fruchtwechsel benötigt werden.

VIRTUELLES WASSER UND WASSERFUSSABDRUCK

»Virtuelles Wasser« beschreibt die Wassermenge, die in der gesamten Herstellungskette für ein Produkt oder eine Dienstleistung verwendet wurde. Daraus kann der virtuelle Wasserfußabdruck eines Landes berechnet werden, um die ökologische Situation der Produktionsbedingungen im Land zu bewerten. Darunter versteht man die Wassermenge, die insgesamt von den Einwohnern beansprucht wird. Sie setzt sich zusammen aus dem internen Wasserfußabdruck, die Nutzung der heimischen Wasservorkommen, und dem externen Wasserfußabdruck durch importiertes virtuelles Wasser aus anderen Ländern in Form von Importgütern. Damit verrechnet wird das virtuelle Wasser von exportierten Gütern. Die höchste Einsparung an virtuellem Wasser wird durch eine Verringerung des Fleischkonsums erreicht, weil dann weniger wasserintensive Futterpflanzen produziert werden müssen.

LOGOS DER ANBAUVERBÄNDE

Die Zeichen der neun ökologischen Anbauverbände deuten darauf hin, dass bei der Produktherstellung neben der EU-Öko-Verordnung auch die jeweiligen Verbandsrichtlinien eingehalten wurden. Diese gehen deutlich über die EU-Kriterien hinaus und machen Erzeugung und Produkte dadurch teurer. In Deutschland gibt es neun Verbände: Biokreis, Bioland, Biopark, Demeter, Ecoland, Ecovin, Gäa, Naturland und Verbund Ökohöfe. Der Demeter-Bund gilt als der strengste und ist genauso wie Naturland auch international tätig.

INFORMATIVE INTERNETSEITEN

Verbände und Ministerien

www.greenpeace.de
www.wwf.de
www.nabu.de
www.demeter.de
www.msc.org
www.bio-siegel.de
www.biothemen.de
www.footprintnetwork.org
www.virtuelles-wasser.de
www.co2online.de/kampagnen-und-projekte/energiespar-ratgeber/konsumcheck
www.oeko.de
www.regionalbewegung.de
www.dge.de (Deutsche Gesellschaft für Ernährung)
www.fao.org (Fond and Agriculture Organization of the UN)
www.bmz.de (Bundesministerium für wirtschaftliche Zusammenarbeit)
www.vzbv.de (Verbraucherzentrale Bundesverband)
www.um.baden-wuerttemberg.de (Ministerium für Umwelt, Klima und Energiewirtschaft, Baden-Würtemberg)
www.bfr.bund.de (Bundesinstitut für Risikobewertung)
www.bmelv.de (Bundesministerium für Ernährung, Landwirtschaft und Verbraucherschutz)
www.bfeoe.de (Beratungsbüro für Ernährungsökologie)

Beispiele für Gemüsekisten

www.bio-abokisten.de (Übersicht über Bio-Kistenlieferservice, mit Suchfunktion)
www.oekullus.de
www.diegemuesekiste.de
www.gemuese-im-abo.de
www.biohoefe-frischekiste.de
www.die-biokiste.de
www.soeths-biokiste.de
www.holsteinerlandwaren.de

ZUM NACHLESEN

Lebensmittelverarbeitung im Haushalt
aid infodienst Ernährung, Landwirtschaft, Verbraucherschutz e. V., Bonn

Lebensmittel aus ökologischem Landbau
aid infodienst Ernährung, Landwirtschaft, Verbraucherschutz e. V., Bonn

Vollwert-Ernährung – Konzeption einer zeitgemäßen und nachhaltigen Ernährung
Koerber, Karl von/Männle, Thomas/Leitzmann, Claus; Haug Verlag

Vegetarische Ernährung
Leitzmann, Claus/Keller, Markus; Verlag Eugen Ulmer KG

Kochwerkstatt
Meuth, Martina/Neuner-Duttenhofer, Bernd; Stiftung Warentest

Terra Madre
Petrini, Carlo; Hallwag Verlag

Gartenschätze – Küchengarten für Selbstversorger
Hudak, Renate/Harazim, Harald; Gräfe und Unzer Verlag

GU Naturführer: Wildkräuter & Beeren
Gräfe und Unzer Verlag

GU Naturführer: Pilze
Gräfe und Unzer Verlag

Rezept- und Sachregister

Damit Sie Rezepte mit bestimmten Zutaten schneller finden, sind diese **hervorgehoben**. Darunter stehen alphabetisch geordnet die dazugehörigen Rezepte.

G

H

I/J

Register nach Menüfolge

HAUPTGERICHTE MIT FISCH

HAUPTGERICHTE MIT FLEISCH, WILD & GEFLÜGEL

AUS DEM BACKOFEN

BEILAGEN

DIPS, SAUCEN & AUFSTRICHE

KUCHEN, GEBÄCK & BROT

DESSERTS

Die Autorin

Dagmar von Cramm schreibt, kocht und lebt mit ihrer Familie in Freiburg i. Br. und in der Alten Mühle im Markgräfler Land. Die Diplom-Ökotrophologin beschäftigt sich seit 30 Jahren mit dem Thema Ernährung aus Überzeugung in Theorie und Praxis. Als Expertin ist sie eine gefragte Gesprächspartnerin in Zeitschriften, Funk und Fernsehen – die Zeitschrift Cicero zählt sie zu den 100 wichtigsten Frauen Deutschlands. Sie gewann zweimal den Journalistenpreis der DGE und ist heute Mitglied im Präsidium. Der Stiftung »Besser essen. Besser leben.« steht sie als Präsidentin vor.
Unterstützt wurde sie in der redaktionellen Arbeit von ihrer Volontärin Dipl. oec. troph. Kathy Decker, in der Versuchsküche von Barbara Micucci und engagierten Praktikanten.
www.dagmarvoncramm.de
 www.facebook.com/dagmarvoncramm

Der Fotograf

Peter Schulte lebt als freier Fotograf in Hamburg und fotografiert vor allem Food, Stills und Reportagen für Buchverlage, Magazine und Agenturen. Bei der Produktion dieses Buch hat ihn ein kreatives Team unterstützt:
Vielen Dank an Nicole Müller-Reyman (www.nicole-mueller-reymann.de), sie hat das Fotokonzept mit erarbeitet und war verantwortlich für Styling und Foodstyling der Winter-, Frühjahrs- und Sommerproduktion; an Julia Luck (www.julia-luck.de), Foodstyling, und Meike Graf, (www.meike-graf.de), Styling, für die Herbstproduktion; an Beate Schulte-Cyla, Christin Schwarzer und Elisabeth Mack für Fotoassistenz und Unterstützung – und natürlich an Dagmar von Cramm, deren tolle Rezepte das ganze Team stets bei Laune gehalten haben.
www.schultephotographie.de

Umwelthinweis

Dieses Buch ist auf PEFC-zertifiziertem Papier aus nachhaltiger Waldwirtschaft gedruckt.

Bildnachweis

Alle Fotos: Peter Schulte

Projektleitung: Birgit Rademacker
Lektorat: Maryna Zimdars
Schlussredaktion: Adriane Andreas
Umschlag und Gestaltung: independent Medien-Design, Horst Moser, München
Herstellung: Petra Roth
Satz: Lydia Geißler
Repro: Longo AG, Bozen
Druck: Firmengruppe APPL, aprinta druck, Wemding
Bindung: Conzella, Pfarrkirchen

Syndication

www.jalag-syndication.de

ISBN 978-3-8338-2526-2
1. Auflage 2012

www.facebook.com/gu-verlag

Ein Unternehmen der
GANSKE VERLAGSGRUPPE

Unsere Garantie

Alle Informationen in diesem Ratgeber sind sorgfältig und gewissenhaft geprüft. Sollte dennoch einmal ein Fehler enthalten sein, schicken Sie uns das Buch mit dem entsprechenden Hinweis an unseren Leserservice zurück. Wir tauschen Ihnen den GU-Ratgeber gegen einen anderen zum gleichen oder ähnlichen Thema um.

Liebe Leserin und lieber Leser,

wir freuen uns, dass Sie sich für ein GU-Buch entschieden haben. Mit Ihrem Kauf setzen Sie auf die Qualität, Kompetenz und Aktualität unserer Ratgeber. Dafür sagen wir Danke! Wir wollen als führender Ratgeberverlag noch besser werden. Daher ist uns Ihre Meinung wichtig. Bitte senden Sie uns Ihre Anregungen, Ihre Kritik oder Ihr Lob zu unseren Büchern. Haben Sie Fragen oder benötigen Sie weiteren Rat zum Thema? Wir freuen uns auf Ihre Nachricht!

Wir sind für Sie da!

Montag–Donnerstag: 8.00–18.00 Uhr;
Freitag: 8.00–16.00 Uhr
Tel.: 0180-5 00 50 54*
Fax: 0180-5 01 20 54*
E-Mail: leserservice@graefe-und-unzer.de

*(0,14 €/Min. aus dem dt. Festnetz/ Mobilfunkpreise maximal 0,42 €/Min.)

P.S.: Wollen Sie noch mehr Aktuelles von GU wissen, dann abonnieren Sie doch unseren kostenlosen GU-Online-Newsletter und/oder unsere kostenlosen Kundenmagazine.

GRÄFE UND UNZER VERLAG
Leserservice
Postfach 86 03 13
81630 München